बांग्लादेश में हिन्दू संहार

बांग्लादेश में हिन्दू संहार

संपादक

सलाम आज़ाद

अनुवाद

शमशेर सिंह

वाणी प्रकाशन

वाणी प्रकाशन का 'लोगो'
विख्यात चित्रकार मक़बूल फ़िदा हुसेन की
कूची से

ISBN : 978-93-5229-111-3

वाणी प्रकाशन
21-ए, दरियागंज, नयी दिल्ली-110002
द्वारा प्रकाशित

फोन : 0091#11#23273167, 23275710
फैक्स : 0091#11#23275710
ई-मेल : vaniprakashan@gmail.com
vani_prakashan@yahoo.com
वेबसाइट : www.vaniprakashan.com

प्रथम संस्करण : 2005
द्वितीय आवृत्ति संस्करण : 2009

मूल्य : 150.00

जय भारत प्रिंटिंग प्रेस, शाहदरा, दिल्ली-110032
द्वारा मुद्रित

BANGLADESH MEIN HINDU SANHAR
by : Salam Azad

समर्पण

श्रवण कुमार, श्याम पराण्डे

व

तपन घोष

अनुक्रम

प्रस्तावना

बांग्लादेश का आठवाँ राष्ट्रीय संसदीय चुनाव 1 अक्तूबर, 2001 को हुआ। मुसलमानों, हिन्दुओं, बौद्धों, ईसाइयों तथा स्थानीय लोगों ने उसमें भाग लिया। लगभग 14 करोड़ नागरिकों में से मुसलमान मतदाताओं की संख्या सबसे ज़्यादा है। वे धार्मिक अधिसंख्यक मतदाता हैं। धार्मिक अल्पसंख्यक मतदाताओं की संख्या 82 लाख से थोड़ी ज़्यादा है। इनमें से लगभग 72 लाख हिन्दू मतदाता हैं। इन हिन्दू मतदाताओं का समर्थन प्राप्त करने के लिए बांग्लादेश नेशनलिस्ट पार्टी (बी.एन.पी) ने चुनावों से पहले कई कदम उठाए। बी.एन.पी प्रमुख, बेग़म ख़ालिदा ज़िया तो ढाकेश्वरी मंदिर भी गईं जोकि हिन्दुओं का मुख्य मंदिर है। अपनी पार्टी की प्रमुख बनने के बाद, यह पहला मौका था जब वे ढाकेश्वरी मंदिर गईं। इसके बावजूद भी अधिकतर हिन्दू बी.एन.पी. पर अपना भरोसा कायम नहीं कर पाए। उनके इस नकारात्मक रवैये का कारण यह है कि बी.एन.पी. के संस्थापक, जनरल ज़ियाउर्रहमान ने संविधान के उस मूल सिद्धांत की ही अवहेलना कर डाली जिसके आधार पर मुक्ति संग्राम के द्वारा आजादी हासिल की गई थी। बाबरी मस्जिद के मुद्दे को आधार बनाते हुए 1992 में हिन्दुओं पर जो जुल्म ढाए गए उन्होंने हिन्दुओं के दिलों पर ज़ख्म डाल दिए। इन जुल्मों के कारण 28 हजार रिहायशी मकानों, 22 सौ वाणिज्यिक उद्यमों और 36 सौ मंदिरों को क्षति पहुँची। 12 हिन्दू मारे गए, 2 हजार ज़ख्मी हुए और 2 हजार औरतों और युवा लड़कियों को अमानवीय ढंग से यंत्रणा दी गई। उस समय बी.एन.पी. सत्ता में थी और ख़ालिदा ज़िया प्रधानमंत्री थीं। इन्हीं कारणों से हिन्दुओं के लिए बेग़म ख़ालिदा या उनकी पार्टी पर विश्वास करना मुश्किल था।

ऐसा कहा जाता है कि आठवें राष्ट्रीय चुनाव में, जोकि राष्ट्रपति, कार्यवाहक सरकार, चुनाव आयोग, सिविल तथा सैनिक प्रशासन द्वारा मिलजुलकर आयोजित किया गया था, हिन्दू मतदाताओं को मतकेंद्रों में दाखिल होने से रोका गया। यह भी शिकायत है कि उन्हें अपना मतदान करने से वंचित रखा गया। जो लोग (हिन्दू) मतदान कर पाए, उन पर यह इल्जाम लगाया गया कि उन्होंने अवामी लीग के हक में वोट डाले हैं, और इसके लिए उन्हें बी.एन.पी. और चार दलीय गठबंधन के कार्यकर्ताओं और नेताओं द्वारा कई प्रकार की यातनाएँ दी गईं। बारीसाल भोला पतुआखली, नातोर, गाज़ीपुर, किशोरगंज, फेनी, झेनाइदाह, लाल मोनीरहाट, गोपालगंज,

सतखड़ा तथा मेहरपुर जैसे इलाकों में हिन्दू मतदाताओं की संख्या अपेक्षाकृत अधिक है। इन क्षेत्रों में हिन्दुओं पर अत्याचार भी अधिक किए गए। इन इलाकों में 20 से 40 प्रतिशत हिन्दू मतदाता है।

अवामी लीग के हक में हिन्दू मतदाताओं की कमज़ोरी के कुछ कारण हैं। अवामी लीग एक ऐसा राजनीतिक दल है, जोकि बंगालियों के प्रति अधिक संवेदनशील है। शेख हसीना के 1996 से 2001 तक के शासनकाल में उन्होंने खुद को सुरक्षित महसूस किया था। उन 5 वर्षों के दौरान आधा दर्जन से भी अधिक सचिव, विश्वविद्यालय कुलपति तथा राजदूत हिन्दुओं में से थे और बांग्लादेश के अस्तित्व में उभरने के बाद यह एक अभूतपूर्व घटना थी। अवामी लीग ने शत्रु की संपत्ति से संबंधित कानून को निरस्त करने की पहलकदमी भी की थी। साठ के दशक में जारी किए गए इस कानून को हिन्दुओं के उत्पीड़न को जायज़ ठहराने के लिए लागू किया गया था। इन सब कार्रवाईयों के कारण हिन्दू मतदाता अवामी लीग के समर्थक हैं। कुछ हिन्दू मतदाताओं, जिन्हें किसी न किसी तरह से बी.एन.पी. में ले लिया गया था, चारदलीय गठबंधन के नेताओं और कार्यकर्ताओं द्वारा उन्हें यातना भी पहुँचाई गई है। जिला माणिकगंज के गाँव अंधार माणिक का भक्तदास ऐसे लोगों में से एक है।

चुनाव के दिन के फौरन बाद से ही हिन्दुओं का उत्पीड़न आरंभ हो गया। शुरू-शुरू में लोग इस प्रकार के जुल्मों से अवगत नहीं थे, लेकिन कुछ जागरूक समाचार पत्र लोकोपकारी भूमिका निभाते हुए ऐसी वारदातों को जनता के सामने लाए, और आम जनता ऐसी यातनाओं के बारे में जाकर हैरान रह गई। चुनाव के बाद 45 दिन के भीतर ही 40 लाख लोगों को कई तरह की यातनाएँ पहुँचाई गईं। 1000 से भी अधिक हिन्दू महिलाओं को अमानवीय यंत्रणाएँ झेलनी पड़ीं। हिन्दुओं की संपत्तियों पर जबरदस्ती कब्जा कर लिया गया। उन्हें दान देने के लिए मजबूर किया गया और यह सिलसिला अभी तक जारी है। इसके परिणामस्वरूप, जो लोग यातनाएँ झेल रहे थे, उन्हें जब कोई और रास्ता नहीं मिला, तो पड़ोसी देश में शरण लेने के लिए वे सीमा पार चले गए। इस प्रकार देश छोड़कर जाने वालों की सही सही संख्या का पता नहीं लगाया जा सका और न ही उसका पता लगा पाना संभव होगा। जो लोग देश छोड़कर गए थे, वे इस आशंका से कि उन्हें अपने देश वापस न भेज दिया जाए, अपनी पहचान को छिपा कर रखते हैं। लेकिन कुछ स्रोतों के मतानुसार, कुछ लाख लोग बांग्लादेश छोड़ गए हैं। भारत सरकार, भारत के कई राजनीतिक दलों, तथा उनके बहुत से सामाजिक तथा मानव अधिकार संगठनों ने इन अत्याचारों के बारे में अपने मत व्यक्त किए हैं। कनाडा, अमरीका, आस्ट्रेलिया और योरूप तथा एशिया के बहुत से भागों में इन अत्याचारों के विराध में जनसभाएँ आयोजित की गईं। एमनेस्टी इंटरनेशनल ने बांग्लादेश के हिन्दुओं पर चुनावों के बाद किए गए अत्याचारों के बारे में एक रिपोर्ट प्रकाशित की है। बहुत से मानव

अधिकार संगठनों ने चिंता व्यक्त की है।

लेकिन सरकार शुरू से ही, इन अत्याचारों के आरोप को नकारती रही है। कई प्रतिवादों तथा दबावों के मद्देनज़र, यद्यपि सरकार ने एक जाँच समिति का गठन किया था। किंतु समिति ने जो रिपोर्ट प्रस्तुत की है, उसने सरकार और समिति के निष्पक्ष होने के बारे में कई सवाल खड़े कर दिए हैं।

दूसरी तरफ आइन-ओ-शलीश केंद्र ने जोकि एक मानव संगठन है, उच्च न्यायालय में एक लिखित याचिका दायर की, जिसमें उसने उत्पीड़न के 357 मामलों के अध्ययन का हवाला देते हुए हिन्दुओं की सुरक्षा के लिए अनुरोध किया। न्यायालय ने उनके अनुरोध पर विचार करने के लिए सरकार को कुछ समय दिया। उस समय के दौरान चार दलीय गठबंधन के नेताओं और कार्यकर्ताओं ने प्रशासन की मदद से हिन्दुओं के घरों में जा-जाकर जबरदस्ती उनसे इस आशय के लिखित बयान एकत्रित करना शुरू कर दिया कि उन पर कोई अत्याचार नहीं किए गए थे और ना ही किसी हिन्दू महिला को बलात्कार का शिकार बनाया गया था। ये बयान धमकी देकर एकत्रित किए गए।

इस बार हिन्दुओं के साथ अत्याचार करते समय काफ़ी सावधानी बरती गई, और ये अत्याचार योजनाबद्ध ढंग से किए गए। इसके पीछे इरादा था, देश के इस हिस्से से हिन्दुओं को पूरी तरह से निकाल फेंकना। 1971 में हुए स्वतंत्रता संग्राम के बाद ऐसा पहली बार हुआ है कि अत्याचार इतने व्यापक स्तर पर किए गए। जमाइते शिबीर, जोकि स्वतंत्रता संग्राम के दौरान हत्यारे पाकिस्तानियों के मित्र तथा सहयोगी थे, अब बी.एन.पी. के साथ जा मिले हैं। इस प्रकार हिन्दुओं को, जिन्हें अवामी लीग का वोट बैंक माना जाता था, बांग्लादेश से निकाल बाहर करने की योजना बनाई गई और इस रवैये का पर्दाफ़ाश उन सब अत्याचारों के ज़रिए हुआ है, जो कि हिन्दुओं पर किए गए हैं।

यह पुस्तक चुनाव-पश्चात् समय में हिन्दुओं और बौद्धों तथा ईसाइयों पर किए गए अत्याचारों का एक दस्तावेज़ है। इसमें दिए गए लेख विभिन्न समाचारपत्रों, विशेषकर डेली स्टार और बांग्लादेश अब्ज़रवर, से एकत्रित किए गए हैं। मैं इन सभी समाचारपत्रों के प्रति आभार प्रकट करता हूँ। काफी सारी सामग्री पी.आर.आई.पी. ट्रस्ट अनुसंधान कक्ष से एकत्रित की गई है। इसके लिए मैं पी.आर.आई.पी. ट्रस्ट की कार्यकारी निदेशक, श्रीमती अरोमा दत्त का अत्यधिक ऋणी हूँ। बहुत से अन्य शुभचिंतकों ने पर्दे के पीछे रहकर पांडुलिपि को रूप देने में अपना सहयोग प्रदान किया है। मैं उन सब के प्रति भी कृतज्ञता ज्ञापित करता हूँ।

सलाम आज़ाद

32/6 ए, ईस्ट नयाटोला मोघ बाज़ार,

ढाका-1217, बांग्लादेश

ई-मेल : salamazad@yahoo.com

बांग्लादेश के अल्पसंख्यक हिन्दू समुदाय के सदस्यों पर हमला

पिछले कई महीनों से एमनेस्टी इंटरनेशनल बांग्लादेश में हिन्दू समुदाय के सदस्यों की स्थिति को लेकर चिंतित है। 1 अक्तूबर को हुए आम चुनावों के बाद जिनमें बांग्लादेश नेशनलिस्ट पार्टी (बी.एन.पी.) के नेतृत्व वाले गठबंधन, को भारी बहुमत से विजय प्राप्त हुई थी, बी.एन.पी. के समर्थकों द्वारा हिन्दुओं पर कथित रूप से हमले किए गए, क्योंकि उनका ऐसा मानना था कि हिन्दुओं ने चुनावों के दौरान उनकी प्रतिस्पर्द्धी पार्टी, अवामी लीग, को अपना समर्थन प्रदान किया था। सैकड़ों हिन्दू परिवारों को कथित रूप से बी.एन.पी. के नेतृत्व वाले गठबंधन से संबद्ध समूहों द्वारा, उनकी धरती से खदेड़ दिया गया। ऐसा कहा जाता है कि इन समूहों ने हिन्दुओं के घर जला डाले और उनकी औरतों का बलात्कार किया। प्राप्त सूचनाओं के अनुसार कई हिन्दुओं की हत्या कर दी गई। एमनेस्टी इंटरनेशनल बांग्लादेश सरकार से, ऐसे हमला करने वालों के खिलाफ कानूनी कार्रवाई के लिए अपील करने जा रही है फिर चाहे समाज में या किसी राजनीतिक दल में उनका कोई भी रुतबा क्यों न हो।

एमनेस्टी इंटरनेशनल, अपने राजनीतिक मत के कारण बंदी बनाए गए श्री शहरयार कबीर की तुरंत और बिना शर्त रिहाई की माँग करने जा रहा है। वे एक ऐसे पत्रकार हैं, जिन्होंने हिन्दुओं के साथ किए गए दुर्व्यवहारों को प्रकाश में लाने का प्रयास किया है।

हिन्दुओं के खिलाफ भेदभाव

बांग्लादेश के हिन्दुओं ने अपनी सहज प्रवृत्तिवश अवामी लीग जैसी पार्टियों को अपना वोट और समर्थन दिया है। इसलिए, एक राजनीतिक प्रतिक्रिया स्वरूप वे अवामी लीग की विरोधी पार्टियों के समर्थकों के निशाने पर बने रहे हैं।

बांग्लादेश में एक ऐसा अल्पसंख्यक समुदाय होने के नाते, जिसकी भाषा और धर्म वही है, जोकि पश्चिम बंगाल की भारतीय आबादियों की है, हिन्दुओं के साथ बांग्लादेश में भेदभावपूर्ण व्यवहार किया गया है और साथ ही वहाँ के मुसलमानों द्वारा

उन पर हमले किए गए हैं। आजादी के बाद से बांग्लादेश की किसी भी सरकार द्वारा राजनीतिक खतरों के चलते जिनमें इस समय किए जा रहे हमले भी शामिल हैं, हिन्दुओं को बचाने के लिए कोई निर्णायक कदम नहीं उठाए गए हैं। उदाहरण के लिए बांग्लादेश की सरकारों ने अभी तक निहित संपत्ति अधिनियम को रद्द नहीं है जिसके अंतर्गत भारत और पाकिस्तान को उन लोगों की संपत्ति को जब्त करने की अनुमति प्रदान की गई थी जो 1965 के युद्ध के दौरान तक दूसरे की सीमाओं के पार चले गए थे। भारत ने युद्ध समाप्त होने के फौरन बाद ही इसे रद्द कर दिया था। पाकिस्तान ने इसे बनाए रखा और बांग्लादेश ने भी जो कि पहले पूर्वी पाकिस्तान था। बांग्लादेश में रहने वाले लगभग सभी हिन्दू इस अधिनियम से प्रभावित हुए हैं, क्योंकि कई मौकों पर लगभग दस लाख हेक्टेयर भूमि हिन्दुओं से केवल इस आरोप पर छीन ली गई है कि उन्होंने देश छोड़ दिया था। इससे हिन्दुओं का मनोबल गिरा है और उनकी आर्थिक हानि हुई है, जिसके कारण वे देश छोड़ने पर मजबूर हुए हैं।

यद्यपि हिन्दू मर्दों और औरतों दोनों पर हमले किए गए हैं और उन्हें भयभीत किया गया है लेकिन औरतों को यौन हिंसा का भी शिकार बनाया गया है। महिलाओं के विरुद्ध हर प्रकार के भेदभाव के उन्मूलन से संबंधित अंतर्राष्ट्रीय समझौते का भागीदार होने के नाते बांग्लादेश सरकार से यह अपेक्षा की जाती है कि वह बांग्लादेश में सभी महिलाओं के विरुद्ध किए जा रहे भेदभाव के उन्मूलन के लिए अविलंब कदम उठाए। महिलाओं के विरुद्ध भेदभाव उन्मूलन से संबंधित समिति ने लिंग आधारित हिंसा को, जिसमें बलात्कार भी शामिल है, भेदभाव का एक रूप माना है (1992 की सामान्य सिफारिश संख्या 19)।

हिन्दुओं पर किए गए हमले

बांग्लादेश में हिन्दुओं पर हमलों की मौजूदा लहर 1 अक्तूबर, 2001 को हुए आम चुनावों से पहले उस समय शुरू हुई थी, जब हिन्दुओं को बी.एन.पी. के नेतृत्व वाले गंठबंधन के सदस्यों ने यह धमकी दी थी कि वे वोट न डालें, क्योंकि ऐसा समझा गया था कि वे अपना वोट अवामी लीग के हक में डालेंगे। चुनावों के बाद की प्रतिक्रिया सिलसिलेवार और जबरदस्त थी। प्राप्त सूचनाओं से पता चला है कि, जो इलाके सबसे ज़्यादा प्रभावित हुए हैं वे हैं—बारीसाल भोला, फिरोजपुर के कुछ हिस्से, खुलना, सतखिड़ा, गोपालगंज बागेरहाट, जेस्सोर कोमिल्ला और नोरसिगड़ी। हमला करने वालों ने कथित रूप से हिन्दुओं के घरों में घुसकर परिवार के सदस्यों को पीटा, उनकी संपत्ति को लूटा और कुछ मामलों में हिन्दू महिलाओं का बलात्कार किया।

प्रभावित गाँवों में से एक था ज़ियोधनरा। प्रतिक्रिया के भय ने गाँव में जबरदस्त तनाव का माहौल पैदा कर दिया। सैकड़ों हिन्दू ग्राम निवासी हमला

किए जाने के भय से गाँव छोड़कर चले गए और हिन्दू बच्चों ने स्कूल जाना बंद कर दिया।

एक और गाँव, देउआतला बाज़ार में, नौजवानों के गिरोह हाथों में तेज हथियार लिए कथित रूप से द्वार-द्वार पर गए और उन्होंने हिन्दुओं से कहा, यहाँ से चले जाओ। सैकड़ों हिन्दू गाँव छोड़कर चले गए।

मिठानला यूनियन में, मीर सराय उपजिला के गाँव दस पाड़ा में लगभग 25 नौजवानों के एक गिरोह ने कथित रूप से 5 नवंबर को, लगभग मध्यरात्रि के समय हिन्दुओं के घरों पर हमला कर दिया। सुनील संधू नामक एक 28 वर्षीय व्यक्ति को काट कर मौत के घाट उतार दिया गया और 16 और व्यक्तियों को घायल कर दिया गया, जिनमें से कुछ की हालत गंभीर हो गई। उन्होंने घरों को छान डाला और उन्हें लूट लिया और परिवारों को उनके घरों से बाहर घसीट कर उनकी पिटाई की। पुलिस ने कथित रूप से इस हमले के लिए 12 व्यक्तियों को गिरफ्तार किया, लेकिन यह मालूम नहीं हो पाया कि क्या उन पर कोई आरोप भी लगाए गए।

सैकड़ों हिन्दू परिवार भाग कर सीमा पार भारत चले गए हैं क्योंकि उन पर हमला किया गया था, या फिर उन्हें डराया-धमकाया गया था। वे थोड़े-थोड़े करके, या तो कथित रूप से घूस देकर या फिर ऐसे दूर दराज़ सीमा क्षेत्रों से जहाँ कोई पहरेदार तैनात नहीं थे भारत में दाखिल होते रहे। 29 अक्तूबर 2001 के एजेंस फ्रांस प्रेस के अनुसार, वे जाकर या तो कैंपों में रहने लगे हैं, या फिर अपने दूर के रिश्तेदारों के यहाँ चले गए हैं। पत्रकारों द्वारा लिए गए इंटरव्यू में हिन्दुओं ने कहा है कि उन्हें इसलिए निशाना बनाया गया है क्योंकि उन्हें चुनावों में पराजित अवामी लीग का समर्थक समझा जाता रहा है।

हिन्दुओं के कुछ पूजा स्थलों पर भी हमला किया गया है, जिनमें सिराजगंज के रायगंज इलाके में, चंडाईकोना बाज़ार स्थित एक मंदिर भी शामिल है, जिस पर नौजवानों के समूह ने 22 अक्तूबर को हमला करके हिन्दू मूर्तियों को क्षति पहुँचाई और मंदिर को लूटा भी।

एक बांग्लादेशी कानूनी सहायता संगठन आईन ओ-सलीश केंद्र द्वारा याचिका दायर किए जाने के बाद उच्च न्यायालय ने 26 नवंबर को सरकार को यह आदेश दिया कि वह यह खुलासा करे कि उसने देश के हिन्दू धार्मिक अल्पसंख्यक समुदाय की रक्षा करने के लिए और अधिक कदम क्यों नहीं उठाए। न्यायालय ने सरकार को जवाब के लिए एक महीने का समय दिया है।

बलात्कार के आरोप

बांग्लादेश में मानव अधिकार संगठनों का ऐसा मानना है कि सौ से भी अधिक (हिन्दू) महिलांओं का बलात्कार किया गया, हो सकता है। सूचनाओं में बार-बार

यह कहा गया है कि बलात्कारी, मुख्यतः बी.एन.पी. या उसके गंठबंधन के सहयोगी दल जमाते इस्लामी के सदस्य हो सकते हैं। बलात्कार पीड़ित महिलाएँ प्रायः अपनी यातना के बारे में कुछ भी बताना नहीं चाहतीं। जो कुछ बाकी रह जाता है वह है उपलब्ध सूचना का नमूना।

एक सूचना के अनुसार, माँगा, फरीदपुर के अज़ीम नगर इलाके में एक कॉलेज छात्रा का उसकी माँ के सामने ही उसके घर पर बलात्कार किया गया। हमलावरों ने कथित रूप से 6 अक्तूबर को रात को लगभग 9 बजे उसके घर में दाखिल हो कर घर का चप्पा-चप्पा छान डाला, कीमती सामान लूट लिया और घर से जाने से पहले छात्रा का बलात्कार किया।

8 अक्तूबर को, देलुआ, उल्ला पाड़ा, सिराजगंज में एक स्कूल छात्रा का कथित रूप से बलात्कार किया गया। हमलावरों ने उसके घर में घुस कर उसके परिवार के सदस्यों के साथ बदसलूकी की, और उसे घर से बाहर ले जाकर उसका बलात्कार किया।

गौरनाड़ी, बरीसाल के खज़ानपुर उपजिला इलाके में 11 अक्तूबर को दो हिन्दू महिलाओं का उनके पतियों के सामने कथित रूप से बलात्कार किया गया। हमलावर कथित रूप से रात को आए, और उन्होंने दरवाज़े पर दस्तक देकर परिवार से वह इलाका छोड़ देने को कहा क्योंकि उन्होंने अवामी लीग के हक में वोट डाले थे। उसके बाद उन्होंने पतियों को बाँधकर महिलाओं का बलात्कार किया।

कई हिन्दू लड़कियों का कथित रूप से अपहरण कर लिया गया। यह मालूम नहीं हो पाया है कि, वे लौटकर अपने-अपने परिवारों में आ गई हैं या नहीं। 11 अक्तूबर, 2001 को जिला मागुरा में श्रीपुर के नोह्वाटा गाँवा में से एक हथियारबंद गिरोह ने तीन हिन्दू लड़कियों का अपहरण कर लिया। ये आदमी कथित रूप से मध्यरात्रि के समय इन लड़कियों के घरों में घुसे और उनका अपहरण करके ले गए। रज़ार पोर, सदर, बारीसाल में जब कुछ हमलावरों द्वारा एक परिवार को उसके हाल पर छोड़ने के लिए एक बहुत बड़ी रकम माँगे जाने पर, उन्हें अदा नहीं की गई, तो उन्होंने उस परिवार की एक लड़की का कथित रूप से अपहरण कर लिया। उन्होंने लड़की की माँ और चाची से भी छेड़छाड़ की। ऐसा अंदेशा है कि इन सब अपहत लड़कियों का बलात्कार किया गया, हो सकता है।

हमलों के बारे में राष्ट्रीय और अंतर्राष्ट्रीय प्रतिक्रियाएँ

चुनावों के फौरन बाद बांग्लादेशी प्रेस ने हिन्दू समुदाय के विरुद्ध किए गए अत्याचारों के बारे में व्यापक रूप से समाचार दिए, और बांग्लादेश में हिन्दुओं की स्थिति के बारे में जागरूकता पैदा की और प्राधिकारियों से कार्रवाई करने के लिए आग्रह किया। इस प्रयास में बांग्लादेशी मानव अधिकार संगठनों ने भी हाथ बँटाया,

जिसमें से कुछ ने प्रभावित इलाकों में अपने जाँच दल भेजे और हमलों के विरोध में जनसभाएँ आयोजित की।

15 अक्तूबर को एमनेस्टी इंटरनेशनल ने तुरंत कार्यवाही के आदेश जारी किए, जिसमें उसने इस आशय की खबरों के बारे में चिंता व्यक्त की कि आम चुनाव के बाद से हिन्दुओं और अन्य धार्मिक अल्पसंख्यक समुदाओं पर कथित रूप से बी.एन.पी. के नेतृत्व वाले गठबंधन के समर्थकों द्वारा हमला किया जाता रहा है। पूरे विश्व भर में एमनेस्टी इंटरनेशनल के सदस्यों ने बांग्लादेश के प्राधिकारीगण को लिखकर धार्मिक अल्पसंख्यक समुदाओं पर होने वाले हमलों को रोकने और इन हमलों के पीड़ितों को पर्याप्त और टिकाऊ सुरक्षा प्रदान करने का आग्रह किया है। उन्होंने प्रधानमंत्री बेग़म ख़ालिदा ज़िया को पत्र लिख कर उनसे कथित हमलों की जाँच करने और हमलावरों की पहचान करने और इन हमलों के जिम्मेदार लोगों के ख़िलाफ कानूनी कार्रवाई करने के लिए एक निष्पक्ष तथा स्वतंत्र जाँच आयोग स्थापित करने का अनुरोध किया है। एमनेस्टी इंटरनेशनल के सदस्यों ने पुलिस महानिदेशक को भी पत्र लिखे जिनमें उन्होंने यह आग्रह किया कि वे यह सुनिश्चित करें कि उनके नीचे काम करने वाले अधिकारी कथित हमलावरों के विरुद्ध की गई शिकायतों पर उचित कार्रवाई करें।

हमलों के बारे में व्यक्त किए गए सरोकारों के प्रति सरकार की प्रतिक्रिया आरंभ में इन हमलों को नकारने की थी। एमनेस्टी इंटरनेशनल विशेष रूप से मध्य अक्तूबर में बांग्लादेशी मीडिया में प्रसारित उन खबरों से क्षुब्ध था, जिनमें बांग्लादेश के गृहमंत्री, अलताफ हुसैन चौधरी को यह कहते हुए बताया गया था कि बांग्लादेश में हिन्दू अल्पसंख्यक समुदाय के सदस्यों पर कथित हमलों के समाचार निराधार हैं, उन्हें बढ़ा-चढ़ा कर पेश किया गया है और उनके पीछे एक राजनीतिक उद्देश्य है। बारीसाल के एक दौरे में उन्होंने कहा कि ऐसी खबरों का कोई प्रमाण उन्हें देखने को नहीं मिला है। लेकिन 26 अक्तूबर को उन्होंने कथित रूप से यह स्वीकार किया कि अत्याचार हुए थे लेकिन यह समस्या कितनी बड़ी थी, इसके बारे में उन्होंने कोई सूचना नहीं दी।

नवंबर को एजेंस फ्रांस प्रेस ने यह सूचित किया कि बांग्लादेश सरकार ने हिन्दू समुदाय के सदस्यों के विरुद्ध किए गए कथित अत्याचारों और उनके भारत को कथित प्रस्थान की जाँच करने के लिए प्रधानमंत्री ख़ालिदा ज़िया के मुख्य सचिव की अध्यक्षता में एक समिति की स्थापना की है। यह समिति सरकार के प्रभाव से मुक्त हो, ऐसा दिखाई नहीं देता, क्योंकि गृहमंत्री की उसमें बतौर पर्यवेक्षक के भूमिका रहनी है। समिति को एक सप्ताह के भीतर अपनी रिपोर्ट प्रस्तुत करनी थी, लेकिन इस समिति की प्रगति के बारे में कोई और समाचार नहीं मिला है।

अब तक कई बी.एन.पी. सदस्य हिन्दुओं पर हुए हमलों के संबंध में कथित रूप से गिरफ्तार किए जा चुके हैं। उदाहरण के लिए 15 अक्तूबर को 'डेली स्टार'

ने गाँव पूर्बा देलुआ, उल्लापाड़ा थाना, सिराजगंज के बी.एन.पी. यूनिट के अध्यक्ष अब्दुल रऊफ की गिरफ्तारी की खबर दी। उसने कथित रूप से उन 16 बी.एन. पी. कार्यकर्ताओं का नेतृत्व किया था, जिन्होंने अनिल शिल्ल पर हमला किया था और उनके परिवार की भूमि को हथियाने के प्रयास में स्वयं अनिल शिल्ल और उनकी पत्नी बंसता रानी और उनकी दो बेटियों, पूर्णिमा और गीता रानी की पिटाई की थी। शुरू में पुलिस ने हमलावरों के खिलाफ मामला दर्ज करने से इनकार कर दिया था।

बांग्लादेश प्रेस में छपने वाले समाचार, हिन्दू अल्पसंख्यक समुदाय के सदस्यों को, विशेष रूप से ग्रामीण इलाकों में दरपेश समस्याओं की ओर इंगित करते रहते हैं। इस प्रकार के एक समाचार में यह सूचित किया गया है कि नाटोर में बोराई ग्राम उपजिला के गाँव ऋषिपाड़ा का लगभग 30 परिवारों को हथियारबंद व्यक्यिों द्वारा, जिन्होंने खुद को बी.एन.पी. के सदस्य बताया है, यह धमकी दी गई है कि वे या तो रमज़ान समाप्त होने से पहले तीन लाख टका (5, 3 का 17 डालर) उन्हें अदा कर दें, या फिर गाँव छोड़कर कहीं और जा बसें।

गोपालकृष्ण मुहूरी की हत्या

हिन्दू समुदाय के एक प्रतिष्ठित सदस्य की हत्या का संबंध हिन्दुओं के खिलाफ़ इस समय चल रही लहर से है, ऐसा दिखाई देता है। 16 नवंबर को चिटागांग के नज़ीरहाट कॉलेज के प्रिंसिपल गोपालकृष्ण मुहूरी की उनके घर पर, गोली मार कर हत्या कर दी गई। खुद को पुलिस की खुफिया शाखा के सदस्य बताने वाले चार बंदूकधारी व्यक्ति उनके घर पर आए और उन्हें दरवाजे तक आने को कहा। उसके बाद उन्होंने उनके सिर पर दो गोलियाँ दागीं, जिनकी वजह से उनकी तत्काल मृत्यु हो गई। श्री मुहूरी की हत्या जिन हालात में हुई, वे पक्की तरह से इस ओर संकेत करते हैं कि उन्हें इसलिए निशाना बनाया गया है, क्योंकि उन्होंने चिटागांग नगर की शैक्षिक स्थापना में एक प्रतिष्ठित हिन्दू के रूप में अपनी पहचान बना ली थी और उन्होंने अपने व्यवसाय में काफी कामयाबी हासिल कर ली थी। उन्होंने कॉलेज में राजनीतिक क्रियाकलाप पर प्रतिबंध लगा दिया था। यह एक ऐसी कार्रवाई थी जोकि साधारण छात्रों के बीच तो लोकप्रिय थी, लेकिन राजनीतिक दलों से संबद्ध वे हथियारबंद छात्र समूह इस कार्रवाई के विरुद्ध थे, जो कि शैक्षिक संस्थाओं की रिहायशी इमारतों पर नियंत्रण प्राप्त करने के लिए लड़ते हैं। इसके अलावा उनके सेवा काल को दो वर्ष के लिए बढ़ाए जाने से कॉलेज के बहुसंख्यक मुस्लिम स्टाफ के बीच भी बहुत ज्यादा अशांति फैल गई थी। पुलिस ने कथित रूप से 17 नवंबर को श्री गोपालकृष्ण मुहूरी की हत्या के सिलसिले में कम से कम दो अध्यापकों और कॉलेज सहयोगियों को गिरफ्तार किया। उनका संबंध कथित रूप से जमाते इस्लामी से था, जो कि गठबंधन सरकार में शामिल एक पार्टी है।

शहरयार कबीर की गिरफ्तारी

सुविख्यात पत्रकार तथा लेखक शहरयार जो कि हमलों के बाद हिन्दुओं की स्थिति की छानबीन कर रहे थे, की गिरफ्तारी से बांग्लादेश और पूरे विश्व में मानव अधिकारों के रक्षकों को एक निरुत्साहित कर देने वाला संदेश मिला है। श्री कबीर 22 नवंबर को कोलकोता से लौटने पर ढाका जिया अंतर्रराष्ट्रीय हवाई अड्डे पर गिरफ्तार कर लिए गए और उन्हें पुलिस की विशेष शाखा की हिरासत में भेज दिया गया। वे उन हिन्दुओं की स्थिति से संबंधित संवाद भेजने के लिए भारत गए थे जो आम चुनावों के बाद बांग्लादेश में उत्पीड़न के भय से पलायन कर गए थे। पुलिस ने उनका पासपोर्ट, पाँच वीडियो कैसेट, 13 ऑडियो कैसेट, तीन सीडी, कई असंसाधित फिल्में और उनका कैमरा छीन लिया। उन्हें दंड प्रक्रिया संहिता की धारा 54 के अंतर्गत गिरफ्तार किया गया था, जिसके अंतर्गत पुलिस को 24 घंटे के लिए बना गिरफ्तारी वारंट के लोगों को हवालात में रखने की इजाजत दी गई है। पुलिस ने उन्हें पुलिस हिरासत में भेजे जाने का आवेदन किया और मैजिस्ट्रेट ने दो दिन की हिरासत का आदेश जारी कर दिया। लेकिन शहरयार कबीर के वकील ने इस हिरासत आदेश पर दो हफ़्ते की रोक लगाने का अनुरोध किया, जिसे स्वीकार कर लिया गया। न्यायालय ने कैदी को ज़मानत नहीं दी और उसे ढाका केंद्रीय जेल भेज दिया गया। जहाँ उन्हें विशेष शक्ति अधिनियम के अंतर्गत नज़रबंदी आदेश जारी कर दिया गया।

विशेष शक्ति अधिनियम के अंतर्गत "(किसी व्यक्ति) को कोई हानिकर कार्य करने से रोकने के लिए उसे नज़रबंद करने की व्यवस्था की गई है। उदाहरण के तौर पर जनता या जनता के किसी तबके को डराना या संत्रस्त करना" या रक्षा, विदेश संबंधों, सुरक्षा, सामुदायिक संबंधों, कानून के प्रवर्त्तन, जरूरी रसद और सेवाओं और वित्तीय हितों की आर्थिक व्यवस्था को 'हानि पहुँचाना', इसी प्रकार के अपराध के अंतर्गत आता है। इस अधिनियम के अंतर्गत किए गए व्यापक प्रावधानों के तहत लोगों को दिए गए। अभिव्यक्ति की स्वतंत्रता के अधिकार का उल्लंघन करते हुए उन्हें नज़रबंद किया जा सकता है। राजनीतिक विरोधियों को नज़रबंद करने के लिए बांग्लादेशी सरकारों द्वारा इसका कई बार इस्तेमाल किया गया है। इसके दुरुपयोग की गुंजाइश इतनी ज़्यादा है कि बांग्लादेशी नेशनलिस्ट पार्टी ने जो कि इस समय सत्तारूढ़ गठबंधन का सबसे बड़ा घटक है–अपनी चुनावी घोषणापत्र में इस कानून को रद्द करने के अपने इरादे का घोषणा की थी। सरकार ने अपने इस वादे को पूरा करने की प्रतिज्ञा की है।

सरकार ने शहरयार कबीर को नज़रबंद रखने का जो स्पष्टीकरण दिया है वह यह है कि "बाद में ऐसा पाया गया कि वीडियो में ऐसे आपत्तिजनक और भ्रामक बयान दर्ज हैं जो कि सांप्रदायिक सामंजस्य के लिए खतरनाक और राज्य के लिए

ध्वंसकारी है।" इसके अलावा श्री शहरयार कबीर का कुछ हल्कों के निहित स्वार्थों के लिए बांग्लादेश और सरकार की छवि को बाहरी दुनिया में कलंकित करने में भी हाथ था।

इस लेख के लिखे जाने के समय सरकार ने श्री शहरयार कबीर को हवालात में रखने के जो आधार बताए हैं, उनका संबंध किन्हीं विशिष्ट दंडनीय अपराधों से नहीं है। 1 दिसंबर को बांग्लादेश उच्च न्यायालय ने सरकार से एक सप्ताह के भीतर यह सफाई पेश करने को कहा कि शहरयार कबीर की नजरबंदी को गैर-कानूनी क्यों न समझा जाए। न्यायालय द्वारा यह आदेश, श्री कबीर की नज़रबंदी को चुनौती देने वाले बचाव वकीलों द्वारा दी गई लिखित याचिका के परिणामस्वरूप जारी किया गया।

लगता है कि शहरयार कबीर को हवालात में केवल इसलिए डाला गया क्योंकि उन्होंने उन हिन्दुओं पर जिन्हें हालिया महीनों में हमलों का शिकार बनाया गया था लेख लिखे, उनसे इंटरव्यू लिए और उन पर वीडियो फिल्में तैयार कीं। इन सब बातों के प्रकाश में एमनेस्टी इंटरनेशनल का यह मानना है कि शहरयार की गिरफ्तारी अभिव्यक्ति की स्वतंत्रता संबंधी उनके अधिकारों का उल्लंघन करते हुए की गई है और इन अधिकारों में उनके द्वारा बांग्लादेश में हिन्दू अल्पसंख्यक समुदाय की दुर्दशा पर शांतिपूर्वक अपने विचार व्यक्त करने की स्वतंत्रता भी शामिल है। इस बारे में किसी प्रकार का कोई संकेत नहीं मिलता कि उन्होंने हिंसा का सहारा लिया है, या उसकी वकालत की है। इसलिए एमनेस्टी इंटरनेशनल का यह मानना है कि श्री शहरयार कबीर को अपने राजनीतिक विचारों के कारण ही बंदी बनाया गया है, और वह उनकी तुरंत और बिना शर्त रिहाई की माँग कर रहा है।

सिफारिशें

देश में हिन्दुओं की स्थिति से निपटने के लिए सरकार द्वारा तुरंत ही निर्णायक कार्रवाई की जानी चाहिए। एमनेस्टी इंटरनेशनल बांग्लादेश के उच्चतम प्राधिकारियों से यह आग्रह कर रहा है, कि वे निम्नलिखित कदम उठाएँ :

1. हिन्दू समुदाय के सदस्यों पर किए गए हमलों की सार्वजनिक तौर पर निंदा की जाए।
2. हिन्दू समुदाय के सदस्यों को हमलों से बचाने के लिए निर्णायक कार्रवाई की जाए।
3. हमलों के बारे में पूरी, निष्पक्ष और स्वतंत्र छानबीन कराई जाए और इस छानबीन के परिणामों को सार्वजनिक किया जाए।
4. हमलों के सभी कसूरवारों के खिलाफ कानूनी कार्रवाई की जाए फिर चाहे समाज में, या किसी भी राजनीतिक दल में उनका कोई भी रुतबा हो।
5. हमलों के पीड़ितों को मुआवज़ा दिया जाए।

6. यह सुनिश्चित किया जाए कि हिन्दुओं और अन्य अल्पसंख्यक वर्गों के खिलाफ़ भेदभावपूर्ण कानूनों को रद्द किया जाएगा।
7. ऐसे पुलिस कर्मियों के खिलाफ़, जो हिन्दू समुदाय के सदस्यों की सुरक्षा सुनिश्चित नहीं कर पाए, उपयुक्त अनुशासनात्मक या आपराधिक कार्रवाई की जाए।
8. एमनेस्टी इंटरनेशनल बांग्लादेश सरकार से यह आग्रह भी कर रहा है कि वह शहरयार कबीर को तुरंत और बिना शर्त रिहा कर दे, क्योंकि उनकी नज़रबंदी, अभिव्यक्ति की स्वतंत्रता संबंधी उनके अधिकार के ख़िलाफ है।

(स्रोत : एमनेस्टी इंटरनेशनल, लंदन, 5 दिसंबर, 2001)

बांग्लादेश में अल्पसंख्यकों के विरुद्ध हाल में किए गए अत्याचार

लार्ड हार्डिंग पुलिस स्टेशन

हम जैसे ही आनंदप्रसाद नामक गाँव में पहुँचे, तो आइचा राम दास नामक एक व्यक्ति (50) और उसकी पत्नी कंचन माला दास (35) ने यह बताना शुरू कर दिया कि स्थानीय बदमाशों ने किस-किस प्रकार की यातनाएँ उन्हें दीं। बदमाश, राम दाओ, किरिश और अन्य घातक हथियार लेकर कंचन माला दास के घर पहुँचे और उससे बोले हमें पड़ोस की दो हिन्दू लड़कियों का बलात्कार करने के लिए अपने घर का इस्तेमाल करने दो। लेकिन कंचन माला ने उन्हें ऐसा करने देने से साफ इनकार कर दिया। इस पर बदमाशों ने कंचन को उसके घर पर जबरदस्ती उसका बलात्कार करने की धमकी दी। बदमाशों की इस धमकी को सुनकर कंचन अपने कमरे में गई और एक जहर की शीशी लाकर बदमाशों को दिखाते हुए बोली कि वह जहर खा कर आत्महत्या कर लेगी। यातना की यह कहानी हमें सुनाते हुए उसके तार-तार आँसू बहने लगे। ऐसी दशा में उसकी तस्वीर ले ली। कंचन माला हमें यह नहीं बता सकी कि उसके बाद क्या हुआ, क्योंकि वह इस बीच बेहोश हो गई थी। कंचन माला के घर को उस दिन लूट लिया गया था। हमने उसे कुछ पैसे दिए, तो वह बोली, पैसे जरूरी नहीं है लेकिन जीवन की सुरक्षा जरूरी है।

आनंदप्रसाद गाँव के उपेंद्र किशोर दास (75), पुत्र नंदबासी ने हमें बताया कि एक उपद्रवी भीड़ ने 2 अक्तूबर 2001 को पहनने के कपड़ों समेत उसके घर का सब सामान लूट लिया। भीड़ ने उपेंद्र को यह धमकी दी, कि यदि उसने भीड़ में शामिल लोगों के नाम बताए तो उसकी हत्या कर दी जाएगी। हमने यह पाया कि उस वृद्ध व्यक्ति के पास जिंदा रहने के कोई साधन नहीं रह गए थे। हमने छिपा कर उसे पाँच हजार टका दिए, क्योंकि बदमाशों को पता चल जाता कि उपेंद्र को पाँच हजार टका दिए गए हैं, तो उसे फिर से लूट लिया जाता। हमने इस बारे में स्थानीय पुलिस चौकी और स्थानीय प्रशासन को सूचित कर दिया, ताकि ऐसा कुछ दोबारा न हो।

(1) पुष्पा रानी दास, पत्नी बृजलाल दास, (2) बाकुली दास, पत्नी बंकिम दास

का 2 अक्तूबर की रात को एक फसल वाले खेत में कुछ बदमाशों ने सामूहिक बलात्कार किया। उसी दिन ही बदमाशों ने गृह निवासियों के बरतनों समेत सारा का सारा सामान लूट लिया। आनंदप्रसाद गाँव के जोगेंद्र कुमार दास, पुत्र रामकुमार दास पर अक्तूबर महीने में आतंकवादियों ने तीन-चार बार हमला किया। इस संबंध में आनंदप्रसाद गाँव के निवासी अबू, पुत्र जलील मियाँ को पुलिस ने गिरफ़्तार कर लिया है। उसके अलावा दुलाल, सोहाग, जाकिर, मिंटो और कमाल को भी इस केस के संबंध में गिरफ़्तार कर लिया गया है।

लार्ड हार्डिंग के गाँव चाँदपुर के निवासी खोकन पुत्र वजीउल्लाह, नबी पुत्र नसीरुद्दीन और गाँव चाँदपुर के ही निवासी बिलायत पुत्र नूर इस्लाम, नजीर अहमद पुत्र स्वर्गीय बदीउज़्ज़मान, फरीदा पुत्र स्वर्गीय लंगड़ा, नज़ीर मुहिबुल्लाह, मालिक माजी पुत्र कमाल और मुस्लेउद्दीन सभी हिन्दू धार्मिक अल्पसंख्यकों के विरुद्ध सांप्रदायिक उत्पीड़न के जिम्मेदार हैं।

सायमल दास पुत्र स्वर्गीय मोनींद्रदास की एक गाय थी, जो कि उसकी आमदनी का एक मात्र साधन थी। उस इलाके के गुंडे उस गाय को भी लूट कर ले गए। एक और गाय खरीदने के लिए हमने उसे पाँच हजार टका दिए।

गाँव फातिमाबाद

हमने गाँव फातिमाबाद का दौरा किया जहाँ सविता रानी, पत्नी सिद्धू दास और बाकुली, पत्नी काली मोहन का सामूहिक बलात्कार किया गया था। अत्यधिक उत्पीड़न के कारण वे देश छोड़ कर चले गए। सुजाता रानी दास, पत्नी जयदेव और सुप्रिया, पत्नी मानी का भी कुछ आतंकवादियों द्वारा 2 अक्तूबर 2001 को बलात्कार किया गया। मारानी दास, पत्नी शिवूदास से हमने पूछताछ की लेकिन उसने बलात्कार की कहानी बताने से इनकार कर दिया। उनके पास खाने तक को कुछ नहीं था। हमने उन्हें गुजारे के लिए दो हजार टका दिए।

दुलालदास, सुरा बाला पत्नी मंगल दास, नेपाल दास पुत्र अश्विनी दास, संतोलशी दास, पत्नी उपेंद्र दास—इन सबको भी हमने एक-एक हजार टका दिए क्योंकि हमने देखा कि इन पीड़ितों के पास पहनने तक को कपड़े नहीं थे। हमने उन्हें कुछ सर्दी के कपड़े भी बाँटे, जिसके कारण वे खुश हो गए।

हम 23 नवंबर, 2001 को तामिजुद्दीन पुलिस चौकी, दौलत खान पुलिस चौकी, चार फसीशन पुलिस चौकी, लाल मोहन पुलिस चौकी और बरहानुद्दीन पुलिस चौकी भी गए। हम जल्द ही (पीड़ितों की) एक सूची तैयार करने जा रहे हैं जिसे हम एक के बाद एक सभी संबंधितों के पास भेजेंगे।

महिलाओं के उत्पीड़न की सबसे अधिक कारुणिक और सबसे अधिक महत्त्वपूर्ण घटना भोला में ढूँढ निकाली गई जहाँ जाकर हमें एक डाक्टर से पता चला कि एक हिन्दू महिला का बलात्कार किया गया और बलात्कार करने के पश्चात उसकी योनि में बैटरीसेल घुसा दिया गया। बाद में इस महिला को स्थानीय अस्पताल

में दाखिला करा दिया गया। हम उसे अस्पताल में गए किंतु वह महिला उस समय अस्पताल में उपलब्ध नहीं थी। प्रशासन ने इन आरोपों का खंडन किया, किंतु स्थानीय लोगों ने आकर हमें घटना के बारे में बताया, जोकि 3 अक्तूबर 2001 को घटी थी।

25 नवंबर, 2001 को बांग्लादेश से भेजी गई रिपोर्ट

बांग्लादेश में भोला, गज़ारिया, लालमोहन, बरीसाल, पेरोजपुर, अगाइल झारा, गौरनार्डी और कुछ आसपास के गाँवों का दौरा करने के बाद हम सुबह के वक्त ढाका पहुँचे। उल्लेखनीय है कि हमने वर्ल्ड हिन्दू फेडरेशन बांग्लोदश सभा, ढाका यूनिट की तरफ से और एच.वार. सी.पी.एम. (मानव अधिकार आयोग, बांग्लादेश अल्पसंख्यक वर्ग) की तरफ से इस दौरे पर गए थे। हमने ऊपर बताए गए स्थानों पर 35 हजार टका की नकद राशि और 25 हजार टका के सर्दियों के कपड़े हिन्दू और ईसाई अल्पसंख्यक वर्गों के जरूरतमंद और प्रभावित लोगों के बीच बाँटे।

आतंकवादियों ने हिन्दू और ईसाई अल्पसंख्यकों का जितना अनिष्ट किया और उन्हें जितनी क्षति पहुँचाई, उसका उल्लेख हम नीचे करने जा रहे हैं। वास्तव में इस अनिष्ट और क्षति की मात्रा का अनुमान लगा पाना कठिन है। हर हालत में वह उससे कहीं अधिक थी, जिसका उल्लेख पहले बांग्लादेश के दैनिक समाचारपत्रों और अन्य स्रोतों में किया गया था। यह अंशदान की राशि इतनी कम थी, कि हम यह कल्पना ही नहीं कर पाए कि पूरी की पूरी धनराशि और कपड़े केवल भोला जिला में ही खप जाएँगे।

भोला

घटनास्थल का पता लगाने के लिए सबसे पहले हम भोला जिला के उप आयुक्त के कार्यालय पहुँचे। उन्होंने हमारी यात्रा की सुविधा के लिए, हमारे अनुरोध पर कृपापूर्वक दोपहर 12 बजे एक वाहन हमें दिया। उप आयुक्त महोदय ने 12.11.01 को हमें इंटरव्यू भी दिया, जिसमें उन्होंने धार्मिक अल्पसंख्यकों पर हुए सांप्रदायिक हमलों की बहुत सी घटनाओं का तो कोई उल्लेख ही नहीं किया। (अवामी लीग के किसी भी नेता से हमें मिलवाया भी नहीं गया।)

गज़ारिया पुलिस चौकी

गज़ारिया भोला जिला के अंतर्गत पड़ता है। इस पुलिस चौकी के अधिकार क्षेत्र के अंतर्गत 5000 धार्मिक बहुसंख्यक रहते हैं, पहले हमें यह सूचना मिली कि इस पुलिस चौकी के अंतर्गत आने वाले इलाके में से केवल 2 परिवार विस्थापित हुए हैं। किंतु छानबीन करने पर पता चला कि 50 से भी ज़्यादा परिवार विस्थापित हुए हैं और उनका सामान आतंकवादियों ने लूट लिया है। पल्लवी रानी नामक एक महिला ने हमें बताया कि उसके चावल बरतन और कपड़े लूट लिए गए हैं और उनके पास चावल बरतन, और यहाँ तक कि कपड़े खरीदने तक के भी पैसे नहीं हैं। एक और महिला पूर्ण तिथि ने हमें रोते हुए बताया, कि सांप्रदायिक जुनून के

दौरान उसके साथ लगती हुई भूमि पर उसके पड़ोसी ने कब्जा कर लिया। राधागोविंद मंदिर को, जिसका निर्माण ब्रिटिश शासन काल में हुआ था, अब गिरा दिया गया है और परिवार के सदस्यों पर बहुत ज्यादा कर लगा दिया गया है। परिवार के पुरुष जिंदगी बचाने के लिए छिपे फिर रहे हैं। रामकृष्ण नामक एक डाक्टर के घर को गिरा दिया गया और उसके पाँच लाख टका छीन लिए गए। इशा मोनी नामक एक महिला ने हमें बताया कि जो भी राशि उसने अपने बच्चों के भावी खर्चे के लिए बचा रखी थी उसका एक-एक सिक्का आतंकवादियों ने लूट लिया है।

लाल मोहन पुलिस चौकी

लाल मोहन के एक बसना दास, सुबमा दास नामक व्यक्ति ने हमें कारुणिक भाषा में बताया कि कुछ आतंकवादी उनके पास आए और उनसे कुछ रकम माँगी और उन्हें घर से बाहर निकल जाने का आदेश दिया। उन आतंकवादियों ने उन्हें दाओ, किरिश और चाकू दिखा कर पहले तो डराया और अंततः उन्हें बुरी तरह से घायल करके, खाना पकाने की लकड़ी तक लूट कर ले गए। स्थानीय अध्यक्ष का इंटरव्यू लिया गया जिसने हमें भरोसा दिलाया कि भविष्य में कोई सांप्रदायिक अत्याचार नहीं होंगे।

लार्ड हार्डिंग पुलिस चौकी

इसके अधिकार क्षेत्र में 300 हिन्दू परिवार रहते हैं। इलाके के कुछ लोगों ने हमें पहले से ही भ्रम में डाल दिया और कहा कि वहाँ मत जाओ क्योंकि वहाँ हिन्दुओं पर कोई सामुदायिक हमला नहीं हुआ। लेकिन जब हम मोटर साइकिल से वहाँ गए तो वहाँ की स्थिति देखकर हम हैरान रह गए। 40 से भी अधिक पुरुष और महिलाओं ने हमें 1 अक्तूबर 2001 को हुए चुनावों के बाद की सारी कहानी सुनाई। उनमें से अधिकतर भारत चले गए। केवल कुछ बूढ़े व्यक्ति और नाबालिग लड़के और लड़कियाँ अभी यहाँ रूके हुए हैं। इनमें से तीन ऐसी महिलाओं की पहचान की गई है जिनका बलात्कार किया गया है। उनके नाम हैं : 1. शर्मादास 2. बसना दास 3. पुष्पा रानी। उनसे अच्छी तरह से पूछताछ की गई और उन्होंने यह माना कि उनका बलात्कार किया गया है। लेकिन लोकलाज के कारण वे चुप रहीं।

बारीसाल

यहाँ बहुत बड़ी संख्या में सांप्रदायिक घटनाएँ घटीं। हमें यह एहसास हुआ कि इस इलाके पर बांग्लादेश संसद के मुख्य सचेतक श्री हसनत अब्दुल्लाह का दबदबा था। चुनाव समाप्त होने के बाद वरिष्ठ नेता श्री अब्दुल्लाह देश छोड़कर हमेशा के लिए भारत जा बसे हैं। उसके परिणामस्वरूप कार्यकर्ता नेतृत्व विहीन हो गए हैं और 2 अक्तूबर 2001 से धार्मिक अल्पसंख्यकों पर जबरदस्त अत्याचार भी किए जा रहे हैं।

अगाइलझारा पुलिस चौकी

अगाइलझारा पुलिस चौकी के अंतर्गत आने वाले कई स्थानों का हमने दौरा किया। हम अगाइलझारा के प्रभारी अधिकारी के साथ दौरे पर निकले थे। उन्होंने पहले तो

हमें मौके पर जाने से हतोत्साहित किया। लेकिन जब हमने उन पर जोर डाला, तो वे दो स्थानों पर हमारे साथ गए, जहाँ पर हमने जाकर देखा कि विभिन्न धार्मिक अल्पसंख्यकों के 23 से भी अधिक मकानों को या तो पूरी तरह से गिरा दिया गया था या उन्हें बुरी तरह से तोड़फोड़ डाला गया था। हमने उनके परिवारों के एक एक सदस्य से पूछताछ की और उन्होंने स्वीकार किया कि सांप्रदायिक हिंसा की गंभीर वारदातें वहाँ हुई थीं। उन्होंने मुझे बताया कि उन्हें धन की जरूरत नहीं है, हालाँकि उनका सब कुछ लुट चुका है। उन्हें जरूरत है तो सुरक्षा और प्रतिष्ठा की। हमने हर परिवार को खाने पीने के सामान और बरतनों के लिए पाँच-पाँच सौ टका दिए।

गौरेडी पुलिस चौकी

चुनाव समाप्त होने के बाद यहाँ हिन्दू और ईसाई अल्पसंख्यकों पर जबरदस्त सामुदायिक हमला किया गया। हमने देखा कि 50 हिन्दू परिवार और 3 ईसाई परिवार बेघर हो गए थे क्योंकि उनके रहने के मकानों को तोड़फोड़ दिया गया था। यहाँ तक कि उनके टीन के छप्पर भी गिरा दिए गए थे और उनके घर का कोई सामान बचा नहीं रह गया था। गौरंडी के प्रभारी अधिकारी का इंटरव्यू लिया गया, किंतु उसने यह स्वीकार नहीं किया कि किसी अल्पसंख्यक समुदाय पर कोई सांप्रदायिक हमला किया गया था। जब मैंने उसे एक वीडियो टेप दिखाया, तो वह गुस्से से आग बबूला हो उठा और उसने एक स्थानीय बी.एन.पी. नेता को बुलाकर उसकी उपस्थिति में मुझे धमकी दी कि मुझे इसके गंभीर परिणाम भुगतने पड़ेंगे। चादशी के कृष्ण पाड़ा का मकान गिरा दिया गया क्योंकि वह अवामी लीग का समर्थक था। उसके पूजा मंडप को भी तोड़-फोड़ दिया गया था। (गौरंडी पुलिस चौकी के अंतर्गत आने वाले इलाकों में अल्पसंख्यकों पर हुए सांप्रदायिक हमले के और ब्यौरे जल्द ही सामने लाए जाएँगे)। धनाभाव के कारण इस पुलिस चौकी के अंतर्गत आने वाले दुःखी हिन्दुओं को हमने कोई धन नहीं दिया। लेकिन हमने उन्हें जल्द ही उनका पुनर्वास कराने का आश्वासन दिया। इस संबंध में जल्द ही एक परियोजना तैयार किए जाने की संभावना है।

पिरोजपुर जिला

हमने पिरोजपुर में कुछ स्थानों का दौरा किया, जहाँ हमने पाया कि चार हिन्दू परिवार पूरी तरह से बेघर हो गए थे, क्योंकि आतंकवादियों ने उन्हें 48 घंटों के अंदर देश छोड़ने के लिए मजबूर कर दिया था। मैंने पिरोजपुर के स्थानीय पूजा परिषद् के अध्यक्ष से भेंट की। पहले तो उसने यह स्वीकार नहीं किया कि पिरोजपुर में कोई सामुदायिक दंगा हुआ है। लेकिन हमें एक प्रियताषा नामक व्यक्ति ने बताया कि चार हिन्दू परिवार इस्लामी कट्टरवादियों के बुरी तरह से शिकार बने हैं। ये परिवार 1. स्वप्न 2. हरिपाड़ तारापदेर 3. नेपाल हलदर और 4. सूरजकांत पाल के थे।

स्थानीय पूजा परिषद् के अध्यक्ष ने तो इस बात को छिपाने की कोशिश की, हालाँकि वह एक हिन्दू है। ऐसा लगता है कि उस समय असुरक्षा और अनिश्चितता की भावना उसे ऐसा करने से रोक रही थी। लेकिन पिरोजपुर में हमारी उपस्थिति ने हिन्दुओं में उत्साह और जोश भर दिया। ऐसा मुझे उनके बाद के रवैये से लगा। यह अत्यंत खेदजनक बात है कि 24 नवंबर, 2001 को आतंकवादियों के एक गिरोह ने एक 60 वर्षीया बूढ़ी औरत को बुरी तरह से पीटा। उसकी एक मात्र बेटी नीलिमा बिस्वास का अपहरण और उसकी खेती की जमीन पर कब्जा करना उनका उद्देश्य था। मैं मौके पर गया और स्थायी लोगों से इस बारे में पूछताछ की। उन्होंने इस तथ्य को स्वीकार किया। मैंने स्थानीय पुलिस अधिकारी से इस अपराध के लिए जिम्मेदार अपराधियों के विरुद्ध मामला दर्ज करने को कहा है।

सुझाव

पूरी छानबीन के बाद हमने यह महसूस किया कि बांग्लादेश अल्पसंख्यकों के पुनर्वास की परियोजना तुरंत तैयार की जाए और राहत सामग्री बाँटने की एक सिलसिलेवार प्रक्रिया आरंभ की जाए। हमने यह पाया कि कुछ गैर-सरकारी संगठनों ने भी इन स्थानों का दौरा किया था। लेकिन वे वास्तविक मुसीबतजदा लोगों की पहचान नहीं कर पाए। ऐसा देखा गया कि जब हम मुसीबतज़दा हिन्दुओं को राहत सामग्री बाँट रहे थे, तो कुछ अज्ञात मुसलमान खुद को गरीब हिन्दू बता कर हमारे पास मदद के लिए आए। जाँच करने पर पता चला कि वे तथाकथित गरीब मुसलमान डाका और चोरी आदि के लिए एक बार बंदी बनाए गए थे।

परिवहन

एक से दूसरे स्थान पर जाने के लिए कम से कम चार वाहन बहुत ज़रूरी होते हैं, और बेहतर हो यदि वे माइक्रो बसें (चौपहिया) हों। देश के अलग-अलग भागों में राहत सामान बाँटने के लिए केवल एक वाहन काफी नहीं होता। वर्तमान स्थिति से निपटने के लिए कम से कम छह लाख टका धनराशि की परिवहन खर्च के लिए जरूरत है। इस बार हमने परिवहन खर्च के तौर पर केवल छह हजार टका ही खर्च किए, और कभी-कभी ढाका से बाहर वाहन उपलब्ध नहीं होता है, और अगर होता है, तो अधिक महँगा होता है।

सीमा को बंद कर दिया जाना चाहिए

भाग कर जाने वाले हिन्दुओं को सीमा पार नहीं करने देनी चाहिए, क्योंकि हिन्दू सुरक्षा और संरक्षण के लिए सीमा पार करते रहते हैं और यदि यह सिलसिला जारी रहा तो अल्पसंख्यकों की ताकत जवाब देने लगेगी और पाँच साल के बाद हिन्दू मूलविहीन हो जाएँगे। या फिर इस मुद्दे पर भारत सरकार से बात की जानी चाहिए। केवल मुसीबतज़दा हिन्दुओं को ही आरजी तौर पर आश्रय दिया जाना चाहिए।

बांग्लादेश से 13 नवंबर, 2001 की रिपोर्ट

चिटागांग

11 नवंबर यू.एन.बी. के समाचार के अनुसार रौज़ान उपजिला में स्थित पश्चिमी नोआपाड़ा में लगभग 36 घरों को छान डाला गया।

रौज़ान के स्थानीय लोगों के साथ हमारी बातचीत हुई। 20-25 गुंडों ने घरों पर हमला किया और मवेशियों को लूट कर ले गए। हिन्दू मालिकों के तालाबों से वे मछलियाँ तक निकाल कर ले गए। क्योंकि पुलिस मुख्यालय से घटनास्थल पर पुलिस देर से पहुँची, इसलिए आतंकवादी, सुबह आठ बजे से लगातार छह घंटे तक चली अपनी कारगुज़ारी के बाद लूट का सारा माल लेकर चंपत हो गए।

जब आतंकवादी अमोल चौधरी नामक व्यक्ति को इसलिए उठाकर ले गए, क्योंकि उसने वारदात की खबर पुलिस को दे दी थी, तो उसके बाद इस इलाके में एक अस्थाई पुलिस शिविर स्थापित कर दिया गया।

एक और वारदात रौज़ान के 69 पाड़ा में हुई, कोई 15-16 आतंकवादी 11. 11.2001 को सुबह 10 बजे गौरीशंकर हाट में एकदम आए और उन्होंने हिन्दू समुदाय के हर दुकानदार से 50-50 हज़ार की राशि माँगी। लेकिन दुकानदार इतनी राशि नहीं दे पाए। इस पर आतंकवादी एक बिधू बाबू नामक व्यक्ति का अपहरण करके ले गए और साथ ही बहुत बड़ी मात्रा में चावल, गेहूँ और कुछ नकदी लूट कर ले गए। उन्होंने बाकी दुकानदारों को यह चेतावनी दी कि वे पुलिस चौकी में कोई रपट न लिखवाएँ अन्यथा उनकी जिंदगी ख़तरे में पड़ जाएगी। लूट के कारण हुई क्षति का जायज़ा लेने के लिए हमने दो आदमी पहले से ही भेज दिए हैं।

पिरोजपुर

पिरोजपुर जिला के नज़ीरपुर उप जिलामें एक देवलाल डाकुआ नामक 50 बर्षीय डाक्टर को यह धमकी दी गई कि वह एक सप्ताह के भीतर अपना धर्मपरिवर्तन करके मुसलमान बन जाए। इस महीने की 11 तारीख को कुछ कट्टरवादी मुसलमान उसका खतना करने के लिए अपने साथ चाकू ले जाए। और उसे एक ऐसी झोपड़ी में आने पर मजबूर किया जिसमें उनके कई समर्थक मौजूद थे। वह डाक्टर यह सब देखकर बेहोश हो गया। आज 13 नवंबर को 'दिजनकंठ' ने पीड़ित, डॉ. देवलाल डाकुआ के फोटो के साथ यह खबर छापी है। नज़ीरपुर में अभी भी तनाव की स्थिति चल रही है। हमने आतंकवादियों के नामों का पता लगाने के लिए अपने एक सहयोगी को वहाँ भेजा है। डॉ. देवलाल से 7 दिन के भीतर आंतकवादियों को 50 हजार रू. की राशि भी अदा करने को कहा गया और उसे यह धमकी दी गई कि अगर उसने ऐसा नहीं किया तो उसकी हत्या कर दी जाएगी। इस प्रकार नज़ीरपुर के हिन्दुओं में एक असुरक्षा की भावना अभी बनी हुई है। डॉ. डाकुआ ने अपनी सुरक्षा के लिए पुलिस चौकी में मामला दर्ज करा दिया है।

इस्लामी कट्टरपंथियों का मुख्य उद्देश्य है बांग्लादेश से हिन्दुओं का सफाया करना।

बांग्लादेश से 10 नवंबर, 2001 की रिपोर्ट

आज 11 नवंबर को हम चिटागांग मीरसराय से सुरक्षित ढाका पहुँच गए हैं। वहाँ एक हिन्दू क हत्या कर दी गई है, 30 परिवार बेघर हो चुके हैं और 8 व्यक्ति इस समय उपजिला अस्पताल मीरसराय में हैं, जहाँ वे अपनी जिंदगी के लिए जूझ रहे हैं। हमने व्यक्तिगत रूप से पीड़ितों से रात को बातचीत की। एक पीड़ित दिलीप कुमार मजूमदार ने हमें बताया कि उन पर कुछ स्थानीय मुसलमानों ने हमला किया था जिनमें रफीक, सुलेमान, मुहीउद्दीन और कुछ और व्यक्ति शामिल थे। उन पर हमला इसलिए किया गया था क्योंकि वे जज़िया कर (ग़ैर कानूनी चंदा) अदा करने के लिए सहमत नहीं थे। दिलीप कुमार के सिर पर गहरी चोट आने के कारण उसकी हालत नाजुक है और उसे जल्द ही डाक्टरी इलाज की ज़रूरत है। एक और पीड़िता शादान बाला दास ने हमें बताया कि वह कुछ स्थानीय गुंडों की बेरहम मार से नहीं बच पाई। उसे यह धमकी भी दी गई थी कि वह या तो देश छोड़ कर चली जाए या फिर मुसलमान बन जाए। एक और 12 वर्षीय लड़के मुतन कुमार दास पर भी हमला किया गया, जिसकी वजह से उसके सिर पर चोट आ गई और उसे अस्पताल दाखिल होना पड़ा। अस्पताल के स्रोतों से पता चला है कि वह ठीक हो जाएगा। एक और पीड़ित सुजीत कुमार दास ने हमें बताया कि कुछ स्थानीय मुसलमानों ने उसका अमानवीय ढंग से उत्पीड़न किया है, और उससे उन्होंने बहुत बड़ी रकम की माँग भी की थी। क्योंकि वह उनकी गैर-कानूनी माँग को पूरा नहीं कर पाया, इसलिए उन्होंने बेरहमी से उसकी पिटाई कर डाली।

सिनानाला, मीरसराय के एक और सुजीत कुमार दास नामक व्यक्ति ने हमें बताया कि क्योंकि वह आतंकवादियों द्वारा माँगी गई रकम अदा नहीं कर पाया इसलिए उन्होंने उसे बेरहमी से पीटा। एक और पीड़ित निरंजन मजूमदार ने अपनी कारुणिक व्यथा का वर्णन करते हुए कहा कि उसे सिर पर वार किया गया जिसके कारण वह बेहोश होकर गिर पड़ा, और उसे मीरसराय अस्पताल ले जाया गया। एक और व्यक्ति बिनोद बिहारी दास को भी स्थानीय मुसलमान बदमाशों ने अमानवीय यातनाएँ पहुँचाई। पहले इन बदमाशों ने उससे रकम माँगी थी, लेकिन क्योंकि वह गरीब था और खुद के लिए खाना तक भी नहीं जुटा पाता था, इसलिए जब वह रकम नहीं दे पाया, तो उसे भी उन्होंने बेरहमी से पीट डाला।

कल, 10 नवंबर, 2001 को स्थानीय संसद सदस्य, और वर्तमान सरकार के एक मंत्री संयोग से मीरसराय, चिटागांग में मौजूद थे। हमें संसद सदस्य औरा मंत्री से मिलने का मौका मिला। उन्होंने यह स्वीकार किया कि कुछ व्यक्तियों का उत्पीड़न हुआ है, लेकिन ये मात्र दुर्घटनाएँ थीं और सामुदायिक जनून की घटनाएँ नहीं थीं।

हम स्थानीय पुलिस सब-इंस्पेक्टर से भी मिले, जो कि जाँच अधिकारी भी है। उसने हमें बताया कि 16 आरोपियों में से 7 को गिरफ्तार कर लिया गया है और जाँच उसके वरिष्ठ अधिकारी के अनुदेशों के मुताबिक चल रही है।

पीड़ितों, स्थानीय संसद सदस्य और मंत्री और पुलिस अधिकारी द्वारा बताई गई सारी बातें कल रात को वीडियो टेप कर ली गई थीं और स्थानीय संसद सदस्य ने हमें विश्वास दिलाया कि पीड़ितों को उचित मुआवजा दिया जाएगा। लेकिन जब हमने पीड़ितों से पूछा, तो एक के बाद एक सभी ने हमें बताया कि आज तक कोई राहत, कोई मुआवजा उन्हें नहीं दिया गया है। पीड़ितों से हुए वार्तालाप से हमें पता चला कि वे अभी तक, अस्पताल में भी खुद को असुरक्षित महसूस करते हुए दिन बिता रहे हैं। क्योंकि एक पीड़ित, शादू की यातना के कारण मौत ही हो गई थी, इसलिए स्थानीय संसद सदस्य के आश्वासन के बावजूद पीड़ित अभी तक संत्रस्त हैं।

जितना हमसे हो सका हमने मीरसराय, चिटागांग में पीड़ितों में खाना, दवाइयाँ और पानी आदि बाँटा और भविष्य में और भी मदद का भी उन्हें आश्वासन दिया।

चिटागांग की हिन्दू, बौद्ध तथा ईसाई एकता परिषद् ने सांप्रदायिक उन्माद के विरोध में 15 नवंबर, 2001 को आधा दिन हड़ताल की घोषणा की। दो समूहों के बीच तनाव अभी बना हुआ है।

बांग्लादेश से 2 नवंबर 2001 की रिपोर्ट

आज जमालपुर जिला में कुछ आतंकवादियों ने लक्ष्मीदेवी की मूर्ति को तोड़ डाला और जमालपुर में अल्पसंख्यकों के माल असबाब को भी छीन लिया। दो परिवारों की चार लड़कियों का बलात्कार किया गया है। कानून लागू करने वाली एजेंसी निष्पक्ष नहीं है। इसलिए हिन्दू संगठनों के कमजोर होने के कारण एजेंसी ने सही तरह से अपना कर्तव्य निर्वाह नहीं किया।

अफ़ग़ानिस्तान में हवाई हमले के बाद बहुत से मुसलमान दोस्त भी हिन्दुओं के दुश्मन और विरोधी हो गए हैं। हिन्दुओं के प्रति उनका रवैया अनुकूल और पड़ोसाना नहीं रहा है क्योंकि वे हिन्दुओं के हितों, जान, माल और सामान की रक्षा नहीं कर पाए हैं। जिन इलाकों का हमने दौरा किया था, उनमें से हमने कुछ इलाकों में ऐसे दुःखी हिन्दू देखे, जिन्हें देश छोड़ने के लिए मजबूर किया जा रहा है, या फिर उनका धर्मपरिवर्तन कराकर उन्हें मुसलमान बना लिया गया है।

बांग्लादेश से 29 अक्तूबर, 2001 की रिपोर्ट

आज ढाका में बांग्ला बाजार पत्रिका से 29 अक्तूबर, 2001 की एक रिपोर्ट प्राप्त हुई है कि गाज़ीपुर के एक सिराज मुंशी नामक व्यक्ति ने अपने आठ आतंकवादियों के गिरोह को लेकर नवजूर उपजिला के रहने वाले आठ सदस्यों के एक हिन्दू परिवार पर हमला कर दिया। आठ हिन्दुओं पर मुसलमान आतंकवादियों ने बेरहमी से हमला किया है। आठ सदस्यों में से चार महिलाएँ हैं और एक छोटा बच्चा है। 23 वर्षीया

झरना रानी दास, 15 वर्षीया टीना रानी दास, पुत्री जतिन चंद्र दास को गंभीर चोटें आई हैं। उन्हें इलाज के लिए गाज़ीपुर सदर अस्पताल में दाखिल करा दिया गया है। लगभग आठ महीने की छोटी बच्ची पूर्णिमा और उसकी लगभग 44 वर्षीया माता सरस्वती दास की प्राथमिक चिकित्सा की गई थी, जिसके बाद वे दोनों अस्पताल से चली गईं।

बांग्लादेश से 28 अक्तूबर, 2001 की रिपोर्ट

बारीसाल

बारीसाल के उजीरपुर उपजिला में स्थित रामेर काठी नामक गाँव में 01.10.2001 को आतंकवादियों ने सुखेंदु बैद्य के मकान को नुकसान पहुँचाया। सुखेंदु बैद्य हिन्दू बौद्ध ओइक्या परिषद् (एच.बी.सी.ओ.पी.) के संयुक्त-सचिव, बांग्लादेश पूजा उद्‌जापन परिषद् की केंद्रीय समिति के सदस्य और बांग्लादेश छात्र लीग के पूर्व संयुक्त सचिव हैं। बदमाशों ने सुखेंदु के छोटे भाई सुकांत बैद्य को भी पीटा। इसके अलावा आतंकवादियों ने सिकदर बाड़ी में नेपाल मंडल, सुकुमार सिकंदर और बाबूनाथ सिकदर की दुकानों को नुकसान पहुँचाया और लूटा। आतंकवादियों ने कालू मंडल स्वप्न बरोई कनू कीर्त्तोनिया, गौरांग बेघरी और महेंद्र मंडल की पत्नियों के साथ छेड़छाड़ भी की। उन्होंने स्थानीय अध्यापकों, पारेश हलदर, जीवन कृष्ण सिकदर और जयदेव हलदर पर हमला भी किया। उन्होंने एच.बी.सी.ओ.पी. की स्थानीय इकाई के सचिव दीपू मेंबर के मकान को भी नुकसान पहुँचाया।

बारीसाल ज़िला के गौरंडी उपज़िला में स्थित बिलवाग्राम और जंगलपट्टी गाँवों के 20/25 मकानों पर वहशियाना हमला किया और उन्हें लूटा। बहुत से लोग ज़ख्मी हो गए, जिनमें बिमान कर, नानीगोपाल गोस्वामी, केशबराय, मधुसूदन चक्रवर्ती पोस्टमास्टर हुलाल गोस्वामी, व्यापारी, गोपीदास, बिनय कर और मंजूरानी मीता गोस्वामी शामिल हैं।

मुंशीगंज

जिला मुंशीगंज के तोंगीबाड़ी थाना की अब्दुलपुर यूनियन के महासचिव गोपाल पाल को ज़बरदस्ती उसके घर से निकाल दिया गया। जिला मुंशीगंज के ही सिराजी खान थाना में इचापुर डिग्री कॉलेज के वाइसप्रिंसिपल और एच.बी.ओ.पी. की स्थानीय इकाई के महासचिव बिजय सरकार को बदमाशों ने बेरहमी से पीटा।

कुश्तियाँ

आतंकवादियों ने 20.09.2001 को रतन कुमार चक्रवर्ती पुत्र स्वर्गीय हरिपद चक्रवर्ती की हत्या कर डाली और उसके दो भाइयों मदन और रूपक को बुरी तरह से ज़ख्मी कर डाला। उन्होंने उन्हें यह धमकी भी दी है कि वे देश छोड़कर चले जाएँ।

सिराजगंज

02.10.2001 को आतंकवादियों ने बांग्लादेश उद्‌जापन परिषद्, सिराजगंज इकाई के एक सदस्य रबींद्र नाथ घोष पर हमला किया। तराश उपजिला की पूजा उद्‌जापन परिषद् के महासचिव तपन गोस्वामी के परिवार पर आतंकवादियों ने हमला किया और बी.एन.पी. द्वारा उसी के विरुद्ध झूठा केस दर्ज करा दिया। तपन गोस्वामी ने घर छोड़कर कहीं और शरण ले ली है।

सिराजगंज

08.10.2001 को बी.एन.पी. के कार्यकर्ताओं ने खोकन् मंडल की इसलिए हत्या कर डाली कि उसने अवामी लीग के हक में वोट डाला था। इसके अलावा, उल्ला पाड़ा थाना के अंतर्गत आने वाले मोहनपुर कमर खंड थाना के अंतर्गत झाओइल, नरोश थाना सदर सिराजगंज जिला सदर के गोपीपाड़ा इलाके, और रायगंज थाना के अंतर्गत आने वाले रायगंज बाजार और बैकुंठपुर गाँवों में अल्पसंख्यकों पर हमले किए जा रहे हैं और उनसे जबरदस्ती धन ऐंठा जा रहा है।

झिनाइदाह

02.10.2001 को झिनाइदाह सदर उपजिला के लौहारगंज गाँव में तपन कुमार कुंडू की चावल मिल पर आतंकवादियों ने हमला करके उसे लूट लिया। 02.10.2001 और 03.10.2001 को आतंकवादियों ने बिमलेंदु बिस्वास के घर पर धावा बोला और उसके मवेशियों को हाँक कर ले गए। श्री बिस्वास हाटगोलापुर के पूर्व प्रधान थें। 09.10.2001 को कृष्ण गोपालदत्त पर हमला किया गया। आतंकवादियों ने जिनमें मन्नू और बकुल शामिल थे गोपालपुर बाजार में केष्टोयद साहा, अधीर कुमार बिस्वास और मनोरंजन बिस्वास की दुकानों को लूट लिया और नारियल तथा सोयाबीन के पंद्रह कनसतर उठा कर ले गए।

कोमिल्ला

कोमिल्ला जिला के बदुरा उपजिला में दो मकानों में किए गए विस्फोट में मदन मोहन भौमिक की मृत्यु हो गई और एक और व्यक्ति जख्मी हो गया।

काक्स बाजार

उथिया-तेकनफ काक्स बाजार में हल्दिया पलंग यूनियन, उथिया के रुमका पलंग और उत्तर धुरंग खली गाँवों में धार्मिक अल्पंसख्यकों के 7-8 मकानों पर हमला किया गया और फिर उन्हें आग लगा दी गई।

जेस्सोर

जेस्सोर जिला के केशबपुर उपजिला में 05.10.2001 को अल्पसंख्यकों के मकानों पर हमला किया गया। कसव चंद्र और कालिदास उन 50 अल्पसंख्यकों में से थे, जो हमले में ज़ख्मी हो गए थे। हमले और लूट का नेतृत्व मौलाना शेखावत ने किया।

गाज़ीपुर

कालियाकैर, उपजिला में बेआली यूनियन के अल्पसंख्यक गाँवों बटानिया, घला, श्रीचुर गोलावा और रघुनाथपुर में, सूत्रपुर यूनियन और श्रीफल टोली यूनियन के बलियाडी और भंगराज गाँवो में 05.10.2001 को हमला किया गया। भयभीत अल्पसंख्यकों ने अपने घरों से भाग कर कहीं और शरण ले ली। हमले में घायल छह व्यक्तियों को गाजीपुर सदर अस्पताल में दाखिल करा दिया गया था। मुजीबुर्रहमान नामक एक व्यक्ति के नेतृत्व में 40/50 व्यक्तियों के एक गिरोह द्वारा बोआली यूनियन के गोलवा नामक गाँव में अल्पसंख्यकों के कम से कम 30 मकानों को क्षतिग्रस्त किया गया और लूटा गया।

नेट्रोकोना

01.10.2001 को चुनाव के दिन आतंकवादियों ने एक सत्तर वर्षीय बूढ़े आदमी कनाईलाल सरकार को पीट कर जख्मी कर दिया। एक अस्पताल में उसका इलाज चल रहा है। सदर उपजिला के छोटो बाजार नामक गाँव में हुए इसी प्रकार के हमले में नारायण चंद्र ताल्लुकदार का सबसे बड़ा बेटा गंभीर रूप से जख्मी हो गया। मोहनगंज थाना के अंतर्गत आने वाले समाज ग्राम नामक गाँव में 02.10.2001 को दो मकानों में आग लगा दी गई। 04.10.2001 को नागरा में बाबू नरेश सरकार (नगरपालिका के खंड अध्यक्ष) के घर की तलाशी ली गई और उसे लूट लिया गया। इसके अलावा 78 दुकानों को भी नुकसान पहुँचाया गया। उसी दिन चलीसा यूनियन के नूरपुर गाँव के नेट्रोकोना गवर्नमेण्ट कॉलेज के पूर्व वाइसप्रिंसिपल नरेन दत्ता के घर पर हमला किया गया।

गोपालगंज

गोपालगंज के कोटालीपाड़ा में स्थित रामशील में, अलग-अलग जिलों के लगभग पंद्रह हजार अल्पसंख्यकों ने, जिन्हें उत्पीड़न और हमले का शिकार बनाया गया था, आकर शरण ली। कोटालीपाड़ा की 12 यूनियनों के हर घर ने कम से कम एक उत्पीड़न परिवार को शरण दी है।

सतखिड़ा

चुनावों के बाद सतखिड़ा जिला के शामनगर उपजिला में मुंशीगंज यूनियन के अध्यक्ष अशीम कुमार मिर्धा को जान से मार डालने की धमकी दी गई। उनके झींगी फार्म को लूट लिया गया। उन्होंने प्रेस कान्फ्रेंस करके अपने परिवार की जीवन सुरक्षा की माँग की। नौनगार के कताखली गाँव में संतोष गायन को पीटा गया और उसके मकान को क्षति पहुँचाई गई और लूटा गया। नूरनगर में स्थित पालपाड़ा के लोगों और इसी यूनियन के कुंडली गाँव में एक दुलाल नामक व्यक्ति को पीटा गया। औरतों के साथ भी मारपीट की गई। स्वरजीत मेंबर के घर को लूट लिया गया और उसकी पत्नी को शारीरिक यातनाएँ दी गईं।

अशासुनी सदर यूनियन में अशासुनी माध्यमिक स्कूल के मुख्याध्पाक नीलखनाता सोन को मार डालने की धमकी दी गई। कंडाकटी यूनियन के कनक चंद्र सरकार को भी इसी प्रकार की धमकियाँ दी गईं। कंडाकटी गाँव के बिमल मेंबर को पीटा गया और गाँव की 8/10 दुकानों को नुकसान पहुँचाया गया। दुर्गापुर, वधूहाट और शोमनाली यूनियनों के गाँवों में रहने वाले अल्पसंख्यकों को धमकी दी गई और उन्हें देश छोड़ने को कहा गया।

सतखिड़ा

सतखिड़ा जिला के तलखाना उपजिला की सुखलिया यूनियन में तेलकुपी करापाड़ा के जादव कर्माकर और उसकी पत्नी उस समय जख्मी हो गए, जब उन पर हथियारों से वार किया गया। कुमीरा यूनियन के नारायन चक्रवर्ती की दुकान लूट ली गई। भुरूलिया यूनियन के प्रकाश साधु की पिटाई की गई।

सतखिड़ा

सतखिड़ा जिला के अशासुनी और बधुहा नामक स्थानों पर 02.10.2001 को हुए हमलों में लगभग 20 अल्पसंख्यक जख्मी हो गए। अशासुनी के सोदनाली यूनियन में स्थित बंदारतोला कमालकाजी गाँव में लाउडस्पीकरों का इस्तेमाल करके अल्पसंख्यकों को खुलेआम देश छोड़ने की धमकी दी जा रही है।

फरीदपुर

फरीदपुर जिला के मीतोरदिया यूनियन के जयपाशा गाँव बोआलमाडी के चतुल यूनियन और चाँदपुर यूनियन में अल्पसंख्यकों का उत्पीड़न किया जा रहा है और उन्हें यातनाएँ दी जा रही हैं। राजापुर के जदुनाथ साहा, निखिल कर और नारायन साधु और परमेश्वरबाड़ी गाँव के खगेन मास्टर और सुनील को यातनाएँ पहुँचाई गई हैं।

बागेरहाट

बागेरहाट में जिन हजारों अल्पसंख्यकों को अपने स्थानों से बेदखल कर दिया गया है, उनके लिए चातेरहाट बाजार में लंगरखाना खोला गया है।

बागेरहाट

बागेरहाट जिला के मोरेलगंज उपजिला के कचीकष्ट गाँव में बानीकांता मिस्त्री की चुनावों के बाद हत्या कर दी गई।

पबना

पबना जिला के सूरजनगर उपजिला के निश्चिंतीपुर गाँव में अल्पसंख्यकों के सौ से भी अधिक मकानों को 06.10.01 को क्षतिग्रस्त किया गया और लूटा गया। इन अल्पसंख्यकों में कांति साहा, अखिल बसु और सुजान शामिल थे।

फरीदपुर

05.10.2001 को फरीदपुर के माँगा उपजिला में प्रसिद्ध व्यापारी अतुल चंद्र साहा की हत्या कर दी गई।

लालमोनीरहाट

03.10.2001 को लाल मोनीरहाट के तुशभंडार यूनियन में अल्पसंख्यकों का उत्पीड़न किया गया और उन्हें यातनाएँ पहुँचाई गईं। आतंकवादियों ने खानपाड़ा के बिशंकर मास्टर की चावल मिल पर हमला किया और पचास हजार टका का धान और अन्य वस्तुएँ लूट कर ले गए।

नाटोर

नाटोर के सिंगरा उपजिला में निमकदामा गाँव का सघन चंद्र सरकार यू.पी. में मेंबर उस समय ज़ख्मी हो गया जब 06.10.2001 को उस पर तेज हथियारों से हमला किया गया। सिंगरा अस्पताल में इस समय उसका इलाज चल रहा है। 04.10.2001 को बिलाधर बाजार के भवानी चरण सरकार की पिटाई कर दी गई।

इसके अलावा लालपुर उपजिला के अरबद गाँव के अल्पसंख्यकों को यातनाएँ पहुँचाई जा रही हैं और गाँव की औरतों के साथ छेड़छाड़ की जा रही है।

मदारीपुर

डाक्टर रंजीत साहा और उसके परिवार के सदस्यों का 11.10.2001 को अपहरण कर लिया गया और उसकी पत्नी और बेटी को यातनाएँ पहुँचाई गईं।

पतुआखली

पतुआखली जिला में 05.10.2001 को लगभग 20 व्यक्तियों को पीटा गया जिनमें निर्मल देबनाथ, डॉ. केशब और कल्याण राय शामिल थे। इन व्यक्तियों को धमकाया गया और देश छोड़ने को कहा गया। सिंगराकाठी, मंखन, बचीरचार कालशुरी, राजापुर, कचीपाड़ा नामक छह गाँवों के लगभग सभी हिंदू अपने-अपने गाँव छोड़ कर चले गए हैं।

नारायणगंज

नारायणगंज जिला के थाना फतुल्ला के पंचबटी में गाँव में 125 हिन्दू परिवारों पर 04.10.2001 को वहशियाना हमला किया गया और दो जवान लड़कियों के साथ छेड़छाड़ की गई। इसके अलावा दुकानों को क्षतिग्रस्त किया गया और लूटा गया।

रंगपुर

रंगपुर जिला में 01.10.2001 को पीरगाचा, हरागाचा, कौनिया, तारागंज और बदारगंज में हुए हमलों में 25 अल्पसंख्यक जख्मी हो गए।

पिरोजपुर

जिला पिरोजपुर के उमेदपुर, दुर्गापुर, टोना, डकातिया और होलारहाट के इलाकों में 01.10.2001 को आतंकवादियों द्वारा किए गए हमलों में लगभग 33 अल्पसंख्यक मारे गए।

सिल्लेट

सिल्लेट नगर में 01.10.2001 को शिवबाड़ी के मध्यपाड़ा इलाके में 15 अल्पसंख्यक परिवारों को लूट लिया गया और उन्हें वोट डालने के लिए जाने नहीं दिया गया।

भोला

02.10.2001 को भोला जिला के लाल मोहन थाना के अंतर्गत आने वाले लार्डहार्डिंग गाँव में 4/5 महिलाओं का बलात्कार किया गया और सैकड़ों घरों को लूटा गया। अल्पसंख्यक समुदाय के लोग डर कर भाग गए और जाकर चारफैशन थाना में शरण ली। जिला भोला के उपजिला चार फैशन के गाँव उमराबाद में 04.10.2001 को स्वप्नदास नामक व्यक्ति का गला काट कर उसकी हत्या कर दी गई।

झालाकाठी

झालाकाठी जिला के टालटोला, सिधाकाजी, टौकाजी तथा मदरस्सा इलाकों में और गाबखान धनशरी यूनियन के चारखाना गाँव में 02.10.2001 को अल्पसंख्यक समुदाय के लोगों का उत्पीड़न किया गया और उन्हें यातनाएँ पहुँचाई गईं।

राजशाही

राजशाही जिला के तानोर थाना के अंतर्गत आने वाले हरिदेबपुर गाँव में, एक पूजामंडप में रखी मूर्ति को क्षति पहुँचाई गई।

ढाका नगर

14.10.2001 को ढाका नगर के मेऱाडिया इलाके में एक दुर्गा मंदिर को आतंकवादियों ने आग लगा दी।

पतुआखली

05.10.2001 को पतुआखली जिला के बाडफल उपजिला में स्थित दास पाड़ा में दुर्गामंदिर और काली मंदिर में आतंकवादियों ने चीजों को उलट-पलट दिया और मूर्तियों को क्षति पहुँचाई।

नाटोर जिला

28.09.2001 को नाटोर जिला के सिंगरा उपजिला में डाकमंडप बाजार में एक मंदिर की चीजों को उलट-पलट कर उस तलाशी ली गई।

मुंशीगंज

मुंशीगंज जिला के लोहारगंज में उपजिला में स्थित खिडीरपाड़ा नामक गाँव में

गोपालचंद्र दास के घर पर देवी लक्ष्मी और राधाकृष्ण की मूर्तियों को आतंकवादियों ने क्षति पहुँचाई। इस घटना को प्रशासन की जानकारी में लाने के बावजूद कोई कार्रवाई नहीं की गई।

चाँदपुर

चाँदपुर जिला के फरीदगंज उपजिला के गोबिंदपुर यूनियन नं. 9 में प्राणाकृष्ण शिता के घर में मंदिर को आग लगा दी गई और काली की मूर्तियों को नुकसान पहुँचाया गया।

कोमिल्ला

चुनाव के बाद के दिनों में कोमिल्ला जिला के देबीद्वार थाना के अंतर्गत आने वाले कुलगाँओं गाँव में आतंकवादियों ने एक मंदिर की चीजों को उलट-पलट डाला और मंदिर को क्षति पहुँचाई।

अमानवीय यातनाएँ बलात्कार

बागेरहाट

बागेरहाट जिला के मोल्लारहाट थाना के अंतर्गत आने वाले बोरगाडला गाँव के पुलिस मलाकार की पत्नी और बेटी, भवानी राय की पत्नी और प्रफुल्ल मंडल की पत्नी और मोल्लारहाट थाना के मेजरगाडला गाँव के मोतीलाल राय की पत्नी का बलात्कार किया गया।

सिराजगंज

सिराजगंज जिला के उल्लापाड़ा उपजिला में स्थित पूर्बा देलुआ गाँव की तीन नौजवान लड़कियों का चुनाव के बाद के दिनों बलात्कार किया गया।

मागुरा

मागुरा जिला के श्रीपुर उपजिला में नाहटा गाँव की एक कॉलेज जाने वाली और दो स्कूल जाने वाली लड़कियों का बदमाशों ने 09.10.2001 की रात को अपहरण कर लिया और रात भर उन्हें अमानवीय यातनाएँ पहुँचाने के बाद नजदीक के एक मैदान में उन्हें छोड़ दिया। आतंकवादियों द्वारा किए गए हमले में दस लोग जख्मी हो गए जिनमें पालपाड़ा के सुनील पाल, सुनील बिस्वास और निवारानी पाल शामिल थे। उन्हें सदर अस्पताल में भर्ती करा दिया गया। इन आपराधिक कार्यकलापों का नेतृत्व दियेरपाड़ा गाँव के सईद और किनान, सबदलपुर गाँव के जहाँगीर शेख और नहाटा गाँव के जहाँगीर ने किया।

बारीसाल

05.10.2001 को बारीसाल जिला के गौरनाड़ी थाना के अंतर्गत पड़ने वाले बिलावा ग्राम में आतंकवादियों ने विजय सोम की बेटी का बलात्कार किया। 07.10.2001 को आतंकवादियों ने शंकर दत्त की पत्नी शांतना रानी के साथ छेड़छाड़ की और उसे सड़क पर छोड़ दिया।

सतखिड़ा

आतंकवादियों ने सतखिड़ा जिला के टाला उपजिला में गोनालिंटा गाँव की एक नौजवान लड़की का जबरदस्ती अपहरण करके दो दिन तक उसका बलात्कार किया। जब उसे छोड़ा गया तो उसका खून बह रहा था।

धार्मिक स्थानों पर किए गए हमले और उन्हें पहुँचाई गई क्षति खुलना

खुलना जिला के पाइकगाचा उपजिला में मालोपाड़ा गाँव के कपिलमुनि मंदिर की मूर्तियों को और पास के गाँव ताल में पवित्र मूर्तियों को क्षति पहुँचाई गई। पाइकगाचा यूनियन के गराईखली उपजिला में देवी दुर्गा की मूर्ति को क्षति पहुँचाई गई और उसे तोड़ दिया गया।

लालमोनीरहाट जिला

02.10.2001 को सदर उपजिला के पंचग्राम यूनियन में शिविबाड़ी मौजा गाँव के एक बहुत पुरानी दुर्गा मंदिर की चौहद्दी को अहमद समद और गोनी मियाँ के गिरोह ने गिरा दिया।

बारीसाल जिला

बारीसाल जिला के उजीरपुर थाना के अंतर्गत आने वाले रामेरकाठी गाँव में आतंकवादियों ने कृष्ण भक्त सेवाश्रम को छीन डाला और वहाँ रखी मूर्तियों को क्षति पहुँचाई।

माणिकगंज

चुनाव के बाद के दिनों में जिला माणिकगंज के उपजिला धियोर में मंदिरों को क्षति पहुँचाई गई।

कोमिल्ला

05.10.2001 को कोमिल्ला जिला के थाना बदना के अंतर्गत आने वाले तालग्राम में आतंकवादियों ने देवी दुर्गा की मूर्ति को क्षति पहुँचाई और उसे तोड़ दिया।

सतखिड़ा

सतखिड़ा जिला के थाना अशासुनी के अंतर्गत आने वाले नगरघाटा यूनियन के गाँव पुलोरहाट में और कालीगंज थाना के अंतर्गत आने वाले गाँव भ्रद्राखली में दिनांक 08.10.2001 को दुर्गा की मूर्तियों को क्षति पहुँचाई गई।

(स्रोत : एच.आर.सी.बी.एम. अमरीका)

विदेश में रह रहे बांग्लादेशी विद्वानों द्वारा की गई चेष्टा

विदेश में रह रहे बांग्लादेशी विद्वानों का बयान "हम अपने भाइयों और बहिनों की दशा पर चुप नहीं रहेंगे।"

विभिन्न समाचार-पत्रों (जिनमें 'दि डेली स्टार' भी शामिल है) में बांग्लादेश में अल्पसंख्यकों के विरुद्ध सांप्रदायिक हिंसा की जो खबरें छपी हैं उनके बारे में हम अपनी गहरी चिंता व्यक्त करते हैं। यदि ये खबरें सही हैं, तो इस प्रकार की घटनाएँ गहरी चिंता का विषय हैं। हमारा यह मानना है कि देश के सभी नागरिक चाहे उनकी कोई भी धार्मिक पहचानें और धार्मिक विश्वास हों, हिंसा, अभित्रास, भय, उत्पीड़न और दुर्व्यवहार से मुक्त होकर शांतिपूर्वक रह सकते हैं।

हम नई चुनी गई सरकार से यह आग्रह करते हैं कि वह सार्वजनिक व्यवस्था और कानून के प्रति अपनी प्रतिबद्धता प्रदर्शित करते हुए जल्द ही देश के अल्पसंख्यक समुदायों की सुरक्षा और संरक्षण सुनिश्चित करे और अपराधियों के विरुद्ध कानूनी कार्रवाई करे। नागरिकों को पूरे अधिकार मिल सकें, यह सुनिश्चित करना अधिकारियों का प्रमुख दायित्व है। बल्कि स्वतंत्रता और न्याय के सिद्धांतों के प्रति देश की प्रतिबद्धता को आँकने की कसौटी है, अल्पसंख्यक समुदाओं के प्रति उनका व्यवहार।

अधिकारीगण हिंसा और अव्यवस्था को जल्द समाप्त करके जनता का विश्वास अपने प्रति बनाए रख सकते हैं। हम बांग्लादेश लोक गणतंत्र की सरकार से यह आग्रह करते हैं कि वह अल्पसंख्यक समुदायों को क्षति से बचाने और हिंसा तथा अन्य अपराधों के लिए जिम्मेदार लोगों को सजा देने के लिए चाहे वे किसी भी राजनीतिक दल से जुड़े हों, या कितने भी विशेषाधिकार प्राप्त और शक्ति संपन्न हों, निर्णायक रूप से और दृढ़संकल्प के साथ कार्रवाई करे। हम स्वतंत्र नागरिकों, मीडिया और सामाजिक तथा मानव अधिकार संगठनों से भी यह अनुरोध करते हैं कि वे अल्पसंख्यकों की जान और माल की रक्षा करने के लिए हर संभव प्रयास करें।

हम अपने देशवासी भाइयों और बहिनों के विरुद्ध अपराधों के मामले में चुप नहीं रहेंगे।

हस्ताक्षरकर्ता : हस्ताक्षरकर्ताओं की सूची (और उनकी पहचान के लिए, जिन संस्थाओं से वे जुड़े हैं, उनकी सूची) नीचे दी गई है :

डॉ. अंसार अहमद बाल्डिवन वाल्लेस कॉलेज, ओहियो, अमरीका

श्री आरिफ अहमद, इकोनामी लिमिटिड, इंग्लैंड।

डॉ. रईसुद्दीन अहमद, इंटरनेशनल फूड पालिसी रिसर्च इंस्टीट्यूट, वाशिंगटन डी.सी, अमरीका।

प्रो. सैयद एम. एहसान कानकोर्डिया यूनिवर्सिटी, कनाडा।

प्रो. शेख ए. अकबर, ओहियो स्टेट यूनिवर्सिटी, अमरीका।

श्री तनवीर अकरम, ए.टी. कीर्नी, वर्जीनिया, तथा कोलंबिया यूनिवर्सिटी, न्यूयार्क, अमरीका।

डॉ. एम. इमाम आलम, यूनिवर्सिटी ऑफ नार्दर्न अयोवा, अमरीका।

प्रो. सैयद साअद अंदलीब, पेंसिलवेनिया स्टेट यूनिवर्सिटी, पेसिलवेनिया, अमरीका।

श्री सैयद अबुल बशीर, यार्क यूनिवर्सिटी, कनाडा।

प्रो. अनीस चौधरी, यूनिवर्सिटी ऑफ वेस्टर्न सिडनी, आस्ट्रेलिया।

प्रो. ए.आर. चौधरी, मार्क्वेट यूनिवर्सिटी, विस्कोंसिन, अमरीका।

श्री महमूद फारूक, न्यूयार्क अकादमी ऑफ साइंस, न्यूयार्क, अमरीका।

प्रो. एहसान हबीब, ऐड्रियन कॉलेज, मिचीगान, अमरीका।

प्रो. कबीर हसन, यूनिवर्सिटी ऑफ़ न्यू आरलीन्स, अमरीका।

प्रो. अनीसुल इस्लाम, यूनिवर्सिटी ऑफ हाडस्टन-डाउन-टाउन, टेक्सास, अमरीका।

डॉ. सलीम जहान, युनाइटेड नेशंस डिवलपमेंट प्रोग्राम, न्यूयार्क, अमरीका।

प्रो. अजीजुर्रहमान खान, यूनिवर्सिटी ऑफ विस्कोंसिन, पार्कसाइड, विस्कोंसिन, अमरीका।

डॉ. एम.जी. किबरिया, एशियन डिवलपमेंट बैंक, टोक्यो, जापान।

श्री सलीम रेहान, यूनिइटेड ऑफ इलीनोइस, अरबाना कैम्पेन, इलीनोइस, अमरीका।

श्री अदनान रुबाई, स्टेट यूनिवर्सिटी ऑफ न्यूयार्क, बिरमिंघम, न्यूयार्क, अमरीका।

प्रो. फजले सिद्दीक, डलहौजी यूनिवर्सिटी, कनाडा।।

स्रोत : एम.एस.एन. एक्स्प्लोरर http : / explorer.msn.com/intl.asp

बांग्लादेश से बाहर प्रेस में छपी ख़बरें

अभिशापित और उपेक्षित

—आशीष के. बिस्वास

बांग्लादेश में 8 अक्तूबर को हथियारबंद भीड़ द्वारा अपनी संपत्ति से भगा दिए जाने के बाद पश्चिम बंगाल में एक गैरकानूनी परदेसी के तौर पर की जाने वाली गिरफ्तारी का सामाना कर रहे बिभूतिभूषणदास (45) की आज कहीं कोई गिनती नहीं रह गई है। उत्तरी 24 परगना में किसी अँधेरी सी छिपने की जगह में दुबका हुआ दास और उसके गुमनाम साथी पूरी तरह से बरबाद हो चुके हैं। "कुछ ही दिन पहले बारीसाल जिला के भोला इलाके में मेरा व्यापारिक सामान का स्टोर था, जिसमें मैंने 15 आदमी काम पर लगा रखे थे। आज की सुबह मैं यहाँ दिहाड़ी पर काम करने वाले मजदूर के तौर पर घास काट रहा हूँ। यह मैंने कमीज भी किसी से माँग कर पहनी हुई हैं; यहाँ के लोग मुझे खाने-पीने को दे देते हैं। दिन के समय किसी न किसी तरह से खेतों में छिपता-छिपाता और रात को बिना रुके चलते-चलते भाग कर आए दूसरे लोगों के साथ मुश्किल से यहाँ पहुँच पाया हूँ।"

बिधू की कहानी भी ठीक वैसी ही दिल दहलाने वाली जैसी कि स्थानीय मीडिया को पिछले महीने बांग्लादेश से गैरकानूनी तौर पर यहाँ भाग कर आए लगभग 15 हजार लोगों में से अधिकतर ने अपने बारे में बताई है। उनका अनुभव इस बात का सूचक है कि बी.एन.पी. शासित बांग्लादेश में अल्पसंख्यक हिन्दू किस प्रकार की जिंदगी की उम्मीद कर सकते हैं। अक्तूबर में खालिदा जिया के सत्ता में आने के बाद से अल्पसंख्यक संप्रदायों खास तौर पर हिन्दुओं को बांग्लादेश नेशनलिस्ट पार्टी और जमायती कार्यकर्ताओं के क्रोध का शिकार बनना पड़ा जिनके सिर पर हिन्दुओं के खिलाफ जुनून सवार हो गया था। अपनी जान को खतरे में देखकर हजारों की संख्या में हिन्दू बांग्लादेश से भाग कर यहाँ आ रहे हैं।

ये सब योजनाएँ 1 अक्तूबर को हुए चुनावों से पहले ही बना ली गई थीं। जरा बी.एन.पी./जमात के चुनाव नारे पर ही ध्यान दीजिए जिसमें 'हिन्दुओं की मित्र' शेख हसीना की आलोचना की गई है : हरे कृष्ण हरे राम, हसीनेर बापेर नाम; हिन्दू जोड़ी बचते चाओ, बांग्ला चेरे भारत जाओ (हसीना का बाप हरे कृष्ण, हरे राम है। अगर तुम जिंदा रहना चाहते हो, तो ऐ हिन्दुओं बांग्लादेश छोड़कर भारत चले जाओ।) कथित रूप से तटस्थ कामचलाऊ सरकार ने निरंतर बिगड़ती जा रही

सांप्रदायिक स्थिति और बढ़ते हुए तनाव की ओर जरा भी ध्यान नहीं दिया हालाँकि इस बारे में बार-बार शिकायतें की जा रही थीं। शरणार्थी रूबेल दास पिछली बातों को याद करते हुए कहता है : "जब कोई जलूस के नारे लगाते हुए हमारे घरों के पास से होकर गुजरता था और जुनूनी व्यक्ति हमारे दरवाजों को खड़खड़ाते थे या हमारी खिड़कियों के शीशे तोड़ डालते थे, तो हम डर से दुबक जाते थे।"

वोट डालने के दिन दास अपने अनुभव का वर्णन इन शब्दों में करता है : "पहले तो वोट डालने से मुझे डर लग रहा था, लेकिन फिर मेरे मन में जिज्ञासा प्रबल हो उठी और मैं मतदान केंद्र चला गया। मैंने स्थानीय पुलिस सिपाहियों को कम से कम दो बार, कतार में खड़ी हिन्दू औरतों के समूहों को बहार निकालते हुए देखा ताकि वे वोट न डाल सकें। दूसरी तरफ बुर्का पहनी औरतों के एक समूह ने कई बार वोट डाले। वे वोट डाल कर कतार में आगे से फिर शामिल हो जाती थीं और उनकी उँगलियों पर स्याही का निशान नहीं लगाया जाता था। यह चुनाव का मज़ाक था और वोट डालने में की गई सबसे अशिष्ट किस्म की बेईमानी थी।"

अगले दिन से अनाचार का सैलाब आ गया क्योंकि बी.एन.पी. का जीतना निश्चित दिखाई दे रहा था। सांप्रदायिक हिंसा फूट पड़ी। 64 जिलों में कम से कम 40 जिलों में इस प्रकार की हिंसा की खबरें सुनने को मिलीं। सुनील डे का यह कहना है कि पुलिस ने इन सब वारदातों से आँखें मूँद लीं। बी.एन.पी. और जमात के नए चुने गए संसद सदस्यों ने हुक्म देने शुरू कर दिए। बारीसाल में दो बी.एन.पी. सांसदों ने यह घोषणा कर दी कि उनकी अनुमति के बिना न तो कोई संपत्ति बेची जाएगी और न बैंक का कोई लेन-देन होगा। भोला के एक सांसद ने घोषणा की, हिन्दुओं का यहाँ कोई अधिकार नहीं है और पुलिस से कहा, "थोड़ा बहुत दिल्लगी करने वाले नौजवान लड़कों" के साथ वह ज्यादा सख्ती न बरतें।

बांग्लादेश उद्बस्तु उन्नयन संगस्था (बी.यू.यू.एस), जो कि शरणार्थियों की देखरेख करने वाला एक मात्र संगठन है, का सदस्य स्वप्न दास, शेफाली दास (40) की ओर इशारा करते हुए कहता है, इसे बलात्कार का शिकार बनाया गया है। "दो बेटियों (10 और 8 वर्षीया) और एक बेटे (6) के साथ सीमा पार करके आई इस महिला की आँखों में एक खालीपन है और सवाल करने पर उनके जवाब स्पष्ट रूप से नहीं दे पाती। हाँ उसने कुछ और औरतों का भी बलात्कार होते देखा था और ये बलात्कारी अक्सर उनके पड़ोसी ही थे। सामान्य परिस्थितियों में भी मुसलमान, यहाँ तक कि छोटे-छोटे बच्चे भी खुलेआम हमें गालियाँ और ताने देते हैं।" बारीसाल के एक गाँव पद्ममनसा में उनके घर पर 3 अक्तूबर को हमला किया गया था।

दास और एक और बी.यू.यू.एस. पदाधिकारी बिमल मजूमदार, जोकि स्वयं शरणार्थी हैं, नए शरणार्थियों के प्रति सरकार की उदासीनता से नाराज़ हैं, और यह नाराज़गी यथापेक्षित है। केंद्रीय और राज्य सरकारें इन लोगों को बेगाना समझती हैं,

जिन्हें गिरफ्तार कर लिया जाना चाहिए। बांग्लादेश में उन्हें जान से मार दिया जाता है, या लूट लिया जाता है और यहाँ उन्हें गिरफ्तार कर लिया जाता है, क्योंकि वे हिन्दू हैं। दूसरी तरफ हमारे राजनेता, जिनमें से अधिकतर (पूर्वी) बंगाली हैं, गैर-कानूनी मुसलमान घुसपैठियों को, चाहे वे किसी भी राजनीतिक दल से संबंध रखते हों, यहाँ बसने में मदद करने के लिए उन्हें राशनकार्ड दिलाते हैं और उनके लिए सरकारी कागज़ात तैयार कराते हैं। हम जैसे लोगों को, जिन्हें 1971 के बाद बांग्लादेश से भगा दिया गया था, न तो नागरिकता मिल पाती है और न किसी प्रकार के सरकारी दस्तावेज, जिसका नतीजा यह होता है कि हम कानूनी तौर पर कोई सरकारी नौकरी हासिल नहीं कर सकते। स्थानीय बुद्धिजीवियों ने जो अफगानों के लिए याचिकाओं पर दस्तख़त करते हैं और मार्च करते हैं, इन हजारों लोगों के लिए जिन्हें पड़ोसी देश में ही अपने घरों से खदेड़ दिया गया है, एक शब्द भी नहीं कहा है।

अंतर्रराष्ट्रीय प्रतिक्रिया (योरुपीय देशों ने ईसाइयों के व्यापक उत्पीड़न और उन पर किए हमलों की शिकायत की थी) से चिंतित बांग्लादेशी अधिकारियों ने, कामचलाऊ सरकार के समय घटी, कुछेक घटनाओं को तो खूब तूल दिया, और ऐसी नीति मीडिया की भी रही है—और कानून लागू करने वाली एजेंसियों को यह सुनिश्चित करने का आदेश दिया कि ऐसी और कोई गड़बड़ी न हो। लेकिन (हिन्दुओं के मामले में) बहुत कम और बहुत देर से कार्रवाई की गई। जो घटनाएँ घटीं उन पर एक सरसरी निगाह डालने से ही यह पता चल जाता है कि जो कुछ बांग्लादेश में घटा वह वस्तुतः बी.एन.पी., जमात, पुलिस और कुछ जाने माने सांसदों द्वारा की गई मिलीजुली कार्रवाई थी।

पूजा सप्ताह (21-24 अक्तूबर) के दौरान सामान्य स्थिति के दावे की कलई खुल गई। बारीसाल जिला के भोला गाँव में घटी एक घटना उस समय मानव-पतन की गहराइयों को छू गई जब दो लड़कियों—सुषमा (8) और सुलेखा दास (7) का बलात्कार किया गया और अभागे बाप को यह सब अपनी आँखों से देखना पड़ा। जब लड़कियों के पिता ने विरोध किया, तो उसका गला घोंट कर उसे मार दिया गया। सुषमा की तो मौत हो गई जबकि सुलेखा अभी अस्पताल में है। बी.यू.यू.एस. के नेता इस बारे में और ब्यौरे इकट्ठे करने की कोशिश कर रहे हैं।

अब तक, बांग्लादेश अधिकारियों की प्रतिक्रिया ढीली ढाली रही है। कोलकाता आधारित राजनयिकों का यह कहना है कि न भारत सरकार ने और न पश्चिम बंगाल सरकार ने अभी तक इस मामले को उठाया है। वे इतना जरूर कहते हैं कि स्थिति सामान्य हो जाने पर बांग्लादेशी नागरिकों को निश्चित रूप से वापिस ले लिया जाएगा।

यह बात सुनकर तृष्णा, जिसे अपने 25 सदस्यों के संयुक्त परिवार के बारे

में कोई खबर नहीं मिल पाई है, गुस्से से तमतमा उठती है। उसे और शेफाली को सीमा के दोनों तरफ के पहरेदारों और एजेंटों को दस हजार रू. देने पड़े थे। तृष्णा उन बलात्कारों की भी कहानी सुनाती है जोकि उसने भोला में अपने घर के पास 12 अक्तूबर को छिपे-छिपे देखे थे। "जवान और अधेड़ उम्र की औरतें हमलावरों के पाँवों पर गिरकर सिसक रही थीं, याचनाएँ कर रही थीं, लेकिन उन्होंने एक नहीं सुनी।"

बी.यू.यू.एस. के स्रोतों ने हिन्दुओं, उनकी इमारतों, दुकानों से संबंधित हिंसा की वारदातों, बलात्कारों और लूट की 57 वारदातों की अंतरिम सूची तैयार कर ली है। यह सूची केवल 3 अक्तूबर से 8 अक्तूबर तक के बांग्लादेशी समाचार-पत्रों, जनकंठ, जुगांतर, प्रथम आलो और इत्तेफाक में दिए गए समाचारों के आधार पर तैयार की गई है। इन सूचनाओं में चिटागांग, सिलहेट, मुंशीगंज, गोपालगंज, मेइमनसिंह, नेट्रोकोना, पिरोजपुर, नोआखली बोगरा...में हुई वारदातों का हवाला दिया गया है। मजूमदार अपनी व्यथा को व्यक्त करते हुए कहता है, "अब तो भारत सरकार के कड़े विरोध और अंतर्रराष्ट्रीय मानव अधिकार एजेंसियों द्वारा निंदा किए जाने पर ही हमारा कुछ भला हो सकता है। लेकिन समस्या यह है कि इस बात के कोई आसार दिखाई नहीं दे रहे, कि हमारी बात की ओर कोई ध्यान दे रहा है।"

स्रोतः आउटलुक, 19 नवंबर, 2001

पश्चिम की ओर पलायन

—सुमिता मित्रा

1 अक्तूबर को, जिस दिन बांग्लादेश में चुनाव हुए, हिन्दू आदिवासी दंपति मंगलू और मिलोनी वोट डालने के लिए अपने घर से बाहर निकले ही थे, कि एक बहुत बड़ी भीड़ गाँव के चौक की ओर बढ़ रही थी। उत्तरी बांग्लादेश के दिनाजपुर जिला के बिरोल नामक इस गाँव में चुनाव परिणामों के बारे में कभी भी कोई ज़्यादा अटकलें लगाने की जरूरत नहीं पड़ी थी। दिनाजपुर-2 चुनाव क्षेत्र अवामी लीग का गढ़ था और श्री सतीशचंद्र राय, जो कि लीग के बुजुर्ग राजबंशी आदिवासी नेता थे, लगातार चार बार वहाँ से चुनाव जीतते चले आए थे। इस बार भी संभावनाएँ उन्हीं के जीतने की थीं, लेकिन भीड़ के दिल में कुछ और था।

विरोधकर्ताओं के हाथ में गंडासे और लाठियाँ थीं और 'अल्लाह-हू-अकबर' के नारे लगा रहे थे और उन्होंने राजबंशी बस्ती के इर्द-गिर्द घेरा डाल दिया। उनमें से एक विरोधकर्ता जनरल (सेवानिवृत्त) महाबुर्रहमान ने जो कि बांग्लादेश नेशनलिस्ट पार्टी (बी.एन.पी.) का स्थानीय कार्यकर्ता था और हाथ में बैटरी चालित लाउडस्पीकर लिए फिर रहा था, लाउडस्पीकर पर यह घोषणा की कि यदि पुलियाओं (हिन्दू आदिवासियों का स्थानीय नाम) ने मतदान केंद्र तक पहुँचने का साहस भी किया, तो उनका सिर कलम कर दिया जाएगा। उस दिन न तो मंगलू और न ही उसका कोई हिन्दू पड़ोसी घर से बाहर निकला।

अगले दिन परिणाम घोषित हुआ : जनरल ने राय से सीट हथिया ली थी। बी.एन.पी. समर्थक जिन्होंने आदिवासियों को धमकाया था, दोपहर होते-होते अपने हथियार लेकर फिर से गाँव में आ धमके। मिलोनी कहती है, "मेरे पति और मैंने मुख्यद्वार की अंदर से कुंडी लगा दी अपने दोनों बच्चों को उठाया और धान के खेतों की तरफ भाग खड़े हुए।" कुछेक मील की दूरी पर एक अंधे कुएँ में छिपे-छिपे उन्होंने अपने घर को जलते हुए देखा।

एक से दूसरे आदिवासी गाँव में शरण पाने के लिए, यह परिवार पूरे हफ्ते तक भागता फिरा। उनके पास एक कौड़ी भी नहीं थी और कपड़े थे तो सिर्फ वही जो उन्होंने जिस्म पर पहन रखे थे। उनका एक मात्र साधन सोने की वह चूड़ी थी जो मिलोनी ने पहन रखी थी। उन्होंने गाँव की एक रेहन रखने वाली दुकान पर उस चूड़ी को बेचकर उतनी रकम हासिल कर ली जितनी कि उन्हें भारत में प्रवेश पाने

के लिए एक लाइनमैन को देने के लिए चाहिए थी—250 रू. प्रति वयस्क और 100 रू. प्रति बच्चा।

"हमने रात के समय सीमा पर पड़ने वाली तुलाई नदी को तैर कर पार कर लिया, लेकिन इस बीच हम पर बी.एस.एफ. की सर्चलाइट की तेज रोशनी पड़ी" मंगलू बताता है—"तब भारतीय सिपाहियों ने गोली चला दी। मैंने अपनी तरफ एक बाज से भी कम दूरी पर गोली के पानी पर लगने की आवाज सुनी।" मंगलू कहता है कि यदि उसकी पत्नी ने उनकी दो वर्ष की बेटी प्रियंका को अपनी पीठ पर साड़ी से न बाँध लिया होता तो वह गोलीबारी के दौरान मर गई होती। बी.एस.एफ. की सीमा चौकी से जितना दूर तक हो सका यह परिवार तैरता चला गया और फिर वह पश्चिम बंगाल में दक्षिणी दिनाजपुर जिला के कुशमुंडी थाने के इलाके में स्थित उदयपुर पहुँच गया।

उनका कहना है कि उदयपुर में भी किसी की आँखों में उनके प्रति स्वागत के भाव नहीं थे, क्योंकि वहाँ पर मुसलमानों का प्रभुत्व है। वहाँ उन्हें यह भय था कि कहीं घुसपैठियों के बारे में पुलिस में सूचना न दे दी जाए, जिसके परिणामस्वरूप उन्हें वापस अपने देश भेजा जा सकता था, और इस संभावना से वे डरते थे। इसलिए आश्रय की तलाश जारी रही। लेकिन अंततः जिला बी.एन.पी. के कार्यकर्ताओं ने उन्हें ढूँढ निकाला और उन्हें बादलपुर शरणार्थी कैंप में पहुँचा दिया, जो कि मालदा नगर से 60 कि.मी. दूर है।

बांग्लादेश के उत्तरी और दक्षिणी भागों से जैसे-जैसे लोग सीमा पार करके भारत आ रहे हैं, वैसे-वैसे बांग्लादेश के साथ लगी पश्चिम बंगाल की 2,200 कि.मी. लंबी सीमा रेखा के साथ-साथ के इलाकों में अन्य परिवारों द्वारा भी यही कहानी दोहराई जा रही है। अंतर केवल इतना है कि उत्तर के आदिवासी प्रवासियों के विपरीत दक्षिणी इलाकों से आने वाले बांग्लादेशी हिन्दू इन कैम्पों में जाने से इनकार कर रहे हैं क्योंकि उन्हें यह डर है कि कहीं पुलिस उन्हें वापिस न भेज दे। अक्तूबर 2000 में दक्षिण बंगाल में बी.एस.एफ. ने 508 बांग्लादेशी घुसपैठियों को पकड़ लिया था। पिछले वर्ष अक्तूबर में यह संख्या 635 थी। यद्यपि पश्चिम बंगाल के मुख्यमंत्री इस प्रक्रिया को हलका करके पेश करते हैं, लेकिन परिवहन मंत्री सुभाष चक्रवर्ती उनसे ठीक उलट किस्म के बयान देते हैं। वे कहते हैं, "आप दक्षिण बंगाल के बोगाओ, हस्नाबाद और राणाघाट जैसे सीमवर्ती नगरों के किसी भी स्थानीय निवासी से पूछेंगे, तो वे इस बात की पुष्टि करेंगे, कि बांग्लादेश से आने वाले ऐसे नए लोगों की बहुत बड़ी संख्या है, जो निर्माण स्थलों पर मजदूरी कर रहे हैं, या फिर रिक्शाएँ चला रहे हैं।" 21 अक्तूबर तक हिन्दू और मुसलमान दोनों बांग्लादेश से भारत में आए थे, और उनका मुख्य उद्देश्य था व्यापार करना, और व्यापार करने के बाद वे कुछ ही दिनों में वापस चले गए। उनमें से जो हिन्दू थे, वे यहीं रह गए हैं।

कोलकाता में गौर सरकार (नाम बदल दिया गया है), जोकि डाक्टर है, दक्षिण

बांग्लादेश से मध्य अक्तूबर में पर्यटक वीजा पर भारत आया था। उसका कहना है कि वह हफ्ते भर में अपने माता-पिता को भारत लाने के बारे में सोच रहा है और उसके बाद वह औपचारिक रूप से भारत का प्रवासी हो जाएगा। यह व्यक्ति बहुत चतुर है। उसका कहना है कि "चुनावों से कम से कम एक महीना पहले" उसे राजनीतिक परिवर्तनों की भनक मिल गई थी और उसने भूमि और सरकारी प्रतिभूति जैसी स्थायी परिसंपत्ति को बेच डाला था।

यह जान पाने के लिए किसी सूक्ष्म दृष्टि की जरूरत नहीं थी कि शेख हसीना के इस बार सत्ता में लौटने की कोई संभावना नहीं थी। जबकि लीग ने अकेले ही चुनाव लड़ा लेकिन खालिदा जिया के नेतृत्व में बी.एन.पी. ने जमाते इस्लामी, बांग्लादेश के साथ निर्णायक गठबंधन कर लिया था, जो कि पूर्व राष्ट्रपति एच.एम. इरशाद द्वारा स्थापित जातिया दल का एक गुट था। इसी प्रकार का गठबंधन बी.एन.पी. ने इस्लामी ओइक्या जोत के साथ भी कर लिया था जो कि एक नया इस्लामी संघटन है। अवामी लीग के विपरीत जिसका इतिहास बांग्लादेश के स्वतंत्रता संघर्ष से भरा पड़ा है, जिसमें भारत ने धात्री की भूमिका निभाई थी—खालिदा के चार दलीय गठबंधनों में ऐसे लोग हैं जोकि 1971 के मुक्ति युद्ध में पाकिस्तान की तरफ से लड़े थे। उनमें से बहुत सों के लिए हिन्दू और भारत एक सिक्के के दो पहलू हैं। बांग्लादेश में भी मध्यम वर्ग ठीक उसी तरह से कार्यकारी सरकार के विरुद्ध है, जैसे कि भारत में। इसलिए वह अवामी लीग से विमुख हो गया था। इसलिए, जबकि, इस बार बी.एन.पी. को लोगों का समर्थन मिला, फिर भी इस्लामियों के साथ उसका गठबंधन उसे देश भर में जीत की ओर ले गया और उसे लीग के 40 प्रतिशत वोटों के मुकाबले 47 प्रतिशत वोट मिले। अकेले बी.एन.पी. ने 330 में से 191 सीटों पर जीत हासिल की, जबकि संयुक्त विपक्ष का सामना कर रही लीग को केवल 62 सीटों पर जीत हासिल हुई।

विजेता गठबंधन की पहली प्रतिक्रिया देख कर एक करोड़ हिन्दू भयभीत हो उठे जिसका एक उदाहरण मंगलू का अनुभव है। बहरहाल नए संसद में अल्पसंख्यकों के प्रतिनिधित्व में साफ़ तौर पर गिरावट आई, और प्रतिनिधियों की संख्या 14 से घट कर 4 रह गई। जब खालिदा ने प्रधानमंत्री बनने पर जमात के सांसद मातिउर्रहमान निजामी को कृषि मंत्री के तौर पर अपने मंत्रिमंडल में शामिल कर लिया तो नए प्रशासन का इस्लाम की तरफ झुकाव और भी स्पष्ट हो गया। निजामी का यह रिकार्ड रहा है कि वह उन गुटों से जुड़ा रहा है जोकि देश में 1971 की विभीषिका के लिए जिम्मेदार थे। इसके अलावा रियाज रहमान को 'टेक्नोक्रेट' कोटा के अंतर्गत राज्य विदेशमंत्री के रूप में मंत्री परिषद् में लाया गया। वह खालिदा के पति पूर्व राष्ट्रपति जियाउर्रहान के नीचे विदेश सचिव के रूप में कार्य कर चुका था, और ऐसा माना जाता है कि भारत के विरोध को बी.एन.पी. की विदेश नीति का स्थाई अंग बनाने में उसका हाथ है। राज्यमंत्री के रूप में रियाज़ का चुना जाना खास

तौर पर महत्वपूर्ण है क्योंकि विदेशी मामलों के मंत्री ए.क्यू.एम. बदरुद्दोजा चौधरी ने 14 नवंबर को त्यागपत्र दे दिया था और उसे चार दलीय गठबंधन के नामिनी के तौर पर बांग्लादेश का राष्ट्रपति चुन लिया गया था।

दिल्ली स्वाभाविक रूप से इन घटनाओं को लेकर चिंतित है। यद्यपि राजनयिक संबंधों में आए बदलाव का मामला ऐसा है, जिससे देर से भी निपटा जा सकता है, लेकिन यदि हिन्दुओं की घुसपैठ को इस समय नहीं रोका गया, तो वह महानिष्क्रमण का रूप धारण कर सकती है। प्रधानमंत्री श्री अटल बिहारी वाजपेयी के मुख्य सचिव भारत की आशंकाओं को व्यक्त करने के लिए हाल में ढाका गए थे। उनकी दलील कुछ हद तक कारगर सिद्ध हुई है, जिसके परिणामस्वरूप ऐसा जानने में आया है कि ब्लॉक स्तर पर शांतिरक्षक समितियाँ बनाई जा रही हैं। यद्यपि इस वर्ष हिन्दुओं द्वारा मनाई गई दुर्गापूजा में पहले जैसा जोश-खरोश नहीं था, लेकिन सांप्रदायिक सद्‌भाव के प्रत्यक्ष प्रदर्शन के तौर पर धर्ममंत्री मुशर्रफ हुसैन ने अलग-अलग पंडालों में जाकर, श्रद्धालुओं के साथ हाथ मिलाकर उनका अभिनंदन किया।

लेकिन बांग्लादेश के हिन्दू खुद को कमजोर महसूस करते हैं, क्योंकि समाज में चुनावों से पहले ही परिवर्तन आने आरंभ हो गए थे। दाढ़ीधारी नेताओं का एक ऐसा नया गुट उभर कर सामने आ रहा था, जो हर मुद्दे को लेकर, चाहे वह कश्मीर का मुद्दा हो, या अयोध्या में बाबरी मस्जिद का, या फिर 11 सितंबर के बाद भारत द्वारा अमरीका को दिए गए समर्थन का, सार्वजनिक मंचों से भारत पर जहर उगलने लगा था। भाजपा की पश्चिम बंगाल की इकाई के उपाध्यक्ष, जो कि बांग्लादेश के हिन्दुओं पर अपनी आने वाली पुस्तक माई पीपल, अपरूडिट के सिलसिले में कई बार सीमापार जा चुके हैं, यह कहते हैं कि एक वर्ष से भी ज्यादा समय से हिन्दुओं पर देश छोड़ने के लिए दबाव डाला जा रहा है। इसकी शुरुआत मंदिरों के गिराए जाने, हिन्दू औरतों के मुसलमानों के साथ जबरन विवाह और इस्लामी जंगजूओं के तंजीम नामक नए गुट द्वारा झेनीदाह, जेस्सोर और सतखिड़ा ज़िलों में 'जज़िया' लगाए जाने के साथ हुई। चुनावों से पहले, जंगजूओं ने ढाका के सिद्धेश्वरी काली मंदिर की, जिसके प्रति भक्तजन अगाध श्रद्धाभाव रखते हैं, तलाशी ली थी। यहाँ तक कि बौद्धों को भी नहीं बख्शा गया। बौद्ध समुदाय के छात्रों को चिटागांग विश्वविद्यालय कैम्पस से खदेड़ दिया गया।

प्रधानमंत्री का पद ग्रहण करने पर खालिदा ने राष्ट्र के नाम संदेश में कहा था, "मैं यह सर्वशक्तिमान अल्लाह की तरफ से शुभ शगुन मानती हूँ कि तीन धर्मों के ये महान त्योहार (दुर्गापजा, ईदुल फितर और बड़ा दिन), नई सरकार की शुरुआत में थोड़े-थोड़े अंतराल से एक-दूसरे के बाद आने वाले हैं।" भले ही ऐसा हो रहा हो, लेकिन जो हजारों हिन्दू श्रीमती खालिदा के देश में तपिश महसूस कर रहे हैं और पश्चिम की ओर पलायन कर मार्ग तलाश रहे हैं उन्हें इन शब्दों से पर्याप्त सांत्वना मिलने वाली नहीं है।

राष्ट्रीय समाचारपत्रों की निगाह में

खुलना के उपजिलों में अल्पसंख्यक खतरे में

खुलना, 14 सितंबर : खुलना जिला के रूपशा उपजिला में अल्पसंख्यक मतदाताओं को अपराधी तत्त्वों द्वारा धमकियाँ दी जा रही हैं। ये तत्त्व पत्र लिख कर या सीधे ही अल्पसंख्यक समुदाय के लोगों को यह आदेश दे रहे हैं कि वे आगामी चुनाव में मतदान केंद्रों में न जाएँ।

खुलना-4 चुनाव क्षेत्र से अवामी लीग के उम्मीदवार और पूर्व सचेतक एस.एम. मुस्तफा राशिद सूजा ने आज इस संवाददाता से यह शिकायत की। श्री सूजा ने कहा कि श्रीरामपुर, निहालपुर, देवीपुर, डोमरा, चंदनश्री, बुआबनीपुर, श्रीफूलतला और रूपशा उपजिला के कुछ और भागों में नियमित रूप से लोगों पर दबाव डालने के इरादे से अपराधी तत्त्वों की ओर से धमकियाँ दी जा रही हैं। ये तत्त्व चंदे के तौर पर एक बहुत बड़ी रकम की माँग भी कर रहे हैं। "हमने इस संबंध में पुलिस से शिकायत भी की है, लेकिन अभी तक कोई कार्रवाई नहीं की गई," सूजा अपनी बात को आगे बढ़ाते हुए कहते हैं।

इस बीच यह शिकायत सुनने को मिली कि खुलना जिला के तेरोखाड़ा उपजिला के अलग-अलग इलाकों में बहुत से अपराधी खुलेआम घूम रहे हैं और वे चुनाव अभियान में सक्रिय रूप से भाग ले रहे हैं। कम से कम 15 ऐसे अपराधियों के नामों का पता लगा लिया गया है क्योंकि अलग-अलग किस्म के गैर-जमानती मामलों में उन पर अब भी मुकदमें चल रहे हैं और उनके खिलाफ वारंट भी जारी किए गए हैं। इस संबंध में टिप्पणी करने के लिए खुलना के पुलिस अधीक्षक से संपर्क करने की कोशिश की गई। लेकिन वे उपलब्ध नहीं थे।

स्रोत : दि बांग्लादेश अब्जर्वर, 17 सितंबर, 2001

बारीसाल में मस्तानों ने फैलाया आतंक और आफत : अल्पसंख्यक मतदाताओं पर कथित अत्याचार

बारीसाल, 20 सितंबर : बनारीपाड़ा और वजीरपुर उपजिलों के छह गाँवों में अल्पसंख्यक मतदाताओं को और उनमें से खास तौर पर हिन्दुओं को वहाँ के मस्तानों द्वारा उत्पीड़ित किया जा रहा है और यातनाएँ पहुँचाई जा रही हैं।

बैसारी यूनियन, खास तौर पर पश्चिमी बैसारी और दक्षिणी बैसारी गाँवों और बनारीपाड़ा उपजिला के डुमूरिया गाँव और वजीरपुर उपजिला के सातला, बागदा और हार्ता गाँवों के अल्पसंख्यकों को मस्तानों के एक गिरोह और राजनीतिक कार्यकर्ताओं द्वारा सताया और उत्पीड़ित किया जा रहा है।

मस्तानों और कुछ राजनीतिक दलों के कार्यकर्ताओं ने इन इलाकों के

अल्पसंख्यक समुदायों के घरों पर हमला किया, उन्हें बेरहमी से मारा पीटा और उनके घरों को लूट लिया। 17 जुलाई को पश्चिमी बैसारी की अरुणबाला और आलोरानी पर मस्तानों ने हमला किया और उनसे दस हजार टका की माँग की।

5 अगस्त को मस्तानों के एक गिरोह ने शामल चक्रवर्ती के घर पर हमला किया और उसे बुरी तरह से मारा पीटा। जब शामल की पत्नी उसे बचाने आई तो उसे भी उन्होंने मारा पीटा। उसी इलाके के डाक्टर सुजीत कुमार दास, बैसारी के दुलाई मिस्त्री और पश्चिमी बैसारी के शुकलाल को भी राजनीतिक कार्यकर्ताओं ने मारा पीटा।

ऐसा जानने में आया है कि बारीसाल के गाँवों में लगभग 2000 अल्संख्यक मतदाता हैं। लगभग सभी मतदाताओं को धमकी देकर यह कहा जा रहा है कि वे आगामी चुनावों में मतदान केंद्रों में वोट डालने के लिए न जाएँ। सातला और बागदा गाँवों और हार्ता के इलाके में भी यही हालत है। एक राजनीतिक दल के नेतृत्व में मस्तानों का एक गिरोह अल्पसंख्यक मतदाताओं को यातनाएँ पहुँचाता रहा है। इस समय अल्पसंख्यक मतदाता जबरदस्त चिंता की हालत में दिन बिता रहे हैं।

अल्पसंख्यक समुदाय के जिन लोगों को मस्तानों ने कष्ट पहुँचाया था उन्होंने इस घटना के बारे में पत्रकरों से कोई बात नहीं की। उन्होंने पत्रकारों से कहा, "कृप्या इस बारे में कुछ भी मत लिखिए। यदि कोई खबर छपी तो हमारे लिए बहुत बड़ा खतरा पैदा हो जाएगा।"

बहुत-सी घटनाएँ तो पुलिस के सामने घटीं, लेकिन कोई कार्रवाई नहीं की गई। जब एक बी.एन.पी. नेता से संपर्क किया गया तो उसने बताया कि उनकी पार्टी का इन घटनाओं में कोई हाथ नहीं है। लेकिन स्थानीय अवामी लीग नेता ने यह कहा कि बी.एन.पी. और जमात के समर्थकों ने अल्पसंख्यकों के अवामी लीग के समर्थक या मतदाता बताकर उनमें आतंक फैलाना शुरू कर दिया।

बारीसाल में काम कर रही एक गैर-सरकारी संस्था एम.एम.सी. ने बनारीपाड़ा में इन घटनाओं के बारे में एक बैठक और संगोष्ठी आयोजित की। इस बैठक में भाग लेने वाले वक्ताओं ने सबको ने घटनाएँ बंद करने की हिदायत की। संगोष्ठी में पत्रकार शौकत मिल्टन ने 'नीति सूचक पेपर' प्रस्तुत किया जिसका शीर्षक था, 'अल्पसंख्यक मतदाताओं का दमन और उत्पीड़न और इन घटनाओं की रोकथाम'।

स्रोत : दि बांग्लादेश अब्जर्वर, 21 सितंबर, 2001

बागेरहाट खुलना ब्यूरो में बी.एन.पी. के नेतृत्व वाले चार दलीय गठबंधन के कार्यकर्ताओं ने अल्पसंख्यकों के घर जलाए

खुलना, 21 सितंबर : बी.एन.पी. के नेतृत्व वाले चार दलीय गठबंधन के जूनूनी कार्यकर्ताओं ने बागेरहाट के एक अल्पसंख्यकों के गाँव में पिछली रात बहुत से मकान जला डाले।

जब यह पत्रकार खुलना से लगभग 25 कि.मी. के फासले पर बागेरहाट-2 चुनाव क्षेत्र के अंतर्गत उत्कलशाहपाड़ा गाँव में आज दोपहर मौके पर पहुँचा तो सभी पीड़ित परिवारों ने एक साथ एक शिकायत की, "क्योंकि हम उनको वोट नहीं देते इसलिए उन्होंने हमारे घर जला डाले हैं।"

पीड़ितों के बयानों के अनुसार जब उत्कलशाह पाड़ा गाँव के सभी लोग सो रहे थे, तो पिछली रात लगभग दो बजे 30-40 बदमाशों के एक गिरोह ने कम से कम छह छप्पर वाले घरों को आग लगा दी। आग लगाते समय बदमाशों ने बहुत से घरों के दरवाजों पर बाहर से ताले लगा दिए थे। इसके अलावा वे तीन बकरियाँ 15/20 मुर्गियाँ और एक हैडलाईट भी गाँव से लूट कर ले गए। जिनके घर पूरी तरह से या आंशिक रूप से बरबाद हो गए उनके नाम हैं : गौतम साहा, राबिन साहा, स्वप्न साहा, तारापद साहा और गौरपाड़ा साहा।

इससे पहले बी.एन.पी. के कार्यकर्ताओं ने शाह पाड़ा के एक बुजुर्ग पुजारी गोपाल चक्रवर्ती को उस समय पीट डाला जब वह पिछली शाम उत्कल के बाजार से लौट रहा था। गोपाल की पत्नी ने शिकायत की है कि इन कार्यकर्ताओं ने गोपाल की साइकिल और चावल भी छीन लिए, जो कि उसने बाजार से खरीदे थे।

गाँव के जो आग बुझाने में मदद के लिए आए थे उन्होंने कुछ बदमाशों को पहचान भी लिया। उनके नाम हैं : रुकमान, जाकू, महबूब, बाबू, साबू, लुकमान, टिक्कू, मिट्टू, मुत्तफो, अलिफ, टीपू और कुछ अन्य लोग।

गाँव के एक निवासी मुहम्मद अजीज, जोकि स्थानीय छात्र लीग का प्रचारमंत्री भी है, ने कहा, "इन सबका संबंध बी.एन.पी. और जमात से है।"

लक्ष्मी रानी साही, जिसकी उम्र 60 से भी अधिक होगी, ने बताया कि उन्होंने गाँव के लोगों को 15 दिन पहले ही सताना और धमकाना शुरू कर दिया था ताकि वे मतदान केंद्रों पर मतदान के लिए न जाएँ। एक छात्र भक्त साहा ने बताया "वैसे तो वे हमारे दोस्त रहे हैं, लेकिन जब चुनाव आया तो वे हमारे दुश्मन बन गए, यह सोचकर कि हम अवामी लीग को वोट देंगे।"

इससे पहले, पिछली शाम उत्कल बाजार में बी.एन.पी. और अवामी लीग के कार्यकर्ताओं के बीच झड़प हुई थी और उन्होंने एक-दूसरे के चुनावी कार्यालयों को जला डाला था। आवामी लीग के कार्यकर्ताओं ने शिकायत की कि चार दलीय गठबंधन के समर्थकों ने अपने कार्यकर्ताओं को बुलाने के लिए माइक्रोफोन का इस्तेमाल किया था।

(स्रोत : दि बांग्लादेश अब्जर्वर, 22 सितंबर, 2001)

चिटागांग-6 की सीट

अल्पसंख्यकों को 1 अक्तूबर को वोट डालने के खिलाफ चेतावनी

(चिटागांग ब्यूरो)

चिटागांग 24 सितंबर, राझोजान (चिटागांग-6) : चुनाव क्षेत्र के धार्मिक अल्पसंख्यक कथित रूप से इस इलाके के हथियारबंद आतंकवादियों का निशाना बन गए हैं। उन्हें आतंकवादियों द्वारा हर रोज धमकाया जा रहा है और यह चेतावनी दी जा रही है कि वे 1 अक्तूबर को वोट डालने के लिए घर से बाहर न निकलें। उन पर दबाव डालने के लिए आतंकवादी पाश्विक कार्यकलापों पर उतर आए हैं जैसे कीमती सामान लूटना, उनके मकानों को आग लगाना और उन्हें जान की धमकी देना।

आज इस इलाके के अल्पसंख्यकों ने बताया कि इस समय निष्क्रिय हो चुकी एन.डी.पी. के हथियारबंद आतंकवादियों ने फजल हक बिधान बरुआ और अबू ताहिर के नेतृत्व में भगवान यूनियन के कोएपाड़ा गाँव में इतवार की रात को दो चाय की दुकानों, एक किराने की दुकान और एक पान की दुकान को आग लगा दी। सभी दुकानें स्थानीय अल्पसंख्यकों की हैं। उन्होंने दिलीप चौधरी पर भी, जिसकी दो चाय की दुकानें हैं, हमला किया और उसे जख्मी कर दिया।

उसी रात अपराधियों ने बी.सी.एल. नेता तपश बरुआ पर उस समय हमला कर दिया जब वह घर पर था। तपश तो बाल-बाल बच गया लेकिन अपराधियों ने फर्नीचर को उलटा-पलटा और उसके मकान से कीमती सामान लूट कर ले गए। पिछली रात लगभग 12 बजे आतंकवादियों ने उरकिरिचर यूनियन के असमिया बाजार में अवामी लीग के उम्मीदवार के चुनाव शिविर की चीजों को उलट-पलट दिया।

अवामी लीग के कार्यकर्ताओं ने यह आरोप लगाया कि राउज़ान पौरशबार के अंतर्गत रहमतपाड़ा इलाके के एक युवा लीग के कार्यकर्ता को एन.डी.पी. और बी.एन.पी. के कार्यकर्ताओं ने छुरा भोंक दिया। उन्होंने कहा कि एन.डी.पी. का पूर्व कार्यकर्ता अज़ीजुलहक जो कि लगभग 20 मामलों में अभियुक्त है, जिनमें से छह कत्ल के मामले हैं, हाल ही में सऊदी अरब से लौट आया है। वह राउज़ान के अल्पसंख्यक बहुल इलाकों में अल्पसंख्यक मतदाताओं को भयभीत करने के लिए स्वचालित हथियार लिए घूम रहा है। उसे 1994 में गिरफ्तार किया गया था लेकिन वह जमानत लेकर सऊदी अरब भाग गया। विश्वस्त सूत्रों से पता चला है कि उत्तरी चिटागांग के चार दलीय गठबंधन का उम्मीदवार 1 अक्तूबर को होने वाले चुनाव से पहले उसे देश वापस ले आया था।

(स्रोत : दि बांग्लादेश अब्ज़र्वर, 25 सितंबर, 2001)

चिटागांग में अल्पसंख्यक कल मानव श्रृंखला बनाएँगे

(स्टाफ संवाददाता, चिटागांग)

अल्पसंख्यक समुदाय के सदस्य, देशभर में अल्पसंख्यकों, विशेषकर, समुदाय की महिलाओं के अक्षुण उत्पीड़न के खिलाफ अपना विरोध प्रकट करने के लिए कल (मंगलवार) दोपहर बाद चार बजे चिटागांग प्रेस क्लब के सामने मानव श्रृंखला बनाएँगे।

चिटागांग नगर के उत्तरी तथा दक्षिणी यूनिट के बांग्लादेश हिन्दू बौद्ध, ईसाई ओइक्या परिषद् ने शनिवार को जे.एम. सेन हाल में दिन भर चली बैठक में यह निर्णय लिया।

बैठक में मौजूद अल्पसंख्यक समुदाय के नेताओं ने वर्तमान सरकार से ठीक पहले की कामचलाऊ सरकार की भूमिका की कटु आलोचना की। उन्होंने कहा कि इस प्रकार के जघन्य अपराध के प्रति उसके रहस्मय नजरिए और उदासीनता ने कुछ हल्कों को देश भर में धार्मिक अल्पसंख्यकों में आतंक फैलाने और उनका उत्पीड़न करने के लिए प्रोत्साहित किया है।

नेताओं ने नगर के सभी लोकतंत्र समर्थक लोगों से, चाहे वे किसी जाति अथवा धर्म से संबंध रखते हों, अपील की कि वे मानव श्रृंखला का हिस्सा बनें और इस प्रकार के सभी दुष्कर्मियों और दुष्कर्मों के विरुद्ध अपनी आवाज बुलंद करें।

इस बैठक की अध्यक्षता वरिष्ठ क्रांतिकारी बिनोद बिहारी चौधरी ने की और इसे अन्य लोगों के साथ-साथ जाने-माने शिक्षाविद प्रो. अनुपम सेन, वरिष्ठ पत्रकार साधन कुमार धर, फ़ादर जीसेफ़ जीबोन गोमेज़, एडवोकेट पूर्णेन्दु बिकाश चौधरी, एडवोकेट सुभाष चंद्र लाला, एडवोकेट राणा दासगुप्ता, डा. मृदुल डे, परिमल चौधरी प्रो. रणजीत कुमार डे और गायिका कल्पना लाला ने संबोधित किया।

(स्रोत : दि डेली स्टार, 01अक्तूबर, 2001)

पाबना जिला के तीन उपजिलों में अल्पसंख्यक घरों को छोड़कर भागे—कथित उत्पीड़न और आगजनी।

पाबना जिला के तीन उपजिलों के कुछ इलाकों में अल्पसंख्यक समुदाय के सदस्य पर 1 अक्तूबर को हुए चुनाव के बाद आतंकवादियों द्वारा हमले किए जा रहे हैं और उन्हें धमकी दी जा रही है। ये उपजिले हैं : चतमोहर, सुजानगर और बेड़ा।

हमलों से डरकर अल्पसंख्यक समुदाय के कई लोगों ने अपने घरों को छोड़कर दूसरे स्थानों पर शरण ले ली है जिसमें जिला नगर भी शामिल हैं। इन इलाकों में खास तौर पर जवान लड़कियों और उनके माता-पिता बहुत तनाव में अपने दिन बिता रहे हैं, ऐसा इन इलाकों से मिले समाचारों से जानने में आया है।

हिन्दू समुदाय के नेताओं ने बताया कि आतंकवादियों द्वारा पहुँचाई गई यातना के परिणामस्वरूप सुजानगर उपजिला में कम से कम 400 अल्पसंख्यक परिवार अपने-अपने घर छोड़कर भाग गए हैं।

इस स्थिति के लिए स्थानीय अवामी लीग और बी.एन.पी. के नेतृत्व वाले चार दलीय गठबंधन ने एक-दूसरे को दोषी ठहराया है।

अलबत्ता जिला बी.एन.पी. नेताओं ने अल्पसंख्यक समुदाय के लोगों से आग्रह किया है कि वे अपने-अपने घरों में बने रहें और भयभीत न हों।

कुछ स्रोतों से पता चला है कि चुनाव के बाद सुजानपुर उपजिला के गोआरिया, उदयपुर, दृावियखली, मनीखाट, सतनडिया दुलाई, चार दुलाल, निस्चिंतपुर और भाटपाड़ा गाँवों में अल्पसंख्यक रविवार को जोरपुकुर में कांतिकुमार नामक एक व्यक्ति के घर को आग लगा दी गई। इस बार सुजानगर थाना में मामला दर्ज करा दिया गया है।

इसके अलावा लुटेरों ने हतखली गाँव में प्रदीप कुमारी नामक व्यक्ति से पाँच लाख टका की माँग की थी।

उपजिला निर्बही अधिकारी खंडाकर मुखलेसुर्रहमान और सुजानगर थाना के कार्यकारी अधिकारी मुजम्मल हक ने यह स्वीकार किया कि अल्पसंख्यक समुदाय पर कुछ हमले हुए थे। लेकिन उन्होंने बताया कि सभी घटनाओं के बारे में पुलिस को इत्तला नहीं दी गई।

उन्होंने कहा कि इन इलाकों में अतिरिक्त पुलिस शिविर लगाए गए हैं और पुलिस की गश्त तेज कर दी गई है।

बेड़ा उपजिला में इस प्रकार के हमलों की शिकायतें खानपुर बमोंडी, हतीगड़ा, बाटतला और काजीरहाट गाँवों से मिलीं। शुक्रवार को अल्पसंख्यक समुदाय के लोगों की दुकानों की चीजें उलट-पलट दी गईं। खानपुरा गाँव का एक व्यक्ति सुखान गुहा कथित रूप से तीन दिन तक गायब रहा।

अल्पसंख्यक समुदाय के नेताओं ने यह आरोप लगाया कि चाट मोहर उपजिला के गुनालघा, फाइलजना और 'गेरोली' गाँवों में आतंकवादियों ने उनके समुदाय के लोगों को धमकी दी और कहा कि वे देश छोड़कर चले जाएँ।

उन्होंने कहा कि उन तत्त्वों ने रविवार को फाइलजना में एक मंदिर की मूर्ति को भी क्षति पहुँचाई।

नेताओं ने बताया कि ऐसी स्थिति में हिन्दू समुदाय के लोगों के मन में उनके सबसे बड़े धार्मिक त्योहार, दुर्गापूजा को मनाने की भी इच्छा नहीं रही।

(स्रोत : दि डेली स्टार, 11 अक्तूबर, 2001)

अल्पसंख्यकों के खिलाफ हिंसा को रोकने में मदद कीजिए– राष्ट्रपति से आग्रह

अवामी लीग की स्थायी समिति के सदस्य और नवनिर्वाचित सांसद सुरनजीत सेनगुप्ता ने राष्ट्रपति शहाबुद्दीन अहमद से अनुरोध किया कि वे देश भर में अल्पसंख्यक समुदाय के विरुद्ध हिंसा को रोकने में भूमिका निभाएँ।

कल एक बयान में सुरनजीत ने कहा कि हिंसा के हालिया दौर में पिछले दो सप्ताहों में 36 लोग मारे गए, हजारों लोग बेघर हो गए और कई मंदिरों को नुकसान पहुँचाया गया।

उन्होंने नई सरकार बनाने के बाद भी अल्पसंख्यक समुदाय को लगातार पहुँचाई जा रही यातना के बारे में गहरी चिंता व्यक्त की और इस बात पर नाराज़गी जाहिर की कि इस सरकार की शासनाध्यक्ष ने हिंसा की ऐसी वारदातों की निंदा नहीं की।

(स्रोत : दि डेली स्टार, 13 अक्तूबर, 2001)

बारीसाल में अगाइलझारा से सैकडों अल्पसंख्यक लोगों का पलायन

मुरशेद अली खान, कोटालीपाड़ा (गोपालगंज) से

बारीसाल के अगाइलझारा उपजिला में जोकि यहाँ से थोड़ी दूरी पर है, अल्पसंख्यक समुदाय के सैकड़ों लोग जिनमें स्थानीय लोकप्रतिनिधि भी शामिल थे, एक सप्ताह से भी कुछ और पहले अपने घर घोड़कर भाग गए और उन्होंने कोटालीपुर उपजिला के जाकर शरण ले ली।

ये मर्द और औरतें और बच्चे अपने घरों से दूर रामशील यूनियन में अपने रिश्तेदारों और दोस्तों के साथ अनिश्चितता की स्थिति में दिन बिता रहे हैं। स्थानीय लोगों ने आगे आकर उदारतापूर्वक उनकी मदद की है। रामशील में लगभग प्रत्येक घर में इन विस्थापित लोगों को आश्रय दिया गया है। उन्होंने बी.एन.पी. की छत्रछाया में सक्रिय गुंडों के प्रकोप से बचने के लिए अपने घरों को छोड़ा था।

गोपालगंज जिला प्रशासन ने इन तत्त्वों द्वारा संभावित हमलों की रोकथाम करने के लिए रामशील में हथियारबंद पुलिस सिपाही तैनात किए हैं। मौके पर ड्यूटी कर रहे पुलिस कर्मचारियों ने बताया कि जिला प्रशासन शरणार्थियों की आमद से परेशान है। अशांति वाले इलाकों में अतिरिक्त पुलिस बल जुटाया जाएगा और 'शरणार्थियों' को अपने घरों को लौटने के लिए प्रोत्साहित किया जाएगा, ऐसा कर्मचारियों ने कहा।

रामशील में बहुत से विस्थापित मर्दों और औरतों ने इस पत्रकार को बताया कि किस प्रकार 2 अक्तूबर को सुबह सवेरे गुंडों ने अल्पसंख्यक समुदाय के लिए खौफ का माहौल पैदा कर दिया था।

रज़ियार की यूनियन परिषद् की सदस्य शेफाली सरकार ने बताया कि जैसे ही चुनाव परिणाम साफ हुए, उस पर और उसके परिवार पर हमला कर दिया गया।

"गुंडों ने हमारे घरों के इर्द-गिर्द हिंसापूर्ण जुलूस-निकाले, नारे लगाए, हमारे दरवाजों पर पत्थर फेंके और तेज हथियारों से वार किया। ऐसे में हम सब डरे हुए अंदर दुबक कर बैठे रहे," शेफाली ने बताया। उसने कहा, "सूरज निकलने से पहले मैं और मेरे परिवार के छह सदस्य एक छोटी सी किश्ती में बैठकर बच निकले और यहाँ आ गए।"

जो अन्य विस्थापित लोग पिछले तीन दिनों के दौरान रामशील पहुँचे थे उन्होंने अब महसूस करना शुरू कर दिया है कि, हिन्दू समुदाय के कितने लोगों को अपनी जान से हाथ धोने पड़े।

सुभाष चंद्र गायन ने, जो कि बी.एन.के. जी गर्ल्स हाई स्कूल तथा कॉलेज का कर्मचारी है, बताया कि हमलावरों ने अवामी लीग के कार्यकर्ताओं को भी, उनके धर्म का ख्याल किए बिना, अपना निशाना बनाया।

गायन ने बताया, "वे हमारे समुदाय के सभी लोगों के घर पर आए और उन्होंने हमें अपने घरों में बने रहने देने के लिए भारी रकम की माँग की।" रमेशचंद्र दास ने, जो कि एक अवामी लीग का नेता है और रज़ियार यूनियन परिषद् का अध्यक्ष है, ने बताया कि वह 2 अक्तूबर को छिप गया था क्योंकि बी.एन.पी. के समर्थकों ने उसके घर पर हमला कर दिया था। 6 अक्तूबर तक वह अपने एक मित्र के यहाँ ठहरा हुआ था और उसके बाद उसके दोस्त ने उसे अपनी जान बचाने के लिए वहाँ से चले जाने को कहा।

दास ने बताया, "सुबह लगभग 3:30 बजे किसी न किसी तरह से एक रिक्शा लेकर मैं रामशील की ओर रवाना हो गया। लेकिन रास्ते में ही कोदालदोहा में उसे कुछ गुंडों ने रोक कर बुरी तरह से पीटा लेकिन कुछ स्थानीय–बुजुर्गों ने उसे उन राजनीतिक कार्यकर्ताओं के चंगुल से छुड़ा लिया।"

"मैं नहीं जानता कि अब मैं क्या करूँ। हम पूरी तरह से अनिश्चितता की स्थिति में जी रहे हैं..." वह बोला बहुत से शरणार्थियों ने कहा कि यदि ये जुल्म जारी रहे तो उनके पास देश छोड़ने के सिवा और कोई चारा नहीं रह जाएगा।

आनंद चंद्र चकमा ने, जो कि टोर्की बंदर माध्यमिक स्कूल में एक अध्यापक है, कहा कि यदि सरकार अल्पसंख्यकों की सुरक्षा नहीं कर पाती तो वह देश छोड़ कर चला जाएगा।

कोटाली पाड़ा में शरण लेने वाले विस्थापित लोगों की अनाधिकारिक तौर पर अनुमानित संख्या लगभग पाँच हजार है। लेकिन प्राधिकारियों ने कहा कि ऐसे लोगों की संख्या पाँच सौ है।

इस बीच हिन्दू समुदाय के छात्र, जिला भर में हमलों के डर से स्कूलों और कॉलेजों में नहीं गए, ऐसा अध्यापकों और अन्य स्रोतों से जानने में आया।

(स्रोत : दि डेली स्टार, 13 अक्तूबर, 2001)

अल्पसंख्यक परिवार को पीटने के लिए एक बी.एन.पी. नेता गिरफ्तार

स्टाफ संवाददाता, सिराजगंज

एक स्थानीय बी.एन.पी. नेता को, हालिया आम चुनाव के बाद सिराजगंज जिला के उल्लापाड़ा थाना के अंतर्गत आने वाले इलाके में कल अल्पसंख्यक समुदाय के एक परिवार पर हमला करने और उसके सदस्यों को पीटने के आरोप में गिरफ्तार कर लिया गया।

पुलिस ने नसीब अली, जोकि उल्लापाड़ा थाना के अंतर्गत पूर्बा देलुआ गाँव का पी.एन.बी. अध्यक्ष है, के 35 वर्षीय पुत्र अब्दुर्रउफ को अनिलचंद्र शील और उसके परिवार के दूसरे सदस्यों पर कथित रूप से 8 अक्तूबर को हमला करने और उन्हें पीटने के लिए गिरफ्तार कर लिया गया।

अनिल ने उल्लापाड़ा थाना में मामले की रपट दर्ज करा दी जिसमें उसने गाँव के 15 बी.एन.पी कार्यकर्ताओं पर इलजाम लगाया जिनमें अब्दुर्रउफ भी शामिल था।

उसके द्वारा लगाए गए आरोप के अनुसार कार्यकर्ताओं के गिरोह ने स्वयं अनिल को और उसकी पत्नी बसंता रानी, उनकी दो बेटियों, पूर्णिमा रानी और गीता रानी को बुरी तरह से पीटा। सबसे पहले उन्होंने अनिल को सड़क पर पीटा और फिर जब उसके परिवार के दूसरे सदस्य उसे बचाने के लिए बाहर आए तो उन लोगों ने उन्हें भी पीटा।

परिवार के चार जख्मी सदस्यों को उल्लापाड़ा में पूर्णिमा गति हेल्थ कॉम्प्लेक्स में दाखिल करा दिया गया। लेकिन पुलिस ने डेली स्टार को बताया कि रउफ का लंबे समय से जमीन को लेकर अनिल के साथ झगड़ा चल रहा था।

(स्रोत : दि डेली स्टार, 15 अक्तूबर, 2001)

पिरोजपुर और चाँदपुर में पूजा मंडपों पर हमले

हथियारबंद आतंकवादियों ने कल नाजीपुर उपजिला के पूर्बा बेनारी गाँव में एक पूजा मंडप पर हमला कर दिया और तीन मूर्तियों को नुकसान पहुँचाया।

चश्मदीद गवाहों ने बताया कि हमलावरों का प्रतिरोध करते हुए चार नौजवान जख्मी हो गए। गंभीर रूप से घायल रबि दास को नजीरपुर हेल्थ कॉम्प्लेक्स में दाखिल करा दिया गया।

उपआयुक्त अजमल हुसैन और पुलिस अधीक्षक अब्दुल्लाह अता आजाद चौधरी और स्थानीय उपजिला निर्बाही अधिकारी ने मौके का दौरा किया।

चाँदपुर में मिली एक और खबर से पता चला है : अनजाने बदमाशों ने शुक्रवार रात को मतलब उपजिला के बोआलिया और दिघाल्दी गाँवों में दो पूजा मंडपों पर हमला कर दिया।

(स्रोत : दि डेली स्टार, 15 अक्तूबर, 2001)

अल्पसंख्यकों के दमन पर गृहमंत्री का बयान
खबरें राजनीति से प्रेरित

गृहमंत्री अल्ताफ हुसैन चौधरी ने धार्मिक अल्पसंख्यकों पर प्रेस की खबरों को बेबुनियाद, अतिरंजित और राजनीति से प्रेरित बताया।

उन्होंने कल सचिवालय के मंत्रिमंडल डिवीजन के सम्मेलन कक्ष में आयोजित समाचार सम्मेलन में बताया, "वास्तव में यह एक नाटकबाजी और पूर्ण नियोजित चाल है। कोई एक खास (राजनीतिक) पार्टी बी.एन.पी. को कमजोर बनाने के लिए और शासक पार्टी के बारे में लोगों के मन में अविश्वास पैदा करने के लिए आतंकवाद को प्रायोजित कर रही है।"

राजनीतिज्ञ बने पूर्व वायुसेना प्रमुख ने कहा "(इस प्रकार की घटनाओं में) हमें एक राजनीतिज्ञ उद्देश्य की भनक मिलती है। आतंकवादियों पर धन खर्च किया जा रहा है और कुछ मामलों में बी.एन.पी. के लोगों को भी इस्तेमाल किया जा रहा है।" अपनी बात को आगे बढ़ाते हुए उन्होंने कहा, "कुछ स्थान पर आतंकवादियों को उकसाया जा रहा है...हमने सब आतंकवादियों के खिलाफ कड़ी कार्रवाई के आदेश दे दिए हैं, फिर चाहे वे किसी भी राजनीतिक पार्टी से संबद्ध हों।"

समाचार-पत्रों की खबरों के अनुसार बारीसाल और गोपालगंज के जिन इलाकों में अल्पसंख्यकों के खिलाफ हिंसा की वारदातें हुई थीं, उन इलाकों के कल के अपने दौरे के बारे में गृहमंत्री ने बताया कि उन्हें वहाँ ऐसी खबरों का कोई आधार देखने को नहीं मिला।

उन्होंने कहा कि बारीसाल के स्थानीय पत्रकारों ने उन्हें बताया कि अल्पसंख्यकों के दमन की काल्पनिक कहानियाँ ढाका में गढ़ी जा रही हैं और उन्हें ढाका आधारित समाचार पत्रों में प्रकाशित किया जा रहा है। मंत्री महोदय ने बारीसाल के पत्रकारों का हवाला देते हुए कहा कि उन्होंने उन्हें बताया है, "हम इस प्रकार की घटनाओं के बारे में कुछ नहीं जानते, ये सब अफवाहें हैं।"

उत्पीड़ित अल्पसंख्यक समुदाय के उन हजारों लोगों के बारे में जिन्होंने बारीसाल के अगाइलझारा इलाके से भाग कर कोटालीपाड़ा के रामशील में शरण ले ली थी, मंत्री महोदय ने कहा कि, उस इलाके का दौरा करने पर उन्हें ऐसे कोई व्यक्ति नहीं मिले।

"मैं एक हेलीकॉप्टर से रामशील के अलग-अलग हिस्सों पर चक्कर लगाता रहा, लेकिन मुझे कोई भी शरणार्थी वहाँ दिखाई नहीं दिया। मैंने जो कुछ देखा, वह एक बाजार में लोगों का एक जमावड़ा था, जोकि एक स्वाभाविक सी बात है।"

गृहमंत्री ने आरोप लगाया कि अवामी लीग के शासन के दौरान बारीसाल में, पूर्व मुख्य सचेतक अबुल हसन अब्दुल्लाह ने जो आतंकवाद को बढ़ावा दिया था, वह अब तक उसी तरह से बरकरार है। उन्होंने आगे संवाददाताओं को बताया कि

कानूनी कार्रवाई की आशंका से आतंकवादी उस इलाके से पलायन कर गए हैं। "वहाँ से पलायन करते हुए उन्होंने अल्पसंख्यकों से कहा कि दमन से बचने के लिए उन्हें भी पलायन कर जाना चाहिए। जो लोग उनके कहने पर नहीं चले उन्होंने (आतंकवादियों ने) उनके घरों पर हमला कर दिया।"

गृहमंत्री ने समाचार पत्रों की कई ऐसी खबरों का हवाला दिया जो उनके कथानुसार उन सूचनाओं से मेल नहीं खाती थीं जो कि स्थानीय प्रशासन से उन्हें प्राप्त हुई थीं। एक ऐसी तस्वीर दिखाते हुए जोकि सोमवार को एक देशी भाषा के समाचार-पत्र में छपी थी, और जिसमें कुछ शरणार्थी महिलाएँ कोटालीपाड़ा में भीख माँगती हुई दिखाई दे रही हैं; गृहमंत्री ने कहा कि उनमें से एक महिला ने उन्हें बताया कि उसे उस मुद्रा में फोटो खिंचवाने पर मजबूर किया गया था।

फिर भी गृहमंत्री ने यह स्वीकार किया कि अल्पसंख्यकों पर हमलों के बारे में कुछ प्रेस समाचार सही थे, और कहा कि उन मामलों में जाँच के आदेश पहले से ही जारी कर दिए गए हैं।

अल्पसंख्यक समुदाय के नेताओं के साथ हुई अपनी चर्चा का हवाला देते हुए गृहमंत्री ने यह दावा किया कि वे भी उनके इस विचार से सहमत थे कि इस प्रकार की आतंकवादी घटनाओं के पीछे राजनीतिक उद्देश्य था।

बांग्लादेश को आतंकवाद से मुक्त करने की अपनी पार्टी की चुनावी प्रतिबद्धता की याद दिलाते हुए उन्होंने कहा, "हमने आतंकवाद के खिलाफ लड़ाई छेड़ दी है। प्रधाानमंत्री ने मुझे थोड़े ही समय में आतंकवादियों को रोकने के लिए कहा है।"

गृहमंत्री ने कहा कि इस संबंध में पुलिस ने पहले से ही एक बी.एन.पी. विधिनिर्माता के भाई को गिरफ्तार कर लिया है और एक राज्य मंत्री के बेटे के खिलाफ भी आतंकवाद के कथित आरोपों की भी पुलिस जाँच कर रही है।

एल.जी.आर.डी. मंत्री तथा बी.एन.पी. महासचिव अब्दुल मन्नान भुइयाँ ने इससे पहले बताया था कि प्रेस सम्मेलन चुनाव-पश्चात् स्थिति और इस संबंध में सरकार द्वारा की गई कार्रवाइयों को स्पष्ट करने के लिए बुलाया गया था।

श्री भुइयाँ ने कहा, "पिछले वर्षों के दौरान हमारे बहुत से कार्यकर्ता मारे गए थे या जख्मी हुए थे या कई तरीकों से उनका दमन किया गया था, लेकिन हमने अपने कार्यकर्ताओं से कहा कि, वे बदला लेने की कोशिश न करें हालाँकि बदले की लालसा अपने आप में स्वाभाविक थी। उसके बावजूद कुछ छुटपुट घटनाएँ जरूर हुई हैं।"

उन्होंने कहा, "ऐसा नहीं कि केवल अवामी लीग के कार्यकर्ताओं पर उनके बी.एन.पी. प्रतिस्पर्द्धियों ने हमला किया हो। बल्कि बी.एन.पी. के कार्यकर्ताओं पर भी उनके प्रतिस्पर्द्धी अवामी लीग के कार्यकर्ताओं ने हमले किए हैं। श्री भुइयाँ ने कहा कि उनकी सरकार ने अपराधियों को गिरफ्तार करने के लिए पुलिस को निर्देश

दे दिए हैं फिर चाहे वे किसी भी पार्टी से संबद्ध हों" "बल्कि हमने तो उनसे यह कहा कि पहले बी.एन.पी. के कार्यकर्ताओं को पकड़ो।"

एल.जी.आर.डी. मंत्री ने यह स्वीकार किया कि अल्पसंख्यकों पर हमलों की कुछ वारदातें जरूर हुई हैं। "लेकिन प्रेस ने उन्हें जिस रूप में पेश किया है, वे उस प्रकार की वारदातें नहीं थीं। प्रेस में छपी खबरें ऐसा आभास देती हैं मानों बांग्लादेश में (अल्पसंख्यकों के लिए) (गंभीर) स्थिति पैदा हो गई है।"

श्री भुइयाँ ने यह आश्वासन दिया कि हिन्दू समुदाय के लोग अपना सबसे बड़ा धार्मिक त्योहार, दुर्गा पूजा शांतिपूर्वक मना पाएँगे। "यदि जरूरत हुई तो पुलिस उनकी पहरेदारी करेगी।"

प्रेस सम्मेलन में गृहराज्य मंत्री लुत्फुज्जमान बाबर, प्रधान मंत्री के राजनीतिक सचिव हेरिस चौधरी, मंत्रिमंडल सविच डॉ. अकबर अली खान, गृह सचिव डॉ. साअदत हुसैन, पुलिस महानिरीक्षक नूरुल हुदा और अन्य बड़े-बड़े अधिकारी भी उपस्थिति थे।

(स्रोत : दि डेली स्टार, 16 अक्तूबर, 2001)

अल्पसंख्यकों की हत्याओं और उन पर किए जा रहे हमलों को रोको

-हसीना, स्टाफ संवाददाता

अवामी लीग अध्यक्ष शेख हसीना ने कल बी.एन.पी. के नेतृत्व वाली नवस्थापित गठबंधन सरकार से देश भर में हो रही हत्याओं को रोकने को कहा।

उन्होंने सरकार को चेतावनी दी कि यदि ऐसा नहीं किया गया तो संभावित परिणामों के लिए सरकार को जिम्मेदार ठहराया जाएगा।

कत्ल किए गए एक पार्टी कार्यकर्ता की लाश को देख कर, जिसे नगर के बंगबंधु एवेन्यू में स्थित पार्टी के केंद्रीय कार्यालय में लाया गया था, दुःखसंतप्त हसीना ने पिछली रात अचानक आयोजित की गई सभा को थोड़े समय के लिए संबोधित भी किया।

पार्टी के सैकड़ों उत्तेजित कार्यकर्ता नगर वार्ड संख्या 47 के अंतर्गत पार्टी यूनिट के महासचिव मुख्तार हुसेन की हत्या के खिलाफ विरोध प्रकट कर रहे थे। उन्होंने नई प्रधानमंत्री खालिदा जिया के अनुचरों को श्री हुसैन की हत्या के लिए जिम्मेदार ठहराया।

सुश्री हसीना ने कहा, "हर आए दिन हमें अपने साथियों की लाशों को ढोना पड़ता है। क्या यही उदाहरण है बी.एन.पी. द्वारा आतंक-मुक्त समाज के निर्माण का? हम और हत्याएँ बर्दाश्त नहीं करेंगे।"

उन्होंने याद दिलाया कि 1996 के आम चुनाव के बाद उनकी पार्टी ने शासन

सँभाला तो अवामी लीग ने आतंक का नंगा नाच शुरू नहीं किया। "लेकिन इस बार बी.एन.पी. और उसके मित्र दलों ने 1 अक्तूबर को हुए चुनावों में वोटों की धोखाधड़ी करके जो सत्ता हासिल की है उसे मजबूत बनाने के लिए वे ऐसा कर रह हैं।"

अवामी लीग पहले से ही 1 अक्तूबर को हुए चुनावों के परिणामों को खारिज कर चुकी है और उसने फिर से मतदान कराने की माँग की है।

सुश्री हसीना ने श्री मुख्तार के हत्यारों को गिरफ्तार करने और इस प्रकार की हत्याओं को रोकने की माँग की।

उन्होंने चेतावनी दी कि यदि नए निजाम ने आतंकवादी कार्यकलापों को जारी रखा तो उसे भी पहले की बी.एन.पी. सरकार के जैसे परिणाम भुगतने पड़ेंगे।

अवामी लीग अध्यक्ष ने इस बार भी दमनकारी निजाम को विदा करने के लिए लोगों से सहयोग की अपील की। अवामी लीग के आदमियों और अल्पसंख्यक समुदाय पर देश भर में चुनाव के बाद किए गए हमलों के संदर्भ में हसीना ने कहा, "मैं इस देश की जनता से न्याय माँगती हूँ। यदि कोई नाव को (अवामी लीग का चुनावी निशान) वोट देता है तो क्या यह अपराध है?"

उन्होंने आरोप लगाया कि अल्पसंख्यक समुदाय के लोग बी.एन.पी. के प्रति वफादार बदमाशों द्वारा ढाए जा रहे जुल्मों का शिकार बनाए जा रहे हैं। "महिलाओं का बलात्कार किया जा रहा है। उन्हें इसलिए नग्न किया जा रहा है क्योंकि उन्होंने नाव को वोट दिए थे।"

रैली के अंतिम क्षणों में हसीना ने वहाँ इकट्ठे हुए लोगों को बताया कि थोड़ा ही समय पहले उन्हें मालूम हुआ था कि नगर के मीरपुर इलाके में आयोजित अवामी लीग की एक और रैली में, जिसमें पार्टी के महासचिव जिलुर्रहमान गए हुए थे, गोली चली थी।

उन्होंने कहा कि उनके राजनीतिक विरोधी अवामी लीग को देश भर से मिटाने पर आमदा हुए हैं। "(लेकिन) उन्हें इतिहास से यह सबक लेना चाहिए कि अवामी लीग को मिटाने की कोशिशों को 1975 में राष्ट्रपिता की हत्या के बाद से कई बार नाकाम किया जा चुका है।"

बाद में कई सौ पार्टी कार्यकर्ताओं और राहगीरों ने बंगबंधु एवेन्यू में मुख्तार हुसैन की नमाज़े जनाज़ा में भाग लिया।

नवनिर्वाचित सरकार द्वारा शासन संभालने के बाद यह दूसरी बार था कि हसीना अपनी पार्टी के दिवंगत कार्यकर्ताओं को अंतिम विदाई देने और नौजवान उत्तेजित शोक मनाने वालों को शांत करने के लिए पार्टी कार्यालय आई थीं।

पिछली बार वे खालिदा सरकार के सत्ता संभालने के एक दिन बाद 11 अक्तूबर को पार्टी के युवा मोर्चा के एक कत्ल किए गए नेता की लाश को देखने

के लिए पार्टी कार्यालय आई थीं।

इस बीच हसीना कल आमरण व्रत पर बैठे कुछ लोगों के साथ अपनी एकता प्रकट करने के लिए सेंट्रल शहीद मीनार परिसर गई थीं। वे देश भर में अल्पसंख्यकों पर लगातार किए जा रहे जुल्मों के खिलाफ विरोध प्रकट करते रहे हैं।

(स्रोत : दि डेली स्टार, 16 अक्तूबर, 2001)

बी.एन.पी. और उसके मित्र दल अवामी लीग के कार्यकर्ताओं की हत्याएँ कर रहे हैं और अल्पसंख्यकों को सता रहे हैं :

विदेशी राजनयिकों की जानकारी में लाया गया राजनयिक संवाददाता

अवामी लीग के चोटी के नेताओं ने कल सत्तारूढ़ बी.एन.पी. और उसके सहयोगी दल जमाते इस्लामी पर हिंसापूर्ण कार्यकलापों और हत्याकांडों को बढ़ावा देने का आरोप लगाया, जिसके परिणामस्वरूप चुनाव के बाद अव्यवस्था की स्थिति पैदा हो गई है जो कि लोकतांत्रिक व्यवस्था से मेल नहीं खाती।

उन्होंने इस बात पर बल दिया कि आतंकवाद, हत्या और बलात्कार की घटनाओं पर तुरंत रोक लगाई जाए, वरना उससे बुरे से बुरे परिणाम सामने आ सकते हैं।

ढाका में स्थित विभिन्न दूतावासों के लगभग 40 राजनयिकों और अंतर्राष्ट्रीय वित्तीय संस्थाओं के आवासी प्रतिनिधियों को विवरण देते हुए अवामी लीग के नेताओं ने कहा कि उनकी पार्टी के नेताओं और कार्यकर्ताओं तथा अल्पसंख्यकों और महिलाओं को आतंकाद और हिंसा का शिकार बनाया जा रहा है।

इस सरकार से ठीक पहले के शासक दल पर अवामी लीग के सैंकड़ों कार्यकर्ताओं की हत्या करवाने और देशभर में अल्पसंख्यकों के उत्पीड़न और महिलाओं तथा लड़कियों के बलात्कार का आरोप लगाया गया। अवामी लीग के नेताओं ने कहा कि एक 'आतंक का माहौल' पैदा कर दिया गया है।

शेरेटन होटल में विवरण देने के लिए किए गए इस आयोजन को पूर्व वित्तमंत्री और अवामी लीग के चुनाव समन्वयक एस.ए.एम.एस. किबरिया, अवामी लीग महासचिव जिलुर्रहमान, पूर्व जल संसाधन मंत्री अब्दुर्रज्जाक, पूर्व शिक्षा मंत्री, ए.एस. एच.के. सादीक, पूर्व विदेश राज्य मंत्री अबुल हसन चौधरी, पूर्व उपमंत्री साबिर हुसैन चौधरी और निजीकरण बोर्ड के पूर्व अध्यक्ष और नवनिर्वाचित संसद सदस्य काजी जफरुल्लाह ने संबोधित किया।

योरुपीय देशों के इन, राजदूत या परामर्शदाता, आस्ट्रेलिया के उच्चायुक्त, फ्रांस के राजदूत और अमरीका तथा ब्रिटेन दूतावासों के राजनीतिक प्रमुख और अन्य लोग इस आयोजन में उपस्थित थे। विश्व बैंक, आई.एम.एफ., यू.एन.डी.पी., ए.डी.बी. मिशनों के प्रमुख और बांग्लादेश में एन.डी.आई. के प्रतिनिधि भी इस आयोजन में

उपस्थित थे।

श्री किबरिया ने कहा, बी.एन.पी. ने चुनाव के बाद दहलाने वाली स्थिति पैदा कर दी है। "चुनाव के बाद हिंसापूर्ण अव्यवस्था और हत्याकांडों के कारण अवामी लीग के कार्यकर्ताओं और समर्थकों के बीच पूर्ण असुरक्षा की भावना उत्पन्न हो गई हैं" उन्होंने कहा।

उन्होंने कहा कि बी.एन.पी. और उसकी गठबंधन सहयोगी पार्टी जमात हिंसापूर्ण कार्यकलापों में संलग्न है, जिसकी वजह से बहुत से लोगों की सुरक्षा खतरे में पड़ गई है, जिनमें अल्पसंख्यक और महिलाएँ भी शामिल हैं।

श्री किबरिया ने कहा कि जुलाई से लेकर अब तक करीब 15 सौ लोगों की हत्या हो चुकी है और 10 हजार से भी ज़्यादा लोग चुनाव-पूर्व और चुनाव पश्चात् की हिंसा और अव्यवस्था में जख्मी हो चुके हैं।

एक पूर्व मंत्री ने जो कि अवामी लीग की चुनाव अभियान परिचालन समिति का अध्यक्ष था, बी.एन.पी. पर यह आरोप लगाया, कि जब कामचलाऊ सरकार के कार्यकाल के दौरान चुनाव हुए, उस समय बी.एन.पी. और कामचलाऊ सरकार के बीच एक समझौता हो गया था।

वह आगे बोले, "तरफदार कामचलाऊ सरकार को बी.एन.पी. के नेतृत्व वाले गठबंधन को खुश करने के लिए झुकते हुए देख कर राष्ट्र संत्रस्त रह गया।"

श्री किबरिया ने आरोप लगाया कि न्यायमूर्ति लतीफुर्रहमान की अध्यक्षता में काम करने वाली कामचलाऊ सरकार ने ही हिंसापूर्ण अव्यवस्था और हत्याकांडों की शुरुआत की थी। और जो कुछ अब हो रहा है वह उस समय देश भर में शुरू की गई हिंसा और अभित्रास की अनुवृत्ति है।

उन्होंने कहा कि अवामी लीग के कार्यकत्ताओं और अल्पसंख्यकों पर किए गए हमले चुनाव परिणामों को प्रभावित करने के लिए चलाए गए एक "सिलसिलेवार अभियान" का हिस्सा थे। "अब आतंकवादी हम पर शासन कर रहे हैं। वे अब सरकार में हैं।"

पूर्व वित्त मंत्री जो कि वर्तमान संसद के लिए चुने गए हैं, ने कहा, "इस समय जो कुछ हो रहा है वह एक अभिनीत नाटक है, एक पूर्व नियोजित खेल है।"

उन्होंने कहा कि गृहमंत्री अतिशयोक्तिपूर्ण भाषा का प्रयोग करते हैं। एक तरफ वे कहते हैं कि दमन और हमलों की खबरें बेबुनियाद हैं और दूसरी तरफ वे यह भी स्वीकार करते हैं कि खबरों को बढ़ा-चढ़ा कर पेश किया गया है।

"यदि कोई बात बेबुनियाद है तो उसे बढ़ा-चढ़ा कर कैसे पेश किया जा सकता है," श्री किबरिया ने सवाल किया। जिल्लुर्रहमान ने कहा कि शासक दल ने आतंक का निरंकुश राज्य कायम कर रखा है।

उन्होंने बी.एन.पी. पर 'पुरुषों के खिलाफ हिंसा' अल्पसंख्यकों के दमन और

महिलाओं के उत्पीड़न की अविवेकपूर्ण गतिविधियाँ चलाने का आरोप लगाया।

अवामी लीग के महासचिव ने अनुशासन और कानून तथा व्यवस्था तुरंत बहाल किए जाने की माँग की।

अब्दुर्रज्जाक ने यह माँग की कि शासक दल द्वारा हिंसा जल्द ही रोकी जानी चाहिए। अन्यथा, उन्होंने कहा, कानून और व्यवस्था में और गिरावट आएगी जिसके गंभीर परिणाम देखने को मिल सकते हैं। उन्होंने कहा, "हमारे लोग पलट कर वार कर सकते हैं और इससे स्थिति और गंभीर हो सकती है।"

ए.एस.एच.के. सादीक ने कहा कि बी.एन.पी. द्वारा हिंसा और आतंक फैलाना अब भी जारी है। "यदि हम संसद में लोकतंत्र को प्रोत्साहन देना चाहते हैं तो इस प्रकार की हिंसा खत्म होनी चाहिए।"

उन्होंने आरोप लगाया, "शासक दल के नेतृत्व की मिलीभगत के बिना यह नहीं हो सकता।"

अपनी बात को जारी रखते हुए उन्होंने कहा कि यदि हिंसा सीमित होती तो उसे नजरअंदाज किया जा सकता था।

अबुल हसन चौधरी ने अपने प्रारंभिक भाषण में राजनयिकों का स्वागत किया और बांग्लादेश के लोकतंत्र में उनकी दिलचस्पी के लिए उनका धन्यवाद किया। उन्होंने आशा व्यक्त की कि उन्हें जो विवरण प्रस्तुत किया गया है उससे उन्हें चुनाव के बाद की स्थिति की साफ तस्वीर मिल गई होगी। उन्होंने चुनाव के बाद की घटनाओं का जायजा लेने के लिए राजनयिकों से अपील की।

(स्रोत : दि डेली स्टार, 17 अक्तूबर, 2001)

बांग्लादेश उच्च आयोग के सामने विरोध प्रदर्शन, अल्पसंख्यकों पर हुए हमलों को भारत सरकार ने गंभीरता से लिया है :

वाजपेयी बल्लव भट्टाचार्य, नयी दिल्ली

प्रधानमंत्री अटल बिहारी वाजपेयी ने कहा है कि भारत बांग्लादेश में अल्पसंख्यक हिन्दुओं पर कथित हमलों के बारे में उस देश के साथ संपर्क बनाए हुए है और भारत सरकार ने बांग्लादेश में दुर्गापूजा के पंडालों को पहुँचाए गए नुकसान को गंभीरता से लिया है।

श्री वाजपेयी ने जोकि सोमवार को उत्तरप्रदेश की राजधानी लखनऊ में संवाददाताओं से बात कर रहे थे, कहा कि ढाका में भारतीय उच्च आयोग ने बांग्लादेश के नेताओं के साथ इस मामले को उठाया है और उन्होंने यह विश्वास दिलाया है कि इन घटनाओं के पीछे जिन तत्त्वों का हाथ है उनसे सख्ती से बरता जाएगा।

उन्होंने कहा कि बांग्लादेश सरकार इन घटनाओं को हतोत्साहित करती रही

है। श्री वाजपेयी बांग्लादेश में हिन्दुओं पर हुए हमलों के बाद कुछ हिन्दुओं के कथित निष्क्रमण से संबंधित सवाल का जवाब दे रहे थे।

प्रधानमंत्री महोदय ने यह टिप्पणी उस दिन की जिस दिन बांग्लादेश में भारतीय उच्च आयुक्त मणिलाल त्रिपाठी ने बांग्लादेश के धार्मिक कार्यमंत्री मुशर्रफ हुसैन से मिलकर 1 अक्तूबर को हुए संसदीय चुनावों के बाद बांग्लादेश में अल्पसंख्यकों पर हुए हमलों के मुद्दे को उठाया था।

इस बीच विश्व हिन्दू परिषद्, बजरंग दल और राष्ट्रीय स्वयं सेवक संघ के और अगाड़ी खंडों के लगभग 500 कार्यकर्ताओं ने कल नयी दिल्ली में बांग्लादेश उच्चायोग के सामने प्रदर्शन किया और बांग्लादेश में हिन्दू अल्पसंख्यकों पर कथित रूप से किए गए अत्यचारों के प्रति विरोध प्रकट किया।

प्रदर्शनकारी पोस्टर उठाए हुए थे जिन पर लिखा था, 'बांग्लादेश का तालिबानीकरण मत करो' 'हिन्दुओं पर अत्याचार बंद करो' और उन्होंने बांग्लादेश की प्रधानमंत्री खालिदा जिया के खिलाफ नारे लगाए और उन्हें अल्पसंख्यकों पर हमला करने वालों के खिलाफ कार्रवाई करने के लिए दो दिन का अल्टीमेटम दिया। अल्पसंख्यकों पर हमला करने वालों के खिलाफ कार्रवाई की माँग करते हुए, प्रदर्शनकारियों ने धमकी दी कि यदि ऐसा नहीं किया गया तो दक्षिण दिल्ली के लाजपत नगर में स्थित बांग्लादेश उच्चायोग के खिलाफ 'कार्रवाई' की जाएगी।

यह प्रदर्शन दो घंटे तक चला और इस बीच विहिप, बजरंग दल, हिन्दू जागरणमंच और हिन्दू महासभा के स्थानीय नेताओं ने भाषण दिए। इस बीच पुलिस सिपाहियों का एक आरक्षी दल उन पर निगरानी रखे रहा कि कहीं कोई अप्रिय घटना न घट जाए। विरोध शांतिपूर्वक समाप्त हो गया।

बाद में प्रदर्शनकारियों के एक प्रतिनिधि मंडल ने बांग्लादेश उच्चायोग को एक ज्ञापन प्रस्तुत किया जिसमें विरोध प्रकट किया गया था। विश्व हिन्दू परिषद् ने भारत सरकार से कहा कि वह बांग्लादेश में अल्पसंख्यकों के साथ किए जा रहे अत्याचारों के मुद्दे को उस देश की सरकार के साथ उठाए।

(स्रोत : दि डेली स्टार, 24 अक्तूबर, 2001)

हिंसा के कारण त्योहार में बदमज़गी

आशा महरीन अमीन और शमीम अहसान

आज 26 अक्तूबर को दुर्गापूजा का, जो कि बंगाली हिन्दुओं का सबसे बड़ा त्योहार है, दसवाँ और अंतिम दिन है। यह वह दिन है जब देवी दुर्गा की मूर्तियों को जल में विसर्जित किया जाएगा जोकि देवी के मूर्त रूप का अस्थायी निवास माना जाता है। दुर्गा पूजा वह अवसर होता है जब हिन्दू सजधज कर जोश-खरोश के साथ त्योहार मनाते है। लेकिन इस बार पूजा उत्सव मंद और फीका है, जो कि हजारों हिन्दू

बांग्लादेशियों के मोहभंग का परिचायक है क्योंकि वे असुरक्षित और निराश महसूस कर रहे हैं। चुनाव के अगले दिन से ही हिन्दू समुदाय के लोग भयभीत होकर दिन बिता रहे हैं क्योंकि दैनिक समाचार-पत्रों के पन्ने हिंसा की खौफनाक वारदातों से भरे पड़े हैं। देश के कुछ हिस्सों में, बलात्कार, आगजनी, डकैती और हिन्दू परिवारों के जबरदस्ती घर से निकल जाने की वारदातों के कारण हिन्दू समुदाय स्तब्ध और भयभीत होकर रह गया है। बहुत से लोगों को अपना घर छोड़ कर दूसरे गाँवों या नगरों में शरण लेने पर मजबूर होना पड़ा है। दूसरों के पास कहीं और जा कर रहने कर ठिकाना नहीं है। उनका अपराध यह है कि वे अल्पसंख्यक हैं, असहाय और कमजोर हैं, और इसलिए वे सत्ता के भूखे आतंकवादियों का आसानी से निशाना बन जाते हैं। बहुत से मामलों में उन्हें इसलिए भी निशाना बनाया जाता है क्योंकि उन्होंने गलत पार्टी को वोट दिए और उन्हें गलत पार्टी को वोट देने वाले समुदाय के रूप में देखा जाता है। स्टार वीक ऐंड मैगजीन (एस.डब्ल्यू.एम) ने कुछ पीड़ितों की भयानक यातनाओं और इस प्रकार के निदंनीय कार्यों के पीछे के कारणों पर अपना ध्यान केंद्रित किया है।

सोनार गाँवों के मुगरापाड़ा से कृष्णपुर तक की रिक्शा की सवारी हिचकोलों-भरी किंतु सुहानी है क्योंकि ऊपर से खामोश दिखाई देने वाला गाँव भरपूर हरियाली से घिरा हुआ है और इसके साफ-सुथरे छोटे-छोटे मकान एक रमणीक दृश्य प्रस्तुत करते हैं। अपने पड़ोस के गाँव बोटोपुर की तरह कृष्णपुर में भी ज्यादातर हिन्दू परिवार बसे हुए हैं और रिक्शा से उतरने से पहले ही हमें ऐसी महिलाएँ दिखाई देती हैं, जिनकी माँग में सिंदूर भरा है और जिनके हाथ पारंपरिक शाखा और पोला से शोभायमान है। लेकिन वे चिंता भरी निगाह से हमें देख रही हैं। चुनाव के बाद से पिछले कुछ सप्ताह तनाव और भय भरे रहे हैं। 7 अक्तूबर को दिन में 11 बजे 100-200 लोगों की एक भीड़ ने गोपाल मिस्त्री के घर पर हमला कर दिया और जो भी चीज उनके सामने आई उसे उन्होंने या तो लूट लिया या फिर तबाह कर डाला। घर के पुरुष बाहर काम के लिए गए हुए थे और सिर्फ औरतें और बच्चे घर पर थे। गोपाल की भाभी कहती है, "हम खाना पका रहे थे कि ऐसे में हमें सैकड़ों लोगों के चिल्लाने और चीजों के टूटने-फूटने का जबरदस्त शोर सुनाई दिया।" हमलावर तेज चाकू और आरे लेकर आए थे। उन्होंने टीन की दीवारों को काट डाला जिसके निशान अभी तक देखे जा सकते हैं। उन्होंने खिड़कियों के शीशे तोड़ डाले और आखिरकार दरवाजों के रास्ते अंदर घुस आए। उन्होंने स्टीरियो सिस्टम, शोकेस और बत्तियों को तोड़ डाला। वे टेलीविजन, दो मोबाइल सेट, एक वीसीपी और कुछ प्रसाधन सामग्री उठा कर ले गए। फिर वे भीतरी कमरों में घुस आए और एक पूजा स्थल क्राकरी और फर्नीचर को तोड़ डाला। गोपाल और उसके भाइयों ने जो बढ़ई का काम करते हैं, धन बचाकर, अगले महीने होने वाली अपनी बहिन की शादी के लिए 10 झोरी सोने के आभूषण खरीदे थे। ये आभूषण भी चोरी कर लिए गए।

यद्यपि परिवार ने किसी तरह से क्षतिग्रस्त सामान में से कुछ की मरम्मत करा ली है, फिर भी तबाही के काफी निशान अब भी बाकी हैं। एस.डब्ल्यू.एम.टी. को बैठक का कमरा टूटी-फूटी हालत में मिला। एक टीवी सेट और एक स्टीरियो सिस्टम चकनाचूर हुआ पड़ा था और टूटे हुए शीशों के ढेर लगे पड़े थे।

परिवार अब मनोवैज्ञानिक और आर्थिक रूप से छिन्न-भिन्न दशा में है। गोपाल अपनी आँखों में आँसू लिए कहता है, "हमने अपनी सख्त मेहनत की कमाई से अपना घर सजाया था और उन्होंने हर चीज को नष्ट कर डाला"– इस बहुत बड़े परिवार के सभी सदस्य हमले के कारण गमगीन हैं। स्थानीय लोगों का कहना है कि यह हमला बी.एन.पी. आतंकवादियों ने किया था। गोपाल की सत्तर वर्षीया माँ जब यह बयान करती है कि किस तरह से वह आदमियों के सामने गिड़गिड़ाई थी, कि वे और चीजों को तहस-नहस न करें, तो वह फूट-फूट कर रो पड़ती है। उन्होंने मेरी छाती पर लात मार कर मुझे धकेल दिया। "हम किसी भी पार्टी के लिए काम नहीं करते" गोपाल कहता है। "हमारा एक मात्र दोष यही है कि हमने अवामी लीग को वोट दिए।" गोपाल और उसके परिवार ने थाने में कोई केस दर्ज नहीं कराया है। हालाँकि यह जाहिर है कि वे हमलावरों को पहचाने हैं, लेकिन आगे कुछ और प्रतिक्रिया न हो, इस डर से वे ये कहते हैं कि हमलावरों को नहीं जानते।

"हमें नहीं मालूम कि वह कहाँ है, वह कैसे खा रहा है या कहाँ सोता है। हम तो यह भी नहीं जानते है वह मर गया है या जिंदा है।" जब अपने सबसे छोटे बेटे सुमन के बारे में उसकी माँ बात करती है तो आँसू उसके झुर्रीदार चेहरे पर ढलक पड़ते है। 4 अक्तूबर की भयंकर घटना के बाद सुमन घर से भाग गया था।

बृहस्पतिवार का दिन था और सूरज आसमान के लगभग बीचोंबीच पहुँच चुका था। आदमी घर से बाहर अपने काम में लगे हुए थे। औरतें घर के कामकाज में व्यस्त थीं। इस बीच एक जबरदस्त शोर ने भोट्टोपुर गाँव की खामोश फिजा को दहला दिया। लगभग 200 आदमियों की भीड़ ने, जिनके हाथों में, रामदा, चपाटी और लाठियाँ थीं, स्थानीय जे.सी.डी. के एक नेता हुमायूँ कबीर रफीक और जुबेरदल के एक नेता के कथित नेतृत्व में और उनके उकसाने पर सुबह लगभग ग्यारह बजे इस गाँव के घरों पर हमला कर दिया। गाँव के लगभग छह घरों को हमले का निशाना बनाया गया था। अमुल्लाह बिस्वास का घर उनमें से एक था।

साठ वर्षीय अमुल्लाह बिस्वास और उसका सबसे छोटा बेटा सुमन अपने घर के अंदर बैठे गपिया रहे थे। अचानक एक पड़ोसी दौड़ते हुए उन्हें बताने आया कि गोपाल मिस्त्री के घर पर, जो कि वहाँ से लगभग आधा किलोमीटर की दूरी पर है, हमला हो गया है। सुमन ने जिसकी उम्र लगभग 25 वर्ष की थी, स्थिति को अच्छी तरह से भाँप लिया। सुमन जो कि नारायणगंज में एक जेवरात की दुकान पर काम करता है अपने इलाके में अवामी लीग के उम्मीदवार के हक में चुनावी अभियान के

संबंध में चुनाव से काफी पहले घर आ गया था। "सुमन बहुत डर गया और मेरे कान में फुसफुसाया कि पिछले दो एक दिन से उसे धमकियाँ मिल रही थीं," सुमन के पिता ने बताया। अपनी बात को जारी रखते हुए बिस्वास बोला, "हम द्विविधा में थे, क्योंकि हम यह नहीं तय कर पा रहे थे, कि क्या हम सबको घर पर ताला लगा कर भाग जाना चाहिए, या अपने घर की रक्षा करने के लिए हम में से कुछ को रुके रहना चाहिए।"

बिस्वास ने आगे बताया, "लेकिन इससे पहले कि हम कोई फैसला कर पाते, हमने हमलावरों के पहुँचने की आवाज सुनी। मेरा बेटा और मैं, अपनी पत्नी, अपनी बहू और नन्हीं-सी पोती को घर पर छोड़ कर भाग खड़े हुए।"

इसके बाद जो कुछ हुआ वह अब भी दिखाई दे रहा है। दोनों मकानों पर जिनकी दीवारें और छतें टीन की हैं हमलावरों द्वारा अपने हथियारों से छोड़े गए वहशी निशान अब भी बाकी हैं।

तब से सुमन भागा हुआ है। उसके माता-पिता चिंतित हैं, लेकिन वे नहीं चाहते कि अभी वह वापस आए। "वे मेरे बेटे को मार डालेंगे। यदि वह आता है तो।" सुमन की माँ डर से काँपती हुई आवाज में कहती है।

बेलना, केरानीगंज के कोरटिया यूनियन में स्थित एक सुरम्य गाँव है। यहाँ रहने वाले हिन्दू समुदाय के लोगों की संख्या काफी बड़ी है। लेकिन चुनाव के बाद पिछले कुछ हफ्तों से बेलना के लोग भय में रह रहे हैं, वे अभी तक अत्यंत जघन्य हमले के सदमे से उबर नहीं पाए हैं। चुनाव के कुछ दिन बाद करीब 30-40 नौजवानों के गिरोह ने इस इलाके के दो घरों पर हमला कर दिया। इनमें से एक घर सूरज कुमार का था, जोकि गाँव का एक बाअसर हिन्दू है और अवामी लीग का कार्यकर्ता है। कुमार भी दूसरे अधिकतर पुरुषों की तरह, विजेता दल के गिरोहों द्वारा हमलों के डर से गाँव छोड़ कर पहले ही जा चुका था। इस प्रहार केवल औरतें, दादियाँ, नानियाँ, युवा गृहिणियाँ और किशोर लड़कियाँ ही हमलावरों का सामना करने के लिए घर पर रह गई थीं। देर रात गए, जब बहुत से निवासी नींद में थे, हमलावरों ने पहले एक मकान के दरवाजे पर दस्तक दी। जब औरतों ने यह कह कर दरवाजा खोलने से इनकार कर दिया कि मर्द घर पर नहीं हैं, तो बदमाशों ने धक्का मार कर दरवाजा गिरा दिया और हुड़दंग मचाना शुरू कर दिया।

जब कोई व्यक्ति यह अपरिहार्य प्रश्न पूछता है, "उसके बाद क्या हुआ?" तो औरतें खामोश हो जाती हैं। ड्योढ़ी में बैठी एक उदास नौजवान लड़की, अपने आँसुओं को छिपाने के लिए सिर झुका लेती है। कोई भी यह नहीं बताना चाहता कि इनमें से किस-किस को बलात्कार का शिकार बनाया गया यद्यपि कई लोगों ने इस बात की पुष्टि की कि बलात्कार पीड़ितों में से दो ऐसी महिलाएँ थीं, जिनका सामूहिक बलात्कार किया गया था और जिन्हें थाना हेल्थ काम्प्लेक्स ले जाना पड़ा था। गाँवों के निवासियों के अनुसार हमलावरों द्वारा महिलाओं का बलात्कार किया

गया था। उन्होंने यह सोचा था, कि जिन व्यक्तियों को वे ढूँढ नहीं पाए थे, उनसे बदला लेने का यह सबसे अच्छा तरीका था।

यद्यपि मामले की रपट लिखाई गई थी और पुलिस ने गिरोह के एक सरगना को गिरफ्तार भी कर लिया था, लेकिन उसे अगले ही दिन छोड़ दिया गया था। तब से गाँव निवासी बात करने से डरते हैं क्योंकि गिरोह ने उन्हें फिर से धमकी दी है। वे अपराधियों के नाम नहीं बताएँगे क्योंकि वे उनके अपने इलाके के ही नौजवान है। इनमें से अधिकतर परिवारों की नौजवान लड़कियाँ हैं इसलिए उन्हें उनके बारे में डर है। एक बूढ़ी औरत सवाल करती है, "अब मैं अपनी पोतियों की शादी कैसे कराऊँगी?"

इस घटना के आघात और अपमान से हिन्दू गाँव निवासी सन्न रह गए हैं। बहुत से घरों के निवासी यह कहते हैं कि इस वर्ष के पूजा अनुष्ठानों में बिल्कुल शामिल नहीं होंगे।

नारायणगंज नगर के राम कनाई जगन्नाथ अकरा में माहौल फीका-फीका है, यद्यपि दुर्गा पूजा में जो कि देश का सबसे बड़ा हिन्दू त्योहार है कुछ ही दिन रह गए हैं। हिन्दू पूरोहितों में से एक, दिपेन चंद्र घोष कहता है कि इस वर्ष पूजा चुपचाप मनाई जाएगी, क्योंकि जश्न मनाने के लिए कुछ रह नहीं गया है। 7 अक्तूबर को सुबह सवेरे गुंडों ने मंदिर के दरवाजे पर गोलियाँ दागीं। यद्यपि कोई जख्मी नहीं हुआ और कोई घटना भी नहीं घटी, लेकिन हिन्दू समुदाय के लोग इस शत्रुतापूर्ण कार्रवाई से हिल गए हैं, देश के कुछ दूसरे भागों की तुलना में नारायणगंज, हिन्दुओं पर किए गए अत्याचारों से काफी कुछ निरापद बना रहा है। लेकिन दूसरे स्थानों पर हिन्दुओं के खिलाफ हिंसा की खबरों ने यहाँ की खुशियों पर पानी फेर दिया है। यहाँ तक कि हिन्दू व्यापारियों ने भी इतना दान नहीं दिया है जितना वे आम तौर पर पूजा के लिए दिया करते थे। स्थानीय लोगों का कहना है कि बहुत से हिन्दू व्यापारियों को, मजबूरन इन गिरोहों को भारी रकम देनी पड़ी है जो शासक दल के कार्यकर्ता होने का दावा करते हैं। 7 अक्तूबर की घटना के बाद से मंदिर में श्रद्धालु भी कम आते हैं।

"हम अल्पसंख्यक कहलाते हैं," घोष कहता है। "हम अल्पसंख्यक नहीं हैं। हम सब इस देश के नागरिक हैं। हमने भी इस राष्ट्र को आजादी दिलाने में मदद की थी।"

यहाँ से पाँच मिनट की रिक्शा सवारी के बाद श्री राजलक्ष्मी नारायण जी का मंदिर आता है जो कि एक बहुत बड़ा मंदिर है जहाँ हर शुक्रवार को हजारों भक्त पूजा के लिए आते हैं। मंदिर का महाराज राजेंद्र प्रसाद झा कहता है कि क्योंकि इस मंदिर पर भी उसी दिन ही गोलियाँ चलाई गई थीं, इसलिए शुक्रवार की सभा में 100 से भी कम लोग आते हैं। स्थानीय बी.एन.पी. संसद सदस्य कहता है कि वह मंदिर

गया है, उसने बर्बरता की कार्रवाईयों की निंदा की है और मंदिर के कर्ताधर्ताओं को यह आश्वासन दिया है कि दुर्गा पूजा शांतिपूर्वक होगी। एक छात्रदल नेता को यह सुनिश्चित करने के लिए कहा गया है कि कोई अप्रिय घटना न घटने पाए। यहाँ तक कि सरकार ने दान भी दिया है ताकि त्योहार मनाया जा सके। लेकिन जहाँ तक हिन्दू समुदाय का संबंध है, उसमें असुरक्षा की भावना अब भी बहुत प्रबल बनी हुई है। एक हिन्दू गृहिणी शांता (यह उसका असली नाम नहीं है), जो कि मांदिर के नजदीक रहती है का कहना है, "इस बार की दुर्गा पूजा में कोई आनंद नहीं है। इस बार महिलाएँ बाहर नहीं निकलेंगी क्योंकि उनमें असुरक्षा की भावना बनी हुई है।" शांता जिसकी दो किशोर बेटियाँ हैं कहती है कि उसे उनकी बहुत चिंता है और उनमें से किसी एक को भी अपने साथ के बगैर अकेले बाहर नहीं जाने देती। "यहाँ तक कि हमारे आदमी भी जल्दी घर आ जाते हैं क्योंकि वे भयभीत हैं," वह कहती है।

नागरिक समाज के कई वर्गों ने दमन की कार्रवाईयों की घोर निंदा की है और पीड़ियों के लिए मुआवजे और न्याय और उनके खिलाफ और हिंसा को रोकने के लिए तुरंत कार्रवाई की माँग की है। ढाका विश्वविद्यालय के छात्रों ने चार दिन की भूख हड़ताल की, लेकिन उसके प्रति सरकार ने कोई प्रतिक्रिया नहीं दिखाई। मानव अधिकार संगठनों जैसे महिला परिषद् आइन ओ शलीश केंद्र और सम्मिलित सांस्कृतिक जुट ने सार्वजनिक विरोध प्रकट किया है। और अल्पसंख्यकों के उत्पीड़न के प्रति खेद प्रकट करते हुए बयान दिए हैं। बांग्लादेश के मानव अधिकार आयोग ने विभिन्न दैनिक समाचार-पत्रों में फोन नंबर प्रकाशित किए हैं ताकि अत्याचार पीड़ित फोन करके शिकायतें दर्ज करा सकें। यह आयोग संयुक्त राष्ट्र संघ से संबद्ध निकाय है और उसके कार्यालय सभी जिलों में मौजूद हैं। यद्यपि शिकायतों का ताँता लगा हुआ है। लेकिन पीड़ितों ने भय के कारण कोई लिखित बयान नहीं दिए हैं। इसलिए आयोग के जाँच अधिकारी और वकील कुछ नहीं कर सकते। आयोग के महासचिव सैफुल इस्लाम का कहना है कि पुलिस ने भी अधिकतर शिकायतों की ओर कोई तवज्जो नहीं दी है। बहुत से मामलों में हमने थानों के वरिष्ठ अधिकारियों को सूचित किया है और उन्होंने कहा है कि वह मामलों पर गौर करेंगे। लेकिन जब हम जाँच करते हैं तो हम यह देखते हैं कि शिकायत करने के 24 घंटे बाद तक भी कोई पुलिस नहीं भेजी जाती। अन्य इलाकों में पीड़ितों ने कहा है कि पुलिस चार या पाँच दिन बाद तक भी नहीं पहुँची और अपराधियों के खास तौर पर नाम दिए जाने के बावजूद पुलिस ने किसी को भी गिरफ्तार नहीं किया।

अल्पसंख्यक समुदाय के खिलाफ इन दमनकारी कार्रवाइयों के पीछे जो कारण हैं, वे जितने पहली नजर में दिखाई देते हैं, उससे कहीं ज्यादा जटिल हैं। यद्यपि हिंसा में एक प्रकट सांप्रदायिक आयाम जरूर है, लेकिन हिन्दुओं को निशाना बनाने का मुख्य कारण यह है कि उन्हें अवामी लीग के समर्थक और इसलिए उसके मतदाता

माना जाता है। जितनी घटनाएँ घटी हैं, उनमें से अधिकतर में बी.एन.पी. कार्यकर्ताओं या समर्थकों का सीधा हाथ था। इस प्रकार न केवल हिन्दू बल्कि बहुत से अवामी लीग कार्यकर्ता भी (हिन्दू और मुसलमान दोनों) हिंसा के शिकार बने। डेली स्टार की एक खबर के मुताबिक कुछ मामलों में अवामी लीग के समर्थकों ने भी स्थानीय हिन्दुओं पर हमला किया यह सोचकर कि उन्होंने अवामी लीग को वोट नहीं दिए, जिनकी उनसे अपेक्षा की जा रही थी।

लेकिन यह कहना कि इन सब कार्यों के पीछे राजनीतिक उद्देश्य था एक एकतरफा कैफियत होती। हमारे देश में राजनीतिक महत्वाकांक्षा का सत्ता और सांसारिक धन संपत्ति की लालच से गहरा संबंध होता है। इनमें से बहुत से आतंकवादी खुद को किसी पार्टी से जोड़ लेते हैं ताकि वे निडर हो कर खुले तौर पर अपनी आपराधिक गतिविधियों को चला सकें। इन वारदातों के पीड़ितों से भारी रकम देने को कहा जा रहा है जिसके न दिए जाने पर उन्हें अपने घरों से निकाला जा रहा है। जो लोग बेसहारा हैं और जिनके मन में इतना डर बैठा हुआ हो कि वे अपनी संपत्ति और माल असबाब को आतंकवादियों द्वारा मुक्त उपभोग के लिए छोड़ दें, उन्हें आतंकित करने के लिए बर्बरता और बलात्कार जैसी खास रणनीतियाँ अपनाई जाती हैं। अवामी लीग के समर्थकों और मतदाताओं से बदला लेना, संपत्ति की लालच और हिन्दुओं के खिलाफ कट्टरता आदि, इन अत्याचारों के कारण हैं।

स्थानीय बी.एन.पी. सांसदों और बी.एन.पी. मंत्रियों ने अपराधियों को दंड देने और यह सुनिश्चित करने के बारे में बयान दिए हैं कि इस प्रकार की और घटनाएँ नहीं घटेंगी। इसके साथ-साथ गृहमंत्री पहले ही यह कह चुके हैं कि इन घटनाओं को मीडिया ने बढ़ा-चढ़ा कर या गढ़ कर पेश किया है। इस प्रकार के दुखद प्रसंगों को नकारने की प्रवृत्ति आतंकवादियों और आम जनता को गलत संदेश भेज रही है और हिन्दुओं को तो खास तौर पर। सबसे ज्यादा अशांत करने वाली बात यह है कि बहुत से इलाकों में हिन्दुओं से इन हमलों के बारे में चुप रहने को कहा जा रहा है। बल्कि उन्हें इस आशय में लिखित या मौखिक बयान देने पर मजबूर किया जा रहा है कि उन पर कोई अत्याचार नहीं किया गया है। इसके पीछे छिपी हुई धमकी यह रहती है कि यदि उन्होंने कहा नहीं माना, तो उन्हें इससे भी ज्यादा बदतर परिणाम भुगतने पड़ेंगे। इस प्रकार के आरोप हैं कि बी.एन.पी. के कार्यकर्ता कानून को लागू करने वाले अमले को साथ लेकर हिन्दुओं के घर गए हैं और उनसे ऐसे कागजात पर दस्तखत कराए गए हैं जिनमें यह कहा गया है कि उन पर कोई अत्याचार नहीं किया गया है। यहाँ तक कि ऐसे प्रेस सम्मेलन आयोजित किए गए हैं जिनमें हिन्दू समुदाय के लोगों से यह कहलवाया गया कि हिंसा या चोरी की कोई वारदातें नहीं हुई हैं।

सरकार द्वारा सार्वजनिक भाषणों में आतंकवाद को रोकने के बारे में बार-बार

किए गए वादे हिन्दुओं के सिलसिलेवार उत्पीड़न के पश्चात खोखले लगते हैं। गृहमंत्री द्वारा इन घटनाओं को नकारने और उन पर पर्दा डालने की कोशिश अपने आप में बेचैन करने वाली और पीड़ितों के प्रति अपमानजनक है जिन्होंने न केवल अपने घर और जायदाद, बल्कि अपनी प्रतिष्ठा और सुरक्षा की भावना भी खो दी है। यदि सरकार नेक इरादे से शांति और न्याय को बढ़ावा देना चाहती है, तो उसे जो पहला कदम उठाना चाहिए वह है शासक दल के उन गुंडों को सजा देना जो कथित रूप से इन कामों के लिए सबसे ज्यादा जिम्मेदार हैं। इस संबंध में जल्द ही कोई प्रदर्शनात्मक कार्रवाई करने की जरूरत है।

मौत की धमकियों का सामना कर रहे अपने घरों से निकाल दिए गए, अपना कीमती सामान लुटवा चुके और जायदाद का नुकसान झेल चुके और इससे भी बदतर, अपनी महिलाओं की इज्जत के खतरे का सामना कर रहे, इस हालिया हिंसा के जनून से पीड़ित लोग खुद को असुरक्षित और अत्यंत पस्तहिम्मत महसूस कर रहे हैं। क्या उनके घर उनके पास रह पाएँगे? क्या उनकी बेटियाँ सुरक्षित रह पाएँगी? ये ऐसे तड़पाने वाले सवाल हैं जोकि अल्पसंख्यक समुदाय खुद से पूछता रहता है।

इस प्रकार की चिंताएँ बांग्लादेशियों के लिए बहुत ज्यादा शर्म का बाइस है, क्योंकि हम खुद को धर्मनिरपेक्ष विचारों वाले और सांप्रदायिक पूर्वाग्रह से मुक्त समझते हैं। एक हिन्दू बांग्लादेशी भी इस देश का उतना ही नागरिक है जितना कि यहाँ के मुसलमान और उसे भी उतनी ही सुरक्षित और आजाद जिंदगी जीने का हक है। विडंबना की बात यह है कि जिन इलाकों में हिन्दुओं की आबादी ज्यादा है वहाँ कोई सामुदायिक तनाव नहीं है और हिन्दू और मुसलमान दसियों बरसों से एक-दूसरे के साथ मिल-जुलकर रहते आए हैं। इसलिए हिन्दुओं का उत्पीड़न एक नई प्रवृत्ति है, जोकि कृत्रिम रूप से एक खास किस्म के आतंकवादियों द्वारा पैदा की गई है, जिन्हें राजनीतिक दलों का संरक्षण प्राप्त है। अवामी लीग की पाँच वर्ष की सरकार के दौरान अवामी लीग से जुड़े गुंडों ने तबाही मचा रखी थी और आतंक का राज्य कायम कर रखा था और उन्हें उकसाने वाले थे अवामी लीग के बड़े-बड़े नेता। अब लगता है कि बी.एन.पी. के गुंडों ने वह काम संभाल लिया है। फर्क सिर्फ इतना है कि अधिकतर पीड़ित हिन्दू समुदाय के हैं।

इसलिए यह सरकार की जिम्मेदारी है कि वह अपराधियों को पकड़ कर सजा दे, चाहे वे खुद उन की पार्टी से भी संबंध क्यों न रखते हों, या फिर वे साधारण आतंकवादी हों, जिन्हें किसी भी पार्टी की शह न हो। अल्पसंख्यकों का उत्पीड़न के कारण देश छोड़कर जाना किसी भी ऐसी सरकार के लिए सबसे बड़ी असफलता होगी, जो अपने आपको एक लोक तांजिक सरकार बताती है।

(स्रोत : दि डेली स्टार (स्टार वीक ऐंड मैंगजीन) 26 अक्तूबर, 2001)

क्या ये ख़बरें, गढ़ी हुई हैं?

(दि डेली स्टार, 11.10.2001)

यू.एन.बी. ने जेसोर से खबर दी है कि केशवपुरा उपजिला में लगभग 10 दिन तक अवामी लीग के नेताओं और कार्यकर्ताओं तथा अल्पसंख्यक समुदाय के लोगों पर हमले जारी रहने के कारण लगभग 50 हजार लोग अपने घरों में ही फँसे रह गए।

स्थानीय लोगों के अनुसार बी.एन.पी. से निकाले गए नेता मौलाना सखावत हुसैन बकुता के हथियारबंद कार्यकर्ताओं ने 70 गाँवों में अवामी लीग के नेताओं, कार्यकर्ताओं और हिन्दू परिवारों के घरों की तलाशी ली और उनका कीमती सामान लूट कर ले गए और 30 लोगों को घायल करके छोड़ गए। पुलिस द्वारा कोई सरोकार न दिखाए जाने के कारण हमलावरों ने अपने हमले को जारी रखा। हथियारबंद आदमियों ने गाँव वालों से रकम माँगी और न दिए जाने पर उन्हें पीटा। उन्होंने मंगोलकोट बाजार और बाकाबरथी गाँव की कई किराना की दुकानों और कणा पुकुरपुर के एक मछली डिपों को आग भी लगा दी।

पाबना

राजनीतिक कार्यकर्ताओं ने पाबना के कई गाँवों में वहाँ के निवासी अल्पसंख्यकों पर योजनाबद्ध ढंग से हमले किए। मकानों को नुकसान पहुँचाया गया और लूटा गया और हिन्दू निवासियों को उनके घरों से बाहर निकाल दिया गया। हिन्दुओं से जोकि इन इलाकों में कई पीढ़ियों से रह रहे हैं, कहा गया कि वे या तो घर छोड़ दें या फिर भयानक परिणामों का सामना करें। तीखी प्रतिक्रिया से डर कर पीड़ितों ने पुलिस के पास कोई शिकायत दर्ज नहीं कराई जिससे पुलिस को उस स्थिति के बारे में कोई कार्रवाई न करने का बहाना मिल गया।

बारीसाल में अवामी लीग के समर्थकों और अल्पसंख्यकों के विरुद्ध हिंसा के फैलने के कारण लगभग 10 लोगों को जिनमें से अधिकतर गौरनाडी और अगाइलझारा उपजिला के अल्पसंख्यक थे, गोपालगंज में आश्रय लेना पड़ा।

(पाबना में) तीन उपजिलों, चतमोहर, सुजाननगर और बेरा पर भी हमले किए गए जिसकी वजह से परिवारों को मजबूरन अपने घर छोड़कर पड़ोस के गाँवों में शरण लेनी पड़ी। हिन्दू समुदाय के नेताओं ने कहा कि सुजानगर के कम से कम 400 अल्पसंख्यक परिवार उन्हें पहुँचाई गई यातनाओं के कारण अपने घर छोड़कर भाग गए। वे परिवार खास तौर पर भयभीत हैं जिनके घरों में युवा महिलाएँ हैं, क्योंकि बहुत से हमलावर बलात्कार को अल्पसंख्यक समुदाओं को आतंकित और अपमानित करने के लिए एक तरीके के तौर पर इस्तेमाल कर रहे हैं।

इत्तेफाक, 13.10.2001

14/15 बदमाशों के एक गिरोह ने, जोकि मुखौटे लगाए हुए थे, 7 अक्तूबर को फुलहर गाँव, राजापुर, बारीसाल में एक हिन्दू परिवार के घर पर हमला कर दिया।

उन्होंने 75 बर्षीय देउरी, उसकी 35 वर्षीय बहू कानन बाला और एक 9 वर्षीय पोती काकोली को बेरहमी से पीट-पीट कर जख्मी कर दिया। वे एक लाख टका की कीमती चीजें उठा कर ले गए। जाते हुए वे देउरी से कह गए कि वह एक सप्ताह के भीतर और एक लाख टका की व्यवस्था कर दे वरना उसके बेटे कृष्णकांत देउरी को, जो कि अवामी लीग का एक कार्यकर्ता है, मार दिया जाएगा।

प्रोथोम आलो, 15.10.2001

बागमारा उपजिला के बजरूकोला गाँव में शनिवार 14 अक्तूबर को अल्पसंख्यकों के घरों पर हमला कर दिया, और घरों की चीजें उलटते-पलटते हुए निवासियों को धमकी भी दी। हमले के बाद प्रभावित इलाकों के आस-पास पुलिस शिविर कायम कर दिए गए लेकिन गुंडों ने गाँव वालों को धमकाना जारी रखा, जबकि पुलिस हाथ पे हाथ धरे बैठी रही। एक चश्मदीद गवाह के अनुसार गुंडों ने निवासियों को धमकाते हुए कहा, "पुलिस तुम लोगों की कब तक रक्षा करेगी। एक बार पुलिस चली गई तो हम लोग तुम्हें सबक सिखा देंगे।"

शुक्रवार रात को स्थानीय गुंडों, मुकुल, सलाम मेंबर और मुस्लिम के नेतृत्व में 300 आदमी जबरदस्ती घरों में घुस गए और चीजों को उलटा-पलटा और तोड़-फोड़ की। क्योंकि घरों के अधिकतर पुरुष सदस्य काम पर गए हुए थे, औरतों और बच्चों को अकेले ही उनका सामना करना पड़ा। उन्होंने पिछले दरवाजों से भाग कर खुद को बचा लिया।

एक गृहिणी मृणाली सरकार शनिवार को सुबह घर पर खाना पका रही थी जब लगभग एक सौ बदमाशों ने उसके घर पर हमला कर दिया और 5 हजार टका नकद, कुछ जेवर और कपड़े उठा कर ले गए।

एक गाँव निवासी के अनुसार गुंडों के एक सरगना मुस्लिम के नाम गैर-कानूनी तौर पर नौ खस तालाब थे। जब स्थानीय लोगों ने उसके ख़िलाफ़ मामला दर्ज कराया, तो यह साबित हुआ कि उसके सभी दस्तावेज़ नकली थे। बाद में, एक सरकारी आदेश से तालाब नौ लोगों को पट्टे पर दे दिए गए। लेकिन मुस्लिम और उसका गिरोह जबरदस्ती इन तालाबों से मछलियाँ लेते रहे। गाँव के अल्पसंख्यकों को आतंकित करके मुस्लिम फिर से इन तालाबों को अपने कब्ज़े में ले ले और कुछ और ज़मीन भी हथिया लेगा।

प्रोथोमम आलो, 15.10.2001

शनिवार 16 अक्तूबर को अल्पसंख्यक समुदाय के लोगों ने चिटागांग क्लब के सामने शाम चार बजे एक मानव श्रृंखला बनाकर देश भर में अल्पसंख्यकों, विशेषकर महिलाओं के बेतहाशा उत्पीड़न के ख़िलाफ़ विरोध प्रकट किया। ऐसा करने का निर्णय बांग्लादेश हिन्दू बुद्धिस्ट क्रिश्चियन ओइक्या परिषद् द्वारा लिया गया था।

प्रोथो आलो 15.10.2001

पुलिस ने उल्लापाड़ा थाना को स्थानीय बी.एन.पी. नेता अब्दुल को यहाँ के एक अल्पसंख्यक परिवार पर हमला करने और परिवार वालों को पीटने के आरोप में गिरफ़्तार कर लिया। 8 अक्तूबर को अब्दुल रउफ और उसके गिरोह ने अनिल चंद्र शिला को सड़क पर ही बुरी तरह से पीट डाला। जब उसकी पत्नी और दो बेटियाँ उसे बचाने के लिए आईं, तो उन्होंने उनकी भी पिटाई कर दी। बाद में पीड़ितों को हेल्थ काम्प्लेक्स में दाख़िल करा दिया गया। पुलिस के अनुसार रउफ का ज़मीन को लेकर अनिल के साथ झगड़ा चल रहा था।

यू.एन.बी. की 15 अक्तूबर की एक ख़बर में, ज़िला मागुरा के उपज़िला श्रीपुर के नोहाटा गाँव में हिन्दू परिवारों की तीन लड़कियों के सामूहिक बलात्कार का वर्णन किया गया है। मंगलवार की आधी रात को अब्बू सैयद और शमसुल के कथित नेतृत्व में एक गिरोह दो पाल परिवारों के घर में घुस कर लड़कियों का अपहरण करके ले गया। गिरोह ने उन्हें एक खेत में ले जाकर उनका बलात्कार किया। बलात्कारी हथियार बंद थे और उन्होंने दो परों के दस आदमियों को घायल कर दिया जिन्हें अस्पताल में दाख़िल कराना पड़ा।

प्रोथोम आलो 15.10.2001

बारीसाल के चारमोनी यूनियन में एक हिन्दू परिवार की महिलाओं का बलात्कार किया गया। पीड़ितों में शामिल थी एक किशोर आयु की लड़की, उसकी माँ और चाची। घटना घटने के बाद माँ और चाची तो चुप रहीं लेकिन लड़की साहस करके, इस अपराध की ख़बर देने के लिए महिला परिषद् की एक महिला कार्यकर्त्ती के पास चली गई। बाद में उसकी माँ और चाची ने भी परिषद् में शरण ले ली। उसके बाद पुलिस ने पनाहघर में जाकर मामला दर्ज किया। इस घटना के ब्यौरे इस प्रकार हैः

आतंकवादियों के एक स्थानीय गिरोह ने पीड़ितों के नवनिर्मित घर में जाकर एक भारी रकम माँगी। जब उन्होंने रकम देने से इनकार किया तो गुंडों ने उन्हें धमकी दी और देश छोड़कर चले जाने को कहा। इस घटना के बाद किशोर आयु की लड़की के पिता ने अपनी बड़ी बेटी को इस डर से कि उस पर कोई हमला न कर दे, कहीं और भेज दिया। लेकिन शनिवार 13 अक्तूबर को लगभग 10-12 आदमियों का गिरोह उनके घर पर आया और दरवाजे को तोड़ कर बंदूक की नली ताने हुए पिता को घर से बाहर ले गया। गिरोह के कुछ आदमी लड़की को घसीट कर बगीचे में ले गए और वहाँ उसका बलात्कार किया। क्योंकि पीड़ित के मुँह में कपड़ा ठूँस दिया गया था, इसलिए वे मदद के लिए चिल्ला भी नहीं पाईं। सुबह सवेरे बलात्कारियों ने उनके मुँह से कपड़ा निकाल दिया लेकिन हथियार दिखा कर उन्हें धमकाते हुए बोले कि यदि उन्होंने इस घटना के बारे में किसी को बताया तो वे उन्हें कत्ल कर देंगे। जब गुंडे वहाँ से चले गए तो परिवार के सदस्य बेहोश लड़की को बगीचे से उठा लाए।

इत्तेफ़ाक, 17.10.2001

बारगुना के पत्थर घाटा में दस हिन्दू परिवारों पर हमला हुआ। उन पर हमला इसलिए हुआ क्योंकि उन्होंने अवामी लीग को वोट दिए थे। परिकाटा गाँव के मोनामंडल के अलावा रैहनपुर के गौतम मिस्त्री, पंकज मलाकर और सुशांत रिपोन को बी.एन.पी. और जमाने इस्लामी के कार्यकर्ताओं ने पीटा।

प्रोथोम आलो, 20.10.2001

चिटागांग के राउजान और टंगूनिया में आगज़नी करने वालों ने कई हिन्दू घरों को जला कर राख कर डाला और परिवारों को बेघर कर दिया। पीड़ित आस-पास के गाँवों में भाग गए या उन्होंने पड़ोसियों के घरों में शरण ले ली। 28 सितंबर को गुंडों ने कोएपाड़ा में पाँच हिन्दू घरों को आग लगा दी। 18 अक्तूबर को यू.पी. सदस्य रत्न घोष के घर का भी वही हाल हुआ। स्थानीय निवासियों ने कहा है कि इन बर्बर कारगुज़ारियों के पीछे एक बी.एन.पी. सांसद का हाथ है जिसका मकसद राजनीतिक है।

राउज़ान के दूसरे इलाकों में आतंकवादी अब भी हिन्दू समुदाय के लोगों को डरा धमका रहे हैं, उन पर अत्याचार कर रहे हैं, उनकी संपत्ति को नष्ट कर रहे हैं या उनकी जान लेने की धमकियाँ दे रहे हैं। परिवार अपनी किशोर बेटियों या परिवार की दूसरी महिलाओं को छिपने के लिए कहीं और भेज रहे हैं क्योंकि उन्हें डर है कि आतंकवादी कहीं उनका बलात्कार न कर दें। जिन नौजवानों ने आवामी लीग के चुनाव अभियान में हिस्सा लिया था, वे भी डर कर कहीं छिप गए हैं।

14 अक्तूबर को टंगूनिया के शांतिनिकेतन इलाके में आतंकवादियों ने एक-देवी की मूर्ति को नष्ट कर डाला जो कि आगामी पूजा के लिए तैयार की जा रही थी। हर वर्ष लगभग 600 परिवार पूजा के लिए मंदिर आते हैं। स्थानीय लोगों ने कहा कि यह काम भी उसी बी.एन.पी. सांसद के हथियारबंद कार्यकर्ताओं ने किया है।

मंदिरों की मूर्तियों को पाबना और पतुआखली जैसे दूसरे स्थानों पर भी नष्ट किया गया है।

जुगांतर, 20.10.2001

शुक्रवार 19 अक्तूबर को नौजवानों का एक गिरोह पुराने ढाका के एक मंदिर के परिसर में घुस आया और वहाँ वे सब लोग गोमांस और नान रोटी खाने लगे। जब वे खाना खा चुके तो उन्होंने गऊ की एक बड़ी सी हड्डी मंदिर की छत से लटका दी। बाद में मंदिर के कर्ताधर्ताओं ने थाना में शिकायत दर्ज करा दी। कार्यभारी अधिकारी ने इलाके का दौरा करके अपराधियों के खिलाफ़ कार्रवाई करने का वादा किया। इलाके में पुलिस तैनात कर दी गई और रपट लिखवा दी गई। इलाके के हिन्दुओं का कहना था कि इस प्रकार का धर्मविरोधी कार्य हिन्दू समुदाय को अपमानित करने के लिए पहली बार किया गया है।

(दि बांग्लादेश आब्ज़र्वर, 21 अक्तूबर, 2001)

पूर्णिमा रानी शिल जो कि केवल 15 वर्ष की है, हिन्दू समुदाय के लोगों के खिलाफ़ हो रही हिंसा की एक और शिकार है। 25-30 आदमियों के एक गिरोह ने 8 अक्तूबर को उल्लाहपाड़ा के सिरंजगंज थाना के अंतर्गत आने वाले पूर्वी देलुआ गाँव में रात को अनिल कुमार शिल के घर पर हमला कर दिया। जब गुंडों ने अनिल की सबसे छोटी बेटी पूर्णिमा को ले जाने की कोशिश की तो उसके माता-पिता उनका रास्ता रोक कर खड़े हो गए। इस पर गुंडों ने अनिल और उसकी पत्नी बासना रानी को बेरहमी से पीट दिया। पूर्णिमा को किसी नज़दीक के स्थान पर ले जाकर गुंडों ने उसका सामूहिक बलात्कार किया। बेहोशी की हालत में उसे दो घंटों के बाद वापस लाया गया। 9 अक्तूबर को पूरा दिन अनिल और उसके परिवार को तालाबंद जगह में रखा गया, ताकि उस घटना का प्रचार न हो पाए।

जब परिवार के सदस्य उल्लाहपाड़ा थाना गए, तो कार्यभारी अधिकारी ने बलात्कार का मामला दर्ज करने से इनकार कर दिया। उसकी बजाय उसने ज़मीन के विवाद से संबंधित पिछली दुश्मनी के मामले के तौर पर रिपोर्ट लिखने की कोशिश की। घटक दलाल निर्मल समिति पूर्णिमा और उसके माता-पिता को ढाका ले आई जहाँ स्वयं पूर्णिमा ने एक स्थानीय होटल में हुए प्रेस सम्मेलन में बयान किया कि उसके और उसके परिवार के सदस्यों के साथ क्या-क्या हुआ था। उसने यह भी बताया कि वह कुछ हमलावरों को पहचानती है। जिनका संबंध बी.एन.पी. से है।

दि डेली स्टार (स्टार वीकेंड मैगज़ीन), 26 अक्तूबर 2001

मीरसराय में अल्पसंख्यकों पर हमला : 1 मरा, 16 जख्मी

स्टाफ संवाददाता, चिटागांग

जब आतंकवादियों के एक गिरोह ने मीर सराय उपजिला के अंतर्गत मिठनाला यूनियन के दासपाड़ा गाँव के अल्पसंख्यक लोगों पर हमला किया तो उन्होंने एक आदमी को काटकर मार दिया और 16 आदमियों को जख़्मी कर दिया जिनमें दस की हालत गंभीर बताई जाती है।

मृतक व्यक्ति का नाम सुनील दास संधू बताया गया जिसकी आयु 28 वर्ष थी। पुलिस का कहना है कि उसकी मौत मौके पर ही हो गई थी।

गिरोह ने हमले के दौरान 20 मकानों की तलाशी ली और उन्हें लूटा। ज़ख्मी होने वालों में से नौ व्यक्तियों, संध्या रानी 33, संतोष 13, सुबोध 60, संजीव 10, विनोद दास, 70, अतुल मजूमदार 60, दलीम 20, उषा रानी 25 और रणजीत 30, को उपजिला हेल्थ काम्प्लेक्स में दाख़िल करा दिया गया।

पुलिस और चश्मदीद गवाहों का कहना है कि लगभग 25 हथियारबंद आतंकवादियों ने रात को लगभग 12-30 बजे दासपाड़ा गाँव में हिन्दू अल्पसंख्यकों पर हमला कर दिया और वे मकानों की चीजों को उलटने-पलटने और लूटने लगे।

उन्होंने परिवारों के कुछ सदस्यों को उनके घरों से बाहर घसीट कर उन्हें पीटा। हमले के दौरान उन्होंने सुनील नाम के एक व्यक्ति को मौत के घाट उतार दिया। पुलिस ने कल 12 व्यक्तियों को हमले में उनके कथित रूप से शामिल होने के लिए गिरफ्तार कर लिया।

जिला पुलिस अधीक्षक ए.के.एम. शहीदुल हक ने कल सुबह गाँव का दौरा किया।

कल शाम इस ख़बर के भेजे जाने तक इलाके में स्थिति तनावपूर्ण बनी हुई थी।

(दि डेली स्टार, 7 नवंबर, 2001)

बदचलनी की हृदय-विदारक कहानियाँ-1

भोला में अत्याचार करने वालों के खिलाफ अभी तक कोई कार्रवाई नहीं

(स्टार रोविंग टीम की खोजपरक संवाद-शृंखला की पहली कड़ी)

भोला जिला के लाल मोहन के एक उच्च विद्यालय का वरिष्ठ अध्यापक पिछले सप्ताह ढाका में दि डेली स्टार के कार्यालय में आया। अध्यापक, जिसका नाम उसकी सुरक्षा के उद्देश्य से गुप्त रखा जा रहा है, उसके गाँव के कुछ ऐसे आदमियों के अत्याचारों के चलते, जो खुद को शासक दल के आदमी बता रहे थे, अपने घर से भाग कर आया था। उसने बताया कि किस प्रकार 2 अक्तूबर की रात को भोला जिला के लाल मोहन थाना के अंतर्गत आने वाले लार्ड हार्डिंग यूनियन के गाँव अन्नदा प्रशाद में जो कि जी.एम. (गुनो मोनी) बाज़ार के नाम से भी जाना जाता है, आठ से 70 वर्ष की आयु के बीच की सैंकड़ों हिन्दू महिलाओं का बलात्कार किया गया। उसने यह भी बताया कि किस प्रकार अन्नदा प्रशाद के लगभग सभी हिन्दू घरों को सिलसिलेवार लूटा गया। बहुत से हिन्दू तो उस इलाके से भाग गए थे और जिनका और कहीं ठिकाना नहीं था उन्हें मजबूरन हफ्ता राशि देकर बेहद भय हालत में वहीं रुकना पड़ा। दि डेली स्टार ने इस हृदय-विदारक कहानी की छानबीन करने का निश्चय किया और उसने स्टाफ संवाददाताओं की एक टीम उस क्षेत्र में भेज दी।

स्टार टीम मोटर पोत से दो मोटर साइकिल लेकर लाल मोहन के लिए रवाना हो गई। ढाका से छह दिन की यात्रा पर रवाना हुई टीम 31 अक्तूबर को लाल मोहन पहुँची। वहाँ से वह अन्नदा प्रशाद के लिए रवना हुई। उसके बाद वह चार फैसन गई और फिर मेघना नदी को पार करके कुकरी मुकरी पहुँची। वहाँ से वह लाल मोहन में गज़ारिया लौट आई। अगले दिन बारीसाल आने से पहले वह भोला ज़िला गई। बारीसाल से वह एक मोटर पोत द्वारा ढाका लौट गई।

रात भर हुई भारी वर्षा के कारण सड़कें कीचड़ से पट कर फिसलनदार हो गई थीं। आकाश पर बादल छाए रहे और रात भर बीच-बीच में बूँदाबादी होती रही। लाल मोहन के पुलिस अधिकारी पूरा समय व्यस्त रहे क्योंकि उस इलाके से अभी-अभी दोबारा चुनकर आए संसद सदस्य और पटसन मंत्री मेजर (रिटा.) हाफिजुद्दीन बीर

बिक्रम 1 अक्तूबर को हुए आम चुनाव के बाद पहली बार अपने निर्वाचन क्षेत्र में आने वाले थे। पुलिस चौकी के प्रभारी अधिकारी मुहम्मद तुफज्जल हुसैन ने कहा कि उसने चुनाव से केवल दो दिन पहले ही वहाँ का कार्यभार संभाला था।

जब श्री हुसैन से अन्नदा प्रशाद के बारे में पूछा गया तो उसने बताया कि यह एक दूरदराज़ इलाका है जो कि निकटतम कस्बे से लगभग 30 कि.मी. दूर है। "हमने वहाँ हुई कुछ घटनाओं के बारे में सुना था, लेकिन एक आठ वर्षीया लड़की के बलात्कार को छोड़कर, हमारे पास कोई शिकायत नहीं आई है। हमने वहाँ एक पुलिस चौकी कायम कर दी है।"

लाल मोहन के पुलिस चौकी प्रभारी ने कहा, "हमने इब्राहीम ख़लील सलीम, पुत्र यासिन मास्टर को गिरफ्तार कर लिया है जो कि रीता रानी बलात्कार के छह आरोपियों में से एक है।"

"बदले के इच्छुक अवसरवादियों ने चुनाव के फौरन बाद अल्पसंख्यक समुदाय के खिलाफ आतंक का दौर शुरू कर दिया लेकिन विश्वास कीजिए किसी ने भी औपचारिक रूप से कोई शिकायत दर्ज नहीं कराई", श्री हुसैन ने कहा।

कर्तार हाट, रायचंद तथा लार्ड हार्डिंग (यह नाम उस समय भारत की विजय प्राप्त होने के बाद पड़ा था) के रास्ते अन्नदा प्रशाद जाने वाली खड्डों से भरी सड़क कश्मीर नामक एक छोटे से इलाके में जा कर खत्म हो गई। वहाँ से कीचड़ और धूल भरी एक सड़क घूमती घामती अन्नदा प्रशाद पहुँची, जो कि कश्मीर से उत्तर की ओर लगभग सात कि.मी. की दूरी पर स्थित है।

31 अक्तूबर को सुबह ठीक 10:30 बजे डेली स्टार की चार व्यक्तियों की टीम दो मोटर साइकिल से जी.एम. बाजार पहुँची। अन्नदा प्रशाद आदिम किस्म का गाँव दिखाई देता था, जो धान के हरे-भरे खेतों से घिरा था, जो बाढ़ के पानी में आधे डूबे हुए थे। मकानों का समूह धान के खेतों और बाँस के बागों के बीचोंबीच स्थित था।

हवा में धरती की सोंधी-सोंधी और सड़े हुए घास की मिली-जुली गंध समाई हुई थी। लगभग 20 अलग-अलग दुकानों का छोटा-सा बाज़ार निर्जन सा पड़ा था। लेकिन जहाँ हम खड़े थे, वहाँ कुछ जिज्ञासु दर्शक एकत्रित हो गए। कुछ आदमी पास पड़े बेंचों पर बैठ गए और एक दूसरे के साथ फुस-फुसाने लगे। बीच-बीच में वे हमारी तरफ अपनी उँगली से इशारा कर देते थे। उनके चेहरों पर तनाव साफ दिखाई दे रहा था।

यूनियन के पूर्व अध्यक्ष और व्यापारी, अब्दुल कादिर ने कहा कि गाँव में 2,200 हिन्दू मतदाता थे और उनमें से बहुत से लोग चुनाव के बाद पिछले एक महीने के दौरान अज्ञात स्थानों को चले गए थे।

स्वयं कादिर अत्याचारों का शिकार बना। लगभग एक महीनों पहले उसके घर की चीजों को बुरी तरह से उलटा-पलटा गया और उसके व्यापार को बर्बाद करके रख दिया गया। कादिर अपने गाँव से भागा नहीं। वह अपने व्यापार पर जमा रहा

और उसके इर्द-गिर्द जो कुछ हुआ उसके बारे में खामोश रहते हुए उसने अपने घर के कुछ हिस्से को दोबारा बना लिया। कादिर उस इलाके का वह विरला गैर-हिन्दू व्यक्ति था जिसे जुल्म का शिकार बनाया गया था। वह अवामी लीग का कार्यकर्ता था।

बाज़ार के नज़दीक एक हिन्दू के घर से, बलात्कार, हमले और लूट की पहली-पहली कहानियाँ उभरकर सामने आने लगीं। घर की महिलाओं ने अनुरोध किया कि उनके नामों का उल्लेख न किया जाए। उनकी आँखों से आँसू बहने लगे थे।

भयभीत गृहवासियों ने कहा कि अपने घर में बने रहने के लिए, जहाँ वे कई पीढ़ियों से रहते चले आ रहे थे, उन्हें 10 हजार टका हफ्ता राशि के तौर पर देने पड़े। उन्होंने डेली स्टार की टीम को बताया कि किस प्रकार हमलावरों ने वह हर चीज़ लूट ली जो उनके हाथ लगी। उनमें लुंगी, गमछा, रजाइयाँ, साड़ियाँ खाना पकाने के बरतन, प्लेटें, मटके, घर में पड़े चावल, कबूतर, मुर्गियाँ गायें, बकरियाँ, जेवर और नकद राशि तक शामिल थे। जब हमले हुए तो वे सब-आदमी, औरतें, बच्चे नजदीक के धान के खेतों में जा छिपे जिनमें बड़ी-बड़ी जोंकें थीं।

इस घटना की शुरूआत 2 अक्तूबर को सुबह 3:30 बजे हुई। चुनाव ख़त्म होने के कुछ ही घंटो के भीतर जबकि चुनाव परिणाम अभी प्रसारित किए जा रहे थे, गाँव की दक्षिणी तरफ़ के कुछ हिन्दू घरों पर हमला कर दिया गया।

बदमाशों के गिरोह गाँव की उत्तरी तरफ बढ़ने लगे और हिन्दुओं के घरों से कीमती सामान लूटने लगे। ज्यों-ज्यों दिन चढ़ता गया और चुनाव परिणाम स्पष्ट होते चले गए, त्यों-त्यों हमले ज़ोर पकड़ते गए। दोपहर होते-होते अन्नदा प्रशाद के हिन्दू समुदाय के दिलों में बेहद डर घर कर गया। औरतें और बच्चे अपने घरों को छोड़कर कहीं और आश्रय तलाशने लगे।

उन सबने बताया कि किस प्रकार लगभग 150 हमलावरों ने करीब 10:30 बजे रात को अलग-थलग स्थित बेंटरबाड़ी पर धावा बोल दिया जहाँ 100 से भी ज्यादा औरतों और बच्चों ने दिन के दौरान जाकर शरण ले ली थी। उनकी यह ख़ामख़याली थी कि बेंटरबाड़ी एक अलग-थलग स्थान होने की वजह से और वहाँ पहुँचना मुश्किल होने के कारण, वे हमलावरों से बच पाएँगे। वास्तव में चुनाव के दिन लगभग 12 बजे ही उस समय स्थिति में बदलाव आना शुरू हो गया था जब हथियारबंद आदमी रनोडा प्रशाद मतदान केंद्र में घुस आए थे और उन्होंने उसे अपने कब्जे में ले लिया था, एक महिला ने कहा। उसने आगे बताया कि गाँव के चार किलोमीटर के दायरे में 2 अक्तूबर को हर हिन्दू घर पर हमला करके उसे लूट लिया गया था। इसी प्रकार बलात्कार और उत्पीड़न की भी अनेक घटनाएँ हुई।

उन्होंने कहा कि इलाके के जाने पहचाने चेहरे, जैसे शहाबुद्दीन, मिज़ान,

फ़रीद, फ़ैज़ुल्लाह यासिन मास्टर और उसके बेटे सलीम (जिसे आठ बर्षीय रीता रानी के बलात्कार के आरोप में गिरफ्तार कर लिया गया था) और बेलाल, सैफुल, ज़ाकिर (रिक्शा चालक), अबू, दुलाल, मुशर्रफ, शाहीन और तुफैल हमलों में सबसे आगे थे। उस दिन लाल मोहन और नज़दीक के गाँवों के एक सौ से अधिक अजनबी व्यक्ति भी हमलावरों के साथ शामिल हो गए थे। इस औरत ने कुछ और ऐसी महिलाओं, अपनी रिश्तेदारों और मित्रों के नाम भी बताए जिनका बलात्कार किया गया।

डेली स्टार के संवाददाताओं ने गाँव के अलग-अलग स्थानों पर 100 से भी अधिक महिलाओं से बातचीत की। जो कुछ वहाँ पर घटा था, उसके बारे में सबका वर्णन हू-ब-हू एक जैसा और भयभीत करने वाला था। अधिकतर औरतों ने कहा कि हमलावर जबरदस्ती उनके नाकफूल ले गए थे। उनका नाकफूल छिन जाना जाना उनके साथ किए गए बलात्कार और उन पर हुए हमले का प्रतीक बन गया था। उदाहरण के लिए इस संवाददाता ने जिस किसी महिला से यह पूछा कि कितने व्यक्तियों ने उस पर हमला किया था, तो वह रो देती थी और संख्या बताते हुए कहती थी, दो-तीन या चार आदमी उसका नाकफूल ले गए थे।

लेकिन सभी औरतें प्रतीक के माध्यम से अपने बलात्कार का बखान नहीं कर रही थीं। भूमिहीन एम.आर. दास (यह इसका असली नाम नहीं है) जो कि 38 वर्षीया विधवा थी, जिसके तीन बच्चे थे, बोली कि कामचलाऊ सरकार के कार्यभार संभालने के एक सप्ताह के भीतर ग्यारह आदमियों ने उसका सामूहिक बलात्कार किया। जब वह यह सब कुछ बता रही थी, तो उसके गालों पर आँसू ढलक पड़ रहे थे। हमले की आशंका से एम.आर. ने अपनी दो बेटियाँ पहले ही ढाका में अपने माता-पिता के पास भेज दी थीं।

2 अक्तूबर की रात को आदमियों का एक गिरोह उसके मकान में जबरदस्ती घुस आया और उसका बलात्कार किया। इस बीच उसका बेटा चिल्लाता रहा। मैं दम लेने के लिए विनती करती रही। मैंने उन्हें कहा मुझे पानी पीने दो। लेकिन वे अपनी मनमानी करते रहे। मेरा बेटा मदद के लिए चिल्लाता रहा। लेकिन कौन मदद करता। हर आदमी वहाँ से भाग रहा था, ऐसा कहते हुए एम.आर.रोती जा रही थी, और लगभग उन्माद की अवस्था को पहुँच गई थी।

जब औरतें डेली स्टार के संवाददाताओं से बात कर रही थीं, उस समय बच्चों को चौकसी रखने के लिए बाहर भेज दिया गया था। एक रिक्शा जिस पर लाउड स्पीकर लगा था पास की कच्ची सड़क पर धीरे-धीरे बढ़ती जा रही थी और लाउड स्पीकर से इलाके के सांसद हाफ़िज़ुद्दीन के लार्ड हार्डिंग पहुँचने की घोषणा की जा रही थी। उद्घोषक ख़ासतौर पर हिन्दू समुदाय से यह अनुरोध कर रहा था कि वे हाफ़िज़ुद्दीन की जनसभा में ज़रूर उपस्थित हों। इसका कारण यह था कि उनके पड़ोसियों ने यह घोषणा सुन कर भागना शुरू कर दिया था।

राधा रानी का पति लक्ष्मीकांत उसे बात करने से बार-बार रोकता रहा। लेकिन राधा रानी अपने पति की बात को न मानते हुए बोली, कुछ औरतें धान के खेतों की तरफ भागीं, कुछ पान के छप्पर के नीचे छिप गईं और कुछ को हमलावरों ने पकड़कर उनके नाकफूल का हरण कर लिया। राधा रानी ने बताया कि हमलावरों ने उसे पकड़ने के बाद गाँव के तालाब के नज़दीक उन्होंने उसे निर्वस्त्र करने की कोशिश की। लेकिन एक लंबी सी सोटी उसके हाथ लग गई जिससे उसने खुद की, रक्षा करने की कोशिश की। लेकिन अंततः वे उस पर हावी हो गए और उसका शील भंग कर दिया।

राधा रानी की 13 बर्षीया बहू तृप्ति रानी ने भी आकर हमें बताया कि उसके साथ क्या हुआ। शर्मीली सी, बाल्यावस्था को पूरी तरह से पार न कर पाई और एक गृहीणी के तौर पर अपनी हैसियत के बारे में पूरी तरह से बेख़बर और अपने ससुराल में रह रही तृप्ति रानी आँखों में आँसू लिए बोली कि पाँच आदमी उसे पान के शेड में पकड़ कर ले गए और वहाँ उसके नाकफूल का हरण कर लिया। उसी तरह से जोसना रानी, प्रीति रानी, लिपि बाला, थकू रानी, धलेश्वरी और बहुत सी अन्य महिलाओं ने अत्यंत व्यथित होकर और आँखों से अविरल अश्रुधारा बहाते हुए हमें बताया कि किस तरह हमलावर उनका नाकफूल और सब कुछ लूट कर ले गए। बहुत सी औरतों ने हमें बताया कि हमलों के दौरान हमलावरों ने उन पर यह आरोप लगाया कि क्योंकि उन्होंने अवामी लीग को वोट दिए थे, इसलिए उनकी यह हालत हुई है। जो हमले से बचे रह गए उनका कहना था कि वे घंटों तक धान के खेतों में पड़े रहे और उस दौरान दर्जनों जोंकों ने उन्हें काट खाया, जिससे वे इतने कमज़ोर हो गए, कि वे चल भी नहीं पा रहे थे।

अपनी-अपनी कहानियाँ बताने के लिए लक्ष्मीकांत के घर मर्द और औरतें जमा हो रही थीं। इस बीच अचानक सब व्यक्ति खामोश हो गए और डर से सहम गए। मुश्किल से दस फुट की दूरी पर लुंगी पहने एक नौजवान खड़ा था जो वहाँ जमा भीड़ को घूर रहा था। मर्दों और औरतों की भीड़ फुसफुसाने लगी, कि लुंगी वाला आदमी कोई और नहीं बल्कि बेलाल था, जिस पर रीता रानी का बलात्कार करने, लूटमार करने और निर्दोष गाँव वालों पर हमलों की अगुआई करने का आरोप था। लेकिन जल्द ही यह कुख्यात अपराधी बिना कोई शब्द कहे धीरे-धीरे चलता हुआ वहाँ से ओझल हो गया।

बेंटरबाड़ी लक्ष्मीकांत के घर से दक्षिण की तरफ 1.5 कि.मी. दूर था और वहाँ पहुँचना बहुत ही मुश्किल था। गाँव की मुख्य कच्ची सड़क से, दक्षिण दिशा की ओर लगभग एक किलोमीटर की दूरी पर धान के खेतों के बीचोंबीच स्थित कुछेक मकानों के इस समूह तक पहुँचने के लिए कोई सड़क नहीं थी। वहाँ पहुँचने के लिए कमर तक गहरे पानी में से लाँघना पड़ता था जो मछलियों और जोंकों से भरा था।

बेंटरबाड़ी के निवासियों ने बताया कि हमले वाले दिन इतने ज्यादा लोगों ने उनके घरों में जाकर शरण क्यों ली। बाबरी मस्जिद को लेकर 1992 में हुई गड़बड़ियों के दौरान सभी अमीर हिन्दुओं के घरों को लूट लिया गया और जला दिया गया था, लेकिन हमलावरों ने बेंटरबाड़ी को नहीं छुआ था क्योंकि यहाँ रहने वाले लोग बहुत गरीब हैं और यहाँ के घर बिल्कुल अलग-थलग पड़े हुए हैं—ऐसा हमें अमलेंदु नामक एक व्यक्ति ने बताया।

अन्नदा प्रशाद में सभी हिन्दुओं के घरों पर हमले होने के बाद बहुत से परिवारों ने दिनों में लगभग 2 बजे पानी को लाँघ कर बेंटरबाड़ी की ओर जाना शुरू कर दिया। जिस समय हताश हिन्दू लगभग 15 घरों में शरण लेने के लिए बेंटरबाड़ी जा रहे थे, उस समय हमलावर दिन भर दूर खड़े चुपचाप यह नज़ारा देश रहे थे।

बेंटरबाड़ी के प्रमोद चंद्र दास ने बताया कि उसने और उसके पड़ोसियों ने 2 अक्तूबर को अपने परिवार के लोगों को पहले ही कहीं और भेज दिया था। जैसे ही शरणार्थियों ने वहाँ पहुँचना शुरू किया उनके लगभग आठ दोस्तों ने एक निगरानी ग्रुप बना लिया।

रात को लगभग 10:30 बजे हमने अचानक देखा कि लगभग 150 लोग उत्तर की तरफ से पानी को लाँघते हुए बेंटरबाड़ी की ओर बढ़ रहे थे। हम यह पूछने के लिए चिल्लाए कि तुम कौन हो, लेकिन वे चुप रहे। जब वे घरों के नज़दीक पहुँचे तो हमने यह महसूस किया कि वे हमसे संख्या में काफ़ी ज़्यादा थे और हम उनके सामने बेबस थे। हमने महिलाओं से छिप जाने को कहा और हम धान के खेतों में से होकर भाग निकले।

रात के अगले कुछ घंटे भागने की कोशिश कर रहे बच्चों और महिलाओं के लिए दहशत भरे थे। कुछ हमलावरों ने अपना ध्यान माल लूटने पर केंद्रित कर लिया, जबकि कुछ और हमलावरों ने धान के खेंतों में भागते हुए बच्चों और महिलाओं का पीछा किया और वे उन्हें घसीटते हुए सूखी धरती पर ले आए और वहाँ उन्होंने महिलाओं का सामूहिक बलात्कार किया।

महिलाओं ने अपने जिस्म पर, उनके साथ किए गए व्यवहार और उन पर हुए हमले के निशान दिखाए जिनमें जोंकों के काटने पर पड़े निशान भी शामिल थे। बेंटरबाड़ी में रात के दौरान औरतों का बेतहाशा बलात्कार किया गया जिनमें आठ वर्षीया रीता रानी और 70 वर्षीया पारू बाला शामिल थीं।

एक औरत ने बताया "आप जानते हैं, ये पुलिस के आदमी जो कि इस समय वस्कोर बाड़ी में डेरा डाले हुए हैं, वे हमलावरों के दोस्त हैं। उन्हें बलात्कारियों ने ही बुलाया था और हमने प्रायः उन्हें इकट्ठे बैठ कर मित्रवत बातें करते हुए देखा है।"

बेंटरबाड़ी से लगभग 5 सौ मीटर दूर वस्कोर बाड़ी में बीसियों औरतें ऐसी ही कहानियाँ सुनाने के लिए इंतजार कर रही थीं। पुलिस वाले लगभग 3:30 बजे बाद दोपहर, एक आरज़ी मकान के अंदर, जिसे इस समय पुलिस शिविर में बदल दिया

गया था, सो रहे थे। इस मकान में देवी लक्ष्मी की एक मिट्टी की मूर्ति थी, क्योंकि यह लक्ष्मी पूजा का दिन था। लेकिन पूजा करने के लिए और कोई व्यक्ति वहाँ मौजूद नहीं था। यूसुफ़ ने इस बात से साफ इनकार कर दिया कि अपराधियों से उसका कोई संबंध है, लेकिन उसने यह ज़रूर कहा कि उससे उस इलाके में हिन्दुओं पर हुए अत्याचारों के बारे में जानकारी मिली है।

उसने कहा कि पुलिस चौकी 5 अक्तूबर को कायम कर दी गई थी और पीड़ितों में से किसी ने भी पुलिस के पास कोई शिकायत दर्ज नहीं कराई। जब यह पूछा गया कि बेलाल और चार और व्यक्ति, जो कि रीता रानी के बलात्कार मामले में ज़ेरे-तलब हैं, इस इलाके में मुक्त होकर कैसे घूम रहे हैं, तो हवलदार ने जवाब दिया कि उनमें से किसी की भी गिरफ्तारी के लिए उसके पास ऊपर से कोई आदेश प्राप्त नहीं हुए हैं।

कांस्टेबल मुहम्मद फ़ारूक ने बताया कि उसे पता चला था कि चुनाव के बाद अन्नदा प्रशाद गाँव में 2 सौ औरतों का बलात्कार हुआ था।

बाद दोपहर लगभग 4 बजे लगभग 200 आदमी जी.एम. बाज़ार में एकत्रित हुए। मुसलमान और हिन्दू पुरुष नए सांसद का भाषण सुनने के लिए लार्ड हार्डिंग की ओर जा रहे थे। कुछ मुसलमान आदमियों ने अपनी कुंठा व्यक्त करते हुए कहा कि अपराधियों को पकड़ने के लिए प्रशासन ने कुछ नहीं किया, इसलिए अब वे (अपराधी) यह समझने लगे हैं कि वे बर्बरतापूर्ण अपराध करके भी बच सकते हैं।

एक मुसलमान ग्रामनिवासी ने कहा, "मैं आपको बता दूँ, पुलिस के जाते ही, यहाँ फिर से वही कुछ होगा जो पहले हुआ है। अपराधी तो बस उस घड़ी का इंतजार कर रहे हैं।"

उसने यह भी बताया कि गाँव में रह रहे हर हिन्दू परिवार को हफ़्ता राशि देनी पड़ती है। लगभग एक घंटा बाद लार्ड हार्डिंग में नए सांसद को पहुँचते हुए देखा गया और उसकी अभिरक्षा के लिए कम से कम पचास मोटर साइकिलों पर सवार उद्धत नौजवान उनके साथ-साथ चल रहे थे।

अगले दिन भोला में उपायुक्त कबीर मुहम्मद अशरफुद्दीन ने कहा कि कार्रवाई इसलिए नहीं की जा सकी, क्योंकि कथित अत्याचारों के लिए कोई शिकायत दर्ज कराने के लिए नहीं आया।

अशरफुद्दीन ने कहा, "उदाहरण के लिए एक दिन चौमोट्टिनी बाजार में 106 दुकानों को बदमाशों ने जला दिया। लेकिन जब हम वहाँ पहुँचे, तो वहाँ एक भी आदमी ऐसा नहीं था, जो आकर हमें यह बताता कि वहाँ क्या हुआ था, या फिर हमारे पास औपचारिक रूप से शिकायत दर्ज कराता।"

(दि डेली स्टार, 9 नवंबर, 2001)

बदचलनी की हृदय-विदारक कहानियाँ - 2

शेफाली और जयंती की कहानी

स्टार पर्यटक टीम भोला जिला के लाल मोहन उपजिला के अंतर्गत लार्ड हार्डिंग यूनियन के अन्नदा प्रशाद गाँव में दो बच्चों की माँ शेफाली रानी दास जिसकी आयु इस समय लगभग 36 वर्ष है, लगभग दस वर्ष पहले, गाँव के तालाब से पानी लाते हुए फिसल पड़ी थी और उसकी बाई टाँग की हड्डी टूट गई थी, पाँच महीने बाद उसकी पूरी टाँग काट दी गई। तब से शेफाली की ज़िन्दगी घर की बनी लकड़ी की बैसाखियों तक सिमट कर रह गई। उसके पति शुवाश चंद्र दास, जो कि गाँव का भूमिहीन किसान है कठोर संघर्ष करके परिवार को चलाता रहा। 2 अक्तूबर को शेफाली ने देखा कि बीसियों बदमाशों द्वारा उस इलाके के हिन्दू समुदाय पर हमला कर दिए जाने के कारण उसके पड़ोसी घर छोड़ कर भाग रहे थे। उसने तुरंत अपनी 15 वर्षीया बेटी को एक और गाँव में भेजने का निश्चय किया। उसका पति और 21 वर्षीय बेटा पहले ही गाँव से भाग गए थे।

उस दिन दोपहर बाद शेफाली ने यह जान लिया था कि उसे भी घर से बाहर जाना पड़ेगा। उसका पड़ोस लगभग निर्जन सा हो गया था। अपनी सुरक्षा के बारे में उसे डर लगने लगा। बर्षा हो रही थी और बेंटरबाड़ी के नज़दीक वाली मुख्य सड़क तक पहुँचने के लिए वह कीचड़ भरे रास्ते पर बड़ी मुश्किल से आगे बढ़ पा रही थी। बेंटरबाड़ी धान के खेतों के बीचोंबीच घरों का एक समूह है, जहाँ उसकी कई मित्र शरण लेने के लिए पहले ही पहुँच चुकी थीं। उसने कमर तक गहरे पानी को लाँघ कर बेंटरबाड़ी पहुँचने की उम्मीद छोड़ दी थी। निस्सहाय होकर शेफाली नज़दीक की सड़क से गंगा के घर जा पहुँची।

रात को उसने चींखें सुनीं और देखा कि अधिकतर गृहवासी घर छोड़कर भागे जा रहे थे। शेफाली ने अपनी बैसाखियाँ सँभाली और किसी तरह से घर से बाहर निकल गई। तब तक गंगा के घर के बाकी सभी लोग धान के खेतों में गायब हो चुके थे।

शेफाली दूर तक नहीं जा पाई। वह गंगा के परिवार के तालाब के किनारे पर से लड़खड़ाती हुई एक छोटे से क्षेत्र में पहुँची जहाँ हल्दी बोई जाती है। लगभग 15 आदमियों का एक गिरोह लूट के माल के गट्ठर उठाए उसी रास्ते से लौट रहा था।

उन्होंने उसे धर पकड़ा। उसे केवल इतना याद है कि जब दो आदमियों ने उसके नाकफूल का हरण कर लिया (गाँव की औरतें अपने बलात्कार का वर्णन इसी तरह से करती हैं), तो उसके बाद वह बैसाखियों के सहारे चल पड़ी।

उसके बाद शेफाली चार दिन तक बेहोश रही। 31 अक्तूबर को जब यह संवाददाता अन्नदा प्रशाद पहुँचा तो गाँव की औरतों ने मूर्छित शेफाली के बारे में बताया और कहा कि उसे चार फैशन सरकारी अस्पताल में दाखिल करा दिया गया था।

अगले दिन चार फैसन में इस संवाददाता को जानने में आया कि शेफाली को नौ दिन के बाद अस्पताल से छुट्टी दे दी गई थी और वह चार फैशन के नज़दीक किसी जगह अपने एक रिश्तोदार के यहाँ ठहरी हुई थी।

चार फैशन में एक व्यक्ति, यह पता लगाने के लिए कि शेफाली कहाँ है, हमारी मदद करने को सहमत हो गया, इस शर्त पर कि उसका नाम गुप्त रखा जाए। शाम को वह व्यक्ति यह खबर लेकर लौटा कि शेफाली चार फैशन के जिन्ना घर यूनियन के दशकंदी गाँव में अपने किसी रिश्तेदार की देखरेख में है।

शाम को लगभग 8 बजे वह व्यक्ति हमें दशकंदी का रास्ता बताने के लिए सहमत हो गया, लेकिन उसने यह शर्त रखी कि किसी भी हालत में उसका नाम किसी को न बताया जाए। एक सुरक्षित फासला बनाए रख कर वह दो मोटर साइकिलों पर सवार दि डेली स्टार के चार संवाददाताओं की टीम को एक पक्की सड़क के किनारे पर स्थित एक छोटी सी जगह पर ले गया। उसके बाद टीम को धान के खेतों और घने पेड़-पौधों के बीच में से गुजरकर दशकंदी जाने वाली कच्ची सड़क से खुद ही जाना पड़ा। तब तक यह व्यक्ति गायब हो चुका था। जोखिम भरी सड़क पर लगभग पाँच किलोमीटर बाद, टीम दशकंदी पहुँची। आधा दर्जन नौजवान, बैटरी से चलने वाली टार्च लिए गाँव में चौकसी रख रहे थे। उन्होंने बताया कि उस इलाकें में तनाव बना हुआ था, लेकिन स्थानीय बी.एन.पी. नेता वहाँ के हिन्दू समुदाय के प्रति सहानुभूतिशील था।

शर्माती हुई शेफाली पुरुषों, महिलाओं और बच्चों को एक छोटे से जनसमूह में अपनी बैसाखियों को सहारा लिए दिखाई दी। वहीं कहीं नजदीक ही एक मौलाना शबेबरात के मौके पर, लाउडस्पीकर पर एक भाषण दे रहा था। "मुझे याद नहीं कि बाद में मेरे साथ क्या बीता। मुझे सिर्फ इतना याद है कि मेरे पूरे जिस्म में ज़बरदस्त दर्द हो रहा था। जब उन आदमियों ने मुझे हल्दी के खेत में धर दबोचा उसके बाद मैं अपने हाथ भी नहीं हिला सक रही थी। मुझे बस इतना याद है कि दो आदमी मेरे नाकफूल का हरण कर ले गए।" मुँह नीचा किए हुए शेफाली बोली। वह यह

नहीं जानती थी कि दशकंदी में अपने रिश्तेदार के घर से कहाँ जाएगी। उसने कहा कि इसके बारे में वह अपने पति के फैसले का इंतजार करेगी।

अगली सुबह, जिस डाक बंगले में दि डेली स्टार की टीम ठहरी हुई थी, उसके रात के चौकीदार ने कहा कि लगभग 15 नकाबपोश आदमी स्टार टीम के आदमियों की तलाश में आए थे। वे यह चेतावनी देकर वहाँ से चले गए कि टीम अल्पसंख्यक समुदाय के और पीड़ितों की तलाश न करे।

चार फैशन अस्पताल में डॉ. शहीदुल इस्लाम ने कहा कि देश के वर्तमान नियम पीड़ितों की बजाय बलात्कारियों के ज़्यादा हक में हैं। बलात्कार पीड़ित को यह सिद्ध करना पड़ता है कि उसका बलात्कार किया गया था। किसी चश्मदीद गवाह के बिना यह मुश्किल है। अधिकतर मामलों में इससे बलात्कारियों को बरी होने में मदद मिलती है।

डॉ. इस्लाम ने अस्पताल की औपचारिक रिपोर्ट पर निगाह डालते हुए कहा, "शेफाली को जब अस्पताल में दाख़िल कराया गया, तो उसे कई चोटें आई थीं, जिनमें उसके जिस्म के अलग-अलग हिस्सों पर आदमी के काटने के कई निशान भी शामिल थे। वह अपना दायाँ हाथ नहीं हिला पा रही थी। लगभग एक सप्ताह भर न वह कुछ बोल पाई और न कुछ खा पी सकी। वह सदमें की हालत में थी।"

यह पूछे जाने पर कि क्या शेफाली की बलात्कार संबंधी जाँच की गई थी, डॉ. इस्लाम ने एक कानून का हवाला दिया। उसने कहा कि देश के कानून के अनुसार, जब तक प्रशासनिक व्यवस्था के उचित माध्यमों से ख़ासतौर पर इस बारे में शिकायत दर्ज न की जाए, तब तक परिचारी डाक्टर मरीज़ की ऐसी जाँच नहीं कर सकता। "शेफाली के मामले में स्थिति यह थी, कि जब शेफाली को एक ग्रामवासी अस्पताल लाया, तो वह बेहोश थी" वह बोला।

यह जाँच करने के लिए कि किसी व्यक्ति का बलात्कार किया गया है या नहीं, हमें या तो पुलिस, या न्यायालय द्वारा इस आशय की माँग की जानी चाहिए या फिर पीड़ित या उसके किसी संबंधी द्वारा औपचारिक शिकायत की जानी चाहिए। तब, जाँच से ठीक पहले उसकी पहचान, संबंधित थाना के किसी पुलिस कर्मचारी द्वारा की जानी चाहिए, इस्लाम अपनी बात को जारी रखते हुए बोला। "उसके बाद यह जाँच दिन की रोशनी में और समाज की किसी जिम्मेदार महिला सदस्य, या किसी महिला नर्स की उपस्थित में की जानी चाहिए।"

इस प्रकार शेफाली की बलात्कार संबंधी कोई जाँच नहीं की गई थी, और ऐसी परिस्थिति में आज तक उसके बलात्कारियों के खिलाफ बलात्कार का कोई आरोप नहीं है। बल्कि डाक्टर ने कहा कि अपराधियों के खिलाफ किसी किस्म का कोई भी आरोप नहीं है।

जयंती की कहानी

2 अक्तूबर को बाद दोपहर, लाल मोहन उपजिला की नं. 7 पश्चिमी चार उमेद यूनियन के अंतर्गत गज़ारिया के जहाजमारा गाँव में, शुवाश मांझी, जो कि व्यवसाय से बढ़ई है, की 18 वर्षीया पत्नी जयंती अपनी झोपड़ी में प्रसव पीड़ा झेल रही थी। अचानक उसके सभी पड़ोसी गाँव छोड़ कर भागने लगे क्योंकि लगभग 60 नौजवान जिनके पास, छुरे, लाठियाँ और चाकू थे, गज़ारिया बाज़ार इलाके से वहाँ पहुँच कर ऊधम मचाने और 'गंदे' नारे लगाने लगे थे। अपने पहले बच्चे को जन्म दे रही जयंती जबरदस्त पीड़ा में थी और गाँव की दाई और उसकी सास मुक्ति रानी उसकी सहायता के लिए वहाँ मौजूद थीं।

"मुझे उन आदमियों के चिल्लाने और पड़ोसियों के दरवाजे तोड़कर उनके घरों में घुसने की आवाजें सुनाई दे रही थीं, लेकिन हम तीनों बेबस थीं, क्योंकि जयंती प्रसव पीड़ा में थी और बच्चा पैदा होने वाला था", मुक्ति रानी बोली।

जैसे ही उन आदमियों की भीड़ जयंती के घर के पास पहुँची, जो कि गाँव के दूसरे सिरे पर स्थित था, दाई डर गई और उसने वहाँ और देर तक रुकने से मना कर दिया। ज्यों ही हमलावर और नज़दीक आए दाई जयंती को उसी हालत में छोड़कर उसके घर से भाग खड़ी हुई। "मैं रोती चिल्लाती जा रही थी, और जयंती को कस कर पकड़े हुए थी कि ऐसे में वे आदमी हमारी रसोई में घुस कर छुरों से हमारी बाँसों की दीवार को काटने लगे", मुक्ति रानी अपनी बात को आगे बढ़ाती हुई बोली।

तब तक बच्चा पैदा हो गया। मुक्ति ने कहा कि उसने बच्चे को अपनी साड़ी में लपेट लिया। नाभि नाड़ी को अलग किए बगैर, मुक्ति रानी कमरे के कोने में बने बाँस के जंगले को तोड़कर जयंती को उसमें से घसीटती हुई नज़दीक के धान के खेत की ओर दौड़ी।

"जयंती भाग नहीं पा रही थी, क्योंकि उसे बेहद पीड़ा हो रही थी, लेकिन मैं एक हाथ में बच्चे को पकड़े हुए जयंती को जोर से खेत में से धकेलती जा रही थी। इस बीच हम जरा सी ऊँची ज़मीन पर पहुँच गए", मुक्ति आँखों में आँसू लिए बोली।

यहाँ पर उन्हें नाभि-नाड़ी काटने के लिए एक ब्लेड पड़ा मिला। जयंती ने बताया कि वे रात नौ बजे तक वहाँ एक पेड़ के नीचे इंतजार करती रहीं और उसके बाद जब उनके पड़ोसियों ने बताया कि हमलावर चले गए हैं, तो वे घर लौट आई। नवजात शिशु को संग्राम नाम दिया गया, जिसका बांग्ला में अर्थ होता है, संघर्ष।

2 अक्तूबर के हमले में जहाजमारा गाँव के लगभग सभी हिन्दू घरों को लूटा गया। इस घटना के ठीक एक महीना बाद भी सभी घरों पर तबाही के निशान साफ़ दिखाई दे रहे थे। हिन्दू मंदिरों की चीज़ों को बुरी तरह से उलटा पलटा गया था या फिर उन्हें पूरी तरह से नष्ट कर दिया गया था। जो निवासी वहाँ रह गए थे, वे डरे हुए थे। बहुत-सी महिलाओं ने बताया कि कई परिवार वहाँ से ढाका या दूसरे स्थानों

को चले गए थे। "हमलों के बाद अख़बारों में ख़बरें छपीं और सरकार ने छानबीन करने के लिए कुछ कर्मचारी भेजे लेकिन छानबीन करने वालों को ये घर या मंदिर नहीं दिखाए गए।" ऐसा हमें एक नौजवान ने बताया, जो कि हमें मधु लाल बिस्वास के घर पर मिला था।

बुजुर्ग आदमियों और औरतों ने बताया कि यद्यपि 2 अक्तूबर के बाद उनके समुदाय पर दोबारा हमले नहीं हुए, लेकिन उन्हीं हमलावरों ने कुछ और आदमियों के साथ मिलकर उस इलाके के हर हिन्दू परिवार से हफ़्ता रकम वसूल करने के लिए एक 'कमेटी बना ली है।'

एक बुजुर्ग आदमी ने कहा, "कमेटी ने अभी-अभी गाँव से 60 हजार टका वसूल करके उन्हीं लोगों को सौंप दिए हैं।" ग्रामवासियों ने कई एक नाम बताए और कहा कि इस पूरी वारदात की अगुआई एलिशकंदी के जहाँगीर मतबर ने की थी।

जहाजमारा गाँव के बीचोंबीच डॉ. रामकृष्ण मजूमदार का घर है। जब यह संवाददाता वहाँ पहुँचा तो श्री मजूमदार की पत्नी आलो रानी मलबे में से कुछ बीन रही थी। उसने कहा कि उसका पति और बच्चे बाहर गए हुए थे और वह खुद भी हमले के दिन से बाहर चले जाने के बाद एक दिन पहले ही गाँव लौटी थी। मकान खंडहर बन कर रह गया था। फर्नीचर, आलमारियाँ, बिस्तर, हिन्दू देवियों की मूर्तियाँ और बाकी सब वस्तुएँ या तो बरबार कर दी गई थीं, या फिर लूट ली गई थीं। नालीदार टीन से बनी घर की दीवारों को तेज हथियारों से काट कर टुकड़े-टुकड़े कर दिया गया था।

वहाँ मौजूद आदमियों और औरतों की एक छोटी सी भीड़ ने बताया कि मजूमदार एक लोकप्रिय डाक्टर था और गज़ारिया बाज़ार में अपनी एक दवाइयों की दुकान से अपनी डाक्टरी का काम चलाता था। वह किसी भी राजनीतिक दल से नहीं जुड़ा था और न ही किसी पार्टी के बारे में अपने कोई विचार व्यक्त करता था। लेकिन हमले के दिन हमलावर उसकी तलाश में थे। उन्होंने सिलसिलेवार उसके सारे सामान को नष्ट कर दिया या लूट लिया, जिसमें एक लाख टका से भी अधिक की दवाइयाँ भी शामिल थीं। आलो रानी जो कि बहुत चिंतित और खोई हुई दिखाई दे रही थी, ने कहा कि यदि हमलावरों को उसका पति मिल गया तो वे उसे फ़ौरन जान से मार देंगे। स्थानीय लोगों ने कहा कि मजूमदार की अच्छी शैक्षिक पृष्ठभूमि और गाँव में उसकी औसत से अधिक आय निहित गिरोह की आँख का काँटा बन गई थी।

उन्होंने बताया कि मजूमदार के भाग जाने के बाद, गिरोहों ने उसकी दवाइयों की दुकान पर कब्ज़ा कर लिया और उसके सारे फर्नीचर को वहाँ से हटाकर एक नाम पट्ट लगा दिया, जिस पर लिखा था, 'दुर्जय खेला घर।' विडंबना की बात यह

है कि कुछ स्थानीय लोगों ने कहा कि बी.एन.पी. कार्यकर्ता और अवामी लीग के कार्यकर्ता आपस में मिलकर दुर्जय खेला घर को एक क्लब के तौर पर चला रहे हैं।

एक स्कूल मास्टर ने कहा, "कल उन्होंने खुले आम लाल मिर्च की वे कई बोरियाँ बेच डालीं, जो कि डाक्टर ने दुकान में जमा कर रखी थीं।"

गाँववासियों ने कहा कि जो पहले कभी मजूमदार की दवाइयों की दुकान हुआ करती थी, वहाँ अब ममून शाहीन, जमाल, मुशर्रफ, कुद्दूस, जेवेल और शोहाग एक क्लब चला रहे हैं।

गाँव में हर कहीं हिन्दू परिवार बहुत भयभीत थे। जैसे ही यह पत्रकार मुख्य सड़क की ओर चलने लगा खेतों में काम कर रहे हिन्दू मज़दूर आकर बताने लगे कि अपने भविष्य के बारे में वे कितने अनिश्चित हैं। उन्होंने कहा कि वे मौका मिलने पर जल्द से जल्द अपने गाँव से चले जाएँगे। उनमें से बहुत से लोग यह नहीं बता पाए कि वे कहाँ जाएँगे?

(दि डेली स्टार, 10 नवंबर, 2001)

बदचलनी की हृदय विदारक कहानियाँ - 3

वे अभी तक भयभीत और असुरक्षित महसूस कर रहे हैं

स्टार पर्यटक टीम

भोला से पिरोजपुर, लक्ष्मीपुर से जेस्सोर और वहाँ से बागेरहाट, जहाँ कहीं भी दि डेली स्टार पर्यटक टीम हिन्दुओं के दमन की छानबीन करने के लिए गई, उसे हर कहीं एक जैसा देखने को मिला, जो कि भयानक था। हिन्दुओं के पास केवल इतना कुछ कहने को था कि किस प्रकार उन्हें लूट, उत्पीड़न, मारपीट और कुछ मामलों में बलात्कार का शिकार बनाया गया।

यह बिल्कुल स्पष्ट था कि हमलावर हिन्दुओं के कीमती सामान और भूमि को हथियाना चाहते थे और इस प्रक्रिया में महिलाएँ सहज ही शिकार बन जाती थीं।

दि डेली स्टार टीमों को सबसे ज़्यादा यह बात चुभी कि सरकार ने जुल्मों को रोकने और अपराधियों को सज़ा देने के लिए कोई कार्रवाई नहीं की। अधिकारियों ने हिंसापूर्ण अव्यवस्था से अपनी आँखें लगभग मूँद ही ली थीं।

आज तक हिन्दू जबरदस्त डर और असुरक्षा की स्थिति में रह रहे हैं। उन्हें ये सब यातनाएँ चुपके से झेलनी पड़ीं, क्योंकि हमलावरों द्वारा डराए जाने के कारण उन्हें ऐसा लगा कि उन घटनाओं के बारे में पुलिस या प्रशासन को सूचना देना उनके लिए सुरक्षित नहीं होगा और सरकार और स्थानीय अधिकारी यह सिद्ध करने के लिए कि मीडिया में छपी खबरें आधारहीन हैं या उन्हें या उन्हें बढ़ा-चढ़ा कर पेश किया गया है, इस बात पर डटे रहे कि इस प्रकार की घटनाएँ उनकी जानकारी में नहीं लाई गई।

हिन्दुओं को डराना-धमकाना और उन पर हमले किया जाना तब से जारी था, जब से कामचलाऊ सरकार ने ज़िम्मा संभाला था। यह बात दि डेली स्टार की टीमों के लिए कम दहलाने वाली नहीं थी। इस प्रकार की घटनाएँ अधिकतर ग्रामीण इलाकों में संकेंद्रित थीं, खासतौर पर दूरदराज़ इलाकों में जो कि फौरी प्रशासनिक अधिकार क्षेत्र से दूर थे।

हिन्दू व्यापारियों को अपनी स्थापना को सुरक्षित रखने के लिए भारी रकम अदा करनी पड़ती थी। फिर भी इस सुरक्षा की कोई गारंटी नहीं थी, क्योंकि बीसियों

स्थापनाओं को लूटा जा चुका था। बेचारे इन परिवारों को अपनी जायदादें औने-पौने भावों पर बेचनी पड़ रही थीं।

हमारी टीम जेस्सोर के मुनीरामपुर थाना के अंतर्गत आने वाले ऋषिपाड़ा में गई, यह जानने के लिए कि इस हिन्दू बहुल गाँव को बदमाशों ने रात के सन्नाटे में किस तरह से घेरा था। हमलावरों ने मकानों पर बाहर से ताले लगा कर उन्हें एक-एक करके दो घंटे तक लूटा था।

गाँव के एक पीड़ित, नवकुमार दास ने अपनी व्यथा-कथा, इस प्रकार सुनाई : "मैं 20 अक्तूबर को अपनी कुटिया के बरामदे में सोया हुआ था और मेरी पत्नी और तीन बच्चे कुटिया के अंदर सोए हुए थे। लगभग आधी रात को बहुत सी आवाज़ों की फुसफुसाहट सुनकर मेरी आँख खुल गई। छायाओं में से पाँच अनजाने व्यक्ति हाथों में छुरे लिए सामने आए। नकाबपोश आदमियों ने खुद को पुलिस सिपाही बताया। उन्होंने मुझे कुटिया के अंदर धकेल दिया और कमरे को बाहर से सिटकनी लगा दी। उसके बाद वे दूसरे घरों की ओर चले गए और उन्हें भी बाहर से उसी तरह से बंद कर दिया।"

"लगभग 15-20 मिनट बाद नकाबपोश आदमी लौटे और उन्होंने मेरी कुटिया की अच्छी तरह से तलाशी ले डाली और उन्हें जो कुछ वहाँ मिला उसे वे उठाकर ले गए।"

पंचानन कुमार दास, पवित्र कुमार दास और बहुत से अन्य व्यक्तियों ने अपनी डरावनी यादों को ताज़ा करते हुए ठीक वैसी कहानियाँ सुनाई। रबड़ की चप्पलों से लेकर पुराने कम्बलों तक को लुटेरे उठा कर ले गए।

"हमने दुर्गा पूजा के लिए नए कपड़े खरीदे थे। लेकिन हमलावर सब कुछ लूट कर ले गए," पवित्र बोला।

अस्सी बर्षीय धीरेंद्र दास ने कहा, "इस हमले का उद्देश्य था हमें अपने घरों से बाहर निकालकर हमारी भूमि को हथियाना।"

हिन्दुओं के नैतिक बल को कमज़ोर बनाने के लिए उन्हें डराया। धमकाया गया और मनोवैज्ञानिक यातनाएँ दी गई। "नौजवान मुझे गालियाँ देते हैं। कहते हैं मुझे यहाँ रहने का कोई हक नहीं है। वे मुझे भारत जाकर रहने को कहते हैं।" धीरेंद्र ने कहा।

जब पड़ोसियों से यह पूछा गया कि क्या बदमाशों ने औरतों को तंग किया था, तो वे चुप रह गए। केवल एक अधेड़ उम्र के आदमी ने बताया कि लड़कियों को पीटा गया था और उनके सोने के गहने छीन लिए गए थे।

एक आदमी ने, जिसकी हाल ही में शादी हुई थी, बताया कि हमलावरों को जब यह पता चला कि उसके पास देने को कुछ नहीं है तो वे आग-बबूला हो उठे। उन्होंने उसे धक्का मार कर कुटिया से बाहर कर दिया और अंदर से दरवाजा बंद

कर लिया। उसकी पत्नी कुटिया के अंदर थी। उसकी सिसकियों ने बाकी सारी कहानी कह दी।

प्रकृति रंजन मिश्र, जो कि लक्ष्मीपुर के चंपेरहाट हाई स्कूल में वरिष्ठ अध्यापक हैं, ने बताया कि बदमाश उससे 3 लाख टका की माँग करते रहे हैं।

चंपेरहाट गाँव के सुशील मजूमदार और आशू बिस्वास ने भी बताया कि आतंकवादी उनकी रक्षा करने के लिए उनसे पैसा माँगते रहे हैं। "अन्यथा, उन्होंने हमारे घर जला डालने की धमकी दी", सुशील बोला।

पिरोजपुर ज़िला के नाज़ीपुर थाना के अंतर्गत गाओखली में टीम ने स्थानीय मंदिर को तालाबंद पाया। उसके भीतर एक मंडप अधूरा छोड़ दिया गया था, जिसमें कार्तिक, लक्ष्मी, दुर्गा, महिषासुर, सरस्वती और गणेश की मूर्तियाँ आधी बनी छोड़ दी गई थीं।

बेलतला में सत्तर वर्षीय निकुंज बड़ाई ने कहा, "मेरे जीवन में पहली बार हम (दुर्गा पूजा) नहीं मना पाए।"

गाओखली से लगभग पाँच किलोमीटर दूर, पूर्वी साचिया के एक स्थानीय किसान शतगुण मंडल ने बताया कि किस प्रकार कई रातों तक उसकी नींद हराम रही।

मंडल ने कहा, "अपनी पहरेदारी करने के लिए हम बारी-बारी रात को बाहर रहते हैं। चुनाव के बाद हमें अपहरण और हफ़्ता वसूली की कई धमकियाँ मिली थीं।"

भोला में सदर थाना के अलीनगर यूनियन के अंतर्गत रुहिता के एक मंदिर में, हमारी टीम को देवी सरस्वती की एक मूर्ति क्षतिग्रस्त मिली। वहाँ भी हिन्दुओं ने बताया कि आतंकवादियों ने उनसे हफ़्ता वसूली की मांग की थी।

रुहिता के एक निवासी सत्यन ने बताया, "हमने खुद की रक्षा करने के लिए धन एकत्रित करने की कोशिश की। लेकिन हम इतने गरीब हैं कि आतंकवादियों को संतुष्ट करने के लिए हम थोड़ा सा भी धन नहीं जुटा पाए।"

बागेरहाट जिला के मोल्लारहाट थाना के अंतर्गत आने वाले बोरोगाउला गाँव की सुमति मलाकर, 56, उसकी बेटी और परिमल मिस्त्री की पत्नी, टुलू मिस्त्री, 17 उन यातनाओं को कभी नहीं भूल सकतीं जो उन्हें 4 अक्तूबर को झेलनी पड़ीं।

जिस मकान में माँ और बेटी सोई हुई थीं, उस पर लगभग 15 हथियारबंद गुंडों ने धावा बोल दिया। बदला लिए जाने के भय से परिमल वह इलाका छोड़कर भाग गया था। सुमति का पति पिछले पाँच वर्ष से गायब था और उसके बारे में यह आशंका थी कि वह मर चुका है।

तड़के लगभग दो बजे, बदमाश इस गरीब परिवार की सड़क किनारे की कुटिया में सेंध देकर घुस आए और चाकू दिखा कर माँ बेटी का घंटों तक सामूहिक बलात्कार करते रहे।

ये दोनों महिलाएँ जिस भयानक स्थिति में से गुजर चुकी थीं, उसको लेकर उन्हें इतना ज़बरदस्त सदमा पहुँचा था कि वे उसके बारे में बात भी नहीं कर पा रही थीं। लेकिन किसी तरह से परिमल मिस्त्री ने हमारे पास आकर बताया कि किस प्रकार वहशियाना ढंग से दोनों पीड़ित महिलाओं को यातनाएँ पहुँचाई गईं और उनका बलात्कार किया गया।

और क्योंकि पीड़ित महिलाएँ बलात्कारियों को नहीं पहचान सकती थीं, इसलिए उनके खिलाफ कोई कार्रवाई नहीं की गई थी।

(दि डेली स्टार, 11 नवंबर, 2001)

"उन्होंने एक आतंकवादी को ढूँढने के बहाने मेरे पिता को मार डाला"

नूरुल आलम, चिटागांग

नाज़िरहाट कॉलेज के कत्ल किए गए प्रिंसिपल गोपाल कृष्ण मुहूरी का परिवार उसके कत्ल के सात दिन बाद भी अपने घर पर सदमे की हालत में है।

उनके लिए शुक्रवार उस भयानक हत्या की याद लेकर आया है। जब यह पत्रकार नगर के जमाल ख़ान इलाके में इस परिवार के घर पर गया तो अपनी विधवा माँ के इकलौते बेटे सैकत मुहूरी ने हमें बताया "मेरी माँ विलाप कर रही है और उसने सुबह से कुछ खाया-पीया नहीं है।"

एक पूर्व स्वतंत्रता सेनानी, गोपाल चंद्र को एक आदर्श अध्यापक के रूप में जाना जाता था, जिसने कॉलेज को छात्र राजनीति से मुक्त रखा हुआ था, और कॉलेज में एक अनुकूल शैक्षिक वातावरण बना रखा था। लेकिन आतंकवादियों ने उसे जमात-शिबीर का आदमी समझ कर उसकी हत्या कर डाली थी।

यह पत्रकार सैकत की माता, उमा मुहूरी से बात करना चाहता था। लेकिन सैकत ने कहा, "वह इस सदमे से अभी उबर नहीं पाई है। इसलिए वह अभी बात नहीं कर सकेगी।"

जिस सोफे पर गोपाल चंद्र की हत्या की गई थी, वह फूलों से ढँका हुआ था। सैकत ने कहा कि वे पिछले 25 साल से दुमंजिला इमारत-शाओन-भवन के पहले तल पर किराए पर रह रहे थे। यह इमारत बहुत घनी आबादी वाले इलाके ऐरोलेन में स्थित है और यह इलाका व्यस्त जमाल ख़ान से केवल कुछेक सौ गज़ की दूरी पर है। इस इमारत पर पुलिस का पहरा था।

सैकत एक मेकेनिकल इंजीनियर है और वह शहर से दस कि.मी. दूर कुमीरा नामक स्थान पर एक प्राइवेट फैक्टरी में काम करता है।

सैकत ने बताया कि वह उस समय गुसलख़ाने में था जब बंदूकधारी आदमी उसके पिता को सिर पर गोली मार कर भाग गए।

“गोली चलने की आवाज़ सुनकर मैं गुसलख़ाने से बाहर आया तो देखा कि मेरे पिता का सिर गोलियों से ज़ख़्मी हो गया था और वे सोफ़ा पर झुके हुए थे। मैं बाहर की तरफ़ भागा और अपने पड़ोसियों को बुलाने के लिए चिल्लाया। लेकिन इस बीच हत्यारे भाग निकलने में सफल हो गए थे,” सैकत ने कहा।

“गोली चलने से पहले मैंने अपने पिता को यह कहते हुए सुना, “मैं नाज़िरहाट कॉलेज का प्रिंसिपल हूँ। मैं तय्यब के बारे में कुछ नहीं जानता,” सैकत ने बताया।

एक सवाल के जवाब में सैकत ने कहा कि उसके पिता की हत्या कॉलेज में चल रहे विवादों के कारण की गई हो सकती है।

“वास्तव में मेरे पिता कॉलेज की किसी भी समस्या के बारे में हमें कुछ नहीं बताते थे। वे हमें हमेशा पढ़ाई की तरफ़ लगन रखने की हिदायत देते थे।”

“मेरे पिता दूसरों को भी पढ़ाई में मेहनत करने की सलाह देते थे। उन्होंने कॉलेज के बहुत से गरीब छात्रों की मदद की थी। हर साल वे दस-बारह छात्रों को परीक्षा फार्म भरने के लिए अपनी जेब से पैसा दिया करते थे। मेरे पिता छात्रों को कैम्पस में राजनीति करने की इजाज़त नहीं देते थे। इससे कुछ निहित गिरोह उनसे ख़फा हो गए थे।”

सैकत ने कहा, “मेरे पिता 1989 में नाज़िरहाट कॉलेज के प्रिंसिपल बने थे और उस कॉलेज में वे कुछ ऐसे परिवर्तन लाए थे जिन्हें व्यापक रूप से सराहा गया था।”

गोपाल कृष्ण 1964 में बतौर एक अध्यापक इस कॉलेज में नियुक्त हुए थे। लेकिन 1976 में परीक्षा के दौरान छात्रों द्वारा नकल किए जाने के मुद्दे पर उस समय के प्रिंसिपल से झगड़ा हो जाने से उन्होंने यह कॉलेज छोड़ दिया था। “मेरे पिता कड़े उसूलों वाले आदमी थे और किसी दबाव में आकर वे झुकते नहीं थे” सैकत ने कहा।

“मेरे पिता के सद्गुणों और सिद्धांतों की कदरदानी के तौर पर कॉलेज कमेटी ने उन्हें 1989 में दोबारा नौकरी में ले लिया और उन्हें प्रिंसिपल बना दिया। वे अपनी हत्या होने तक वहाँ काम करते रहे,” सैकत ने कहा।

“कॉलेज कैम्पस में और उसके आस-पास पेड़-पौधे लगवाने के लिए मेरे पिता को बी.एन.पी. सरकार की तरफ से पुरस्कार भी मिले।”

“निहित समूह कॉलेज की संपत्ति को हथियाने पर तुले हुए थे। मैं समझता हूँ कि मेरे पिता की हत्या का एक कारण इन समूहों की ओर से कीमती पेड़ों को जबरदस्ती काटने का इरादा भी रहा हो सकता है।”

“मुझे इस बात पर गर्व है कि मेरे पिता एक स्वतंत्रता सेनानी थे, जो कि मुक्ति युद्ध के दौरान सैक्टर-1 में लड़े थे,” सैकत ने कहा।

गोपाल कृष्ण ने फ़टिकछड़ी थाना के अंतर्गत आने वाले अपने गाँव रोशनगिरी में एक लड़कियों का कॉलेज खुलवाया था। एक अध्यापक के रूप में अपने योगदान के लिए उन्हें लोगों के सभी वर्गों से ख्याति और सम्मान प्राप्त हुआ था।

श्री मुहूरी की हत्या के बाद हर आयु, जाति और धर्म के लोग सड़कों पर उतर आए और उन्होंने विरोध प्रकट करते हुए हत्यारों की तुरंत गिरफ्तारी और उन्हें दंडित करने की माँग की।

पुलिस उन चार गिरफ्तार किए गए आरोपियों से पूछताछ कर रही है, जिनके नाम रपट में दर्ज कराए गए थे। उनमें से तीन नाज़िरहाट कॉलेज के अध्यापक हैं और एक संदिग्ध हत्यारा है। पुलिस ने अन्य हत्यारों को भी गिरफ्तार करने के लिए खोज शुरू कर दी है।

(दि डेली स्टार, 24 नवंबर, 2001)

बांग्लादेशी हिन्दू 'वापस नहीं जाएँगे'

सैकड़ों बांग्लादेशी परिवार जो अपने देश में अत्याचार से बचने के लिए सीमा पार करके भारत आ गए थे, बांग्लादेश वापिस जाने से इनकार कर रहे हैं।

अब वे पश्चिम बंगाल के सरहदी जिलों में अपने रिश्तेदारों और मित्रों के यहाँ रह रहे हैं और वे स्थायी रूप से वहीं बने रहना चाहते हैं।

पश्चिम बंगाल के सीमांत नगर बोंगाँव में मैंने ऐसे कई बांग्लादेशी परिवारों को देखा जो पिछले महीने आम चुनावों के बाद भाग कर यहाँ चले आए थे।

भारतीय अधिकारियों द्वारा वापस भेजे जाने की किसी संभावित कार्रवाई से बचने के लिए ये परिवार ठाकुर नगर रेलवे स्टेशन के नजदीक एक गाँव में छिपे हुए थे।

इन परिवारों के पास सुनाने को भयानक कहानियाँ हैं। दीपाली अधिकारी ने, जिसने बांग्लादेश में अपने रिश्तेदारों के खिलाफ किसी बदले की कार्रवाई के भय से अपना असली नाम जाहिर नहीं किया, यह बताया कि किस प्रकार वह और उसके परिवार के सात और सदस्य किसी तरह से सीमा पार करने में सफल हो गए।

भयानक कहानियाँ

चुनाव के कुछ दिन बाद, कुछ हथियारबंद आदमी उनके घर में घुस आए और उनके पास जो कुछ भी था, वह सब लूट कर ले गए।

उन्होंने परिवार के मछलियों के तालाब में, जो कि उनकी आय का मुख्य स्रोत था, जहर घोल दिया।

उसके बाद वे चाकू दिखाते हुए दीपाली से मुख़ातिब हुए।

"हमारे गाँव में बने रहने के लिए उन्होंने हमसे एक लाख टका (1, 770 डालर) की माँग की", उसने कहा।

"उन्होंने धमकी दी कि अन्यथा हमें देश छोड़ना पड़ेगा।"

"यह केवल मेरे साथ ही नहीं हुआ। हमारे गाँव के दूसरे हिन्दू परिवारों को भी उसी यातना में से गुजरना पड़ा।"

"हमने पड़ोसी गाँवों में हथियारबंद गुंडों द्वारा हिन्दू महिलाओं का बलात्कार और उनकी हत्या किए जाने की कहानियाँ भी सुनी हैं," दीपाली ने कहा।

इसके बाद दीपाली के परिवार ने भारत आकर बसने का निश्चय कर लिया।

वे सरहदी इलाके में एक ऐसे आदमी से मिले जिसने पैसे लेकर उन्हें सुरक्षित भारत पहुँचा दिया।

दीपाली अपने माता-पिता को अपने पैतृक घर की देखरेख के लिए वहीं छोड़ आई।

लेकिन मीता रानी राय इतनी सौभाग्यशाली नहीं थी।

मैं मीता से उत्तरी बंगाल में स्थित मालदा में मिला।

मीता रानी के गाँव पर जब एक आधी रात के समय हमला हुआ तो वह अपने एक साल के बच्चे को लिए कुछ हिन्दू परिवारों के साथ वहाँ से भाग आई।

श्री बैरागी ने कहा कि उसने भी देश छोड़ने का इरादा बना लिया है क्योंकि अब हिन्दू उस इलाके में सुरक्षित नहीं रहे।

चुनाव के बाद बांग्लादेश छोड़कर आए हिन्दुओं की संख्या के बारे में कई भ्रम में डालने वाली खबरें सुनने को मिली हैं।

बांग्लादेश रिफ्यूजी वेलफेयर कौंसिल, जो कि भारत में बांग्लादेशी हिन्दू प्रवासियों का कोलकाता आधारित एक ग्रुप है, का यह दावा है कि पिछले डेढ़ महीने में लगभग, एक लाख लोग भारत में दाखिल हुए हैं।

कौंसिल के सचिव बिमल मजूमदार का यह कहना है कि वापस भेजे जाने के भय से बहुत से बांग्लादेशी हिन्दू अपनी पहचान को गुप्त रखते हैं।

लेकिन पश्चिम बंगाल की वाममोर्चा की सरकार का यह कहना है कि ये आँकड़े बहुत ज़्यादा बढ़ा कर बताए गए हैं।

मोर्चे के अध्यक्ष बिमान बोस का कहना है कि बांग्लादेशी हिन्दुओं का हालिया देशांतरण इतने भयप्रद स्तर तक नहीं पहुँचा है।

"लेकिन जो भी स्थिति हो, हमने सरकार से यह अनुरोध किया है कि वह बांग्लादेश में अल्पसंख्यक हिन्दुओं की सुरक्षा और संरक्षा को सुनिश्चित करने के लिए उस देश की सरकार के पास इस मुद्दे को उठाए," श्री बोस ने बी.बी.सी. को बताया।

बांग्लादेश सरकार निरंतर इस बात से इनकार करती रही है कि कोई हिन्दू देश छोड़कर भारत आया है।

एक सरकारी जाँच से यह पता चला है कि हिन्दुओं के कथित दमन की अधिकतर मीडिया रिपोर्ट बढ़ा-चढ़ा कर पेश की गई हैं।

एक वरिष्ठ बांग्लादेशी मंत्री अब्दुल मन्नान भुइयाँ का कहना है कि मीडिया में इस मुद्दे को लेकर जो खबरें आती रही हैं उनमें सच्चाई बहुत कम है। "बहुत थोड़े से मामलों में अल्पसंख्यक हिन्दुओं के दमन की घटनाएँ देखने को मिली हैं।"

"उन मामलों में हम उन अधिकारियों के खिलाफ कार्रवाई कर रहे हैं जिन्होंने अल्पसंख्यकों की जानें बचाने में कोताही बरती।"

लेकिन नागरिक अधिकार समूह सरकार के इस मुद्दे से निपटने के तरीके से नाखुश हैं।

आइनो सलीश केंद्र जो कि ढाका का एक मानव अधिकार संगठन है, ने उच्च न्यायालय में एक याचिका दायर की है जिसमें हिन्दुओं के कथित दमन की एक स्वतंत्र जाँच कराने की माँग की गई है।

"हम सारी रात जंगलों में से भागते रहे और खाइयों को पार करते रहे और तब तक नहीं, रूके जब तक हमने सीमा पार नहीं कर ली," मीता ने कहा।

जिस दिन मीता अपने देश से भागी, उस दिन उसका पति अनिल चंद राय घर पर नहीं था।

"तब से अपने पति से मेरा कोई संपर्क नहीं हो पाया।"

"मुझे नहीं मालूम कि वह यह जानता है कि हम भारत में हैं।"

जब से बांग्लादेश में प्रधानमंत्री ख़ालिदा ज़िया की सरकार सत्ता में आई है तब से हुए अपने भयानक अनुभवों के बाद न तो दीपाली और न मीता रानी लौट कर बांग्लादेश जाना चाहती हैं।

बांग्लादेश में हिन्दुओं को आम तौर पर पूर्व प्रधानमंत्री शेख़ हसीना की अवामी लीग पार्टी के समर्थकों के रूप में देखा जाता है।

हिन्दुओं का यह मानना है कि लीग के आदर्श धर्मनिरपेक्ष हैं।

शेख़ हसीना की पार्टी को चुनावों में अपमानजनक हार का सामना करना पड़ा और उसने विरोधियों को चुनावों में गड़बड़ी करने और अल्पसंख्यक मतदाताओं को डराने-धमकाने का दोषी ठहराया है।

चुनावों के बाद से हिन्दू समुदाय के विरुद्ध व्यापक हिंसा और उनकी संपत्ति को नष्ट करने की बहुत सी खबरें बांग्लादेशी प्रेस में छपती रही हैं।

बांग्लादेश पहुँचकर मैं दक्षिणी बागेरहाट जिला में स्थित दीपाली के गाँव गया जहाँ उसके माता-पिता रहते हैं। वे उन थोड़े से निवासियों में से हैं जो अभी वहाँ रह रहे हैं।

हिन्दू बहुल गाँव निर्जन दिखाई दे रहा था।

दीपाली के पिता गणेश बैरागी ने मुझे बताया कि 250 परिवारों में से लगभग आधे, गाँव छोड़ कर चले गए हैं।

(यह रिपोर्ट बी.बी.सी वेबसाइट से डाउनलोड की गई है।)

बी.एन.पी. छात्र कार्यकर्ताओं द्वारा ईसाई गाँव पर हमला और उसकी लूटपाट

बी.एन.पी. (मुख्य शासक दल) के छात्र कार्यकर्ताओं के समूह बी.सी.डी. ने एक ईसाई गाँव पर हमला कर दिया जिसमें उन्होंने अपना निशाना बनाया एक ईसाई कवि और एक गैर-सरकारी संस्था के कार्यकर्ता श्री हेनरी स्वप्न को। उसके घर को उन्होंने लूटा और उसे तोड़ कर गिरा दिया। हमलावरों ने कवि के बूढ़े माता-पिता और भाई को भी पीटा। पूरा ईसाई गाँव (35 परिवार और घर) भयभीत हैं। पुलिस ने मौके का दौरा किया है। यह घटना 19 नवंबर को शाम के समय घटी।

चश्मदीद गवाह ने बताया कि शाम 7:30 बजे सुपरिचित बी.एन.पी. छात्र कार्यकर्ताओं ने ईसाई गाँव पर हमला कर दिया और खुले आम यह घोषणा की कि वे बी.एन.पी. छात्र नेता मुशीर आलम सेतू के ग्रुप के सदस्य हैं। उन्होंने कहा कि उनके खिलाफ किसी ताकत का इस्तेमाल न किया जाए। उन्होंने युवा कवि और एक गैर-सरकारी संस्था कें कार्यकर्ता श्री स्वप्न के पैतृक घर पर हमला किया और उसे लूटा और चीजों और फर्नीचर को तोड़ा-फोड़ा और टेलीविजन, पंखे और अन्य कीमती सामान अपने साथ ले गए। घर से जाने से पहले उन्होंने स्वप्न के बूढ़े माता-पिता, श्रीमती लीलावती हलदर और श्री जान हलदर और उसके भाई क्षितीश हलदर को बेरहमी से पीटा। हमलावरों के अनुसार इस घर पर हमला करने का कारण यह था कि स्वप्न अवामी लीग के छात्रे मोर्चे बी.सी.एल. से जुड़ा हुआ था। पुलिस ने किसी को गिरफ्तार नहीं किया।

(दि डेली प्रोथोम आलो, 20 नवंबर, 2001)

पैसा दो या तो हर रात एक लड़की दो : ख़तरे के साये में रह रहे 50 ईसाई परिवार

उपजिला बोराई ग्राम, जिला नाटोर : देश के सबसे प्रजातांत्रिक और धर्मनिरपेक्ष समाचार-पत्र डेली जनकंठ में 8 दिसंबर को यह खबर छपी कि जिला नाटोर के उपजिला बोराई ग्राम के अंतर्गत आने वाले गाँव चतियांगाचा में 50 परिवारों की जवान होती लड़कियाँ भय और खतरे के साये में जीवन बिता रही हैं। खबर में यह बताया गया है कि जिन माँ-बाप के घर में जवान बेटियाँ हैं, उनकी रात की नींद हराम हो गई है। रात को बी.एन.पी. के समर्थन प्राप्त आतंकवादी मोटर साइकिलों पर आते हैं और एक-एक घर में जाकर जवान लड़कियों को तलाशते हैं। उनकी माँग यह होती है कि या तो 10-20 हजार टका धन दो या हर रात एक लड़की दो। जैसे ही इस गाँव के ईसाई बाशिंदे मोटर साइकिल की आवाज सुनते हैं, वे थर-थर काँपने

लगते हैं और अपनी औरतों और लड़कियों को छिपाने लग जाते हैं।

बोराई ग्राम में 50 ईसाई परिवार हैं, जो वहाँ बरसों से रह रहे हैं। 1 अक्तूबर को आम चुनाव के बाद बी.एन.पी. के कार्यकर्ता और उनके सहयोगी इन परिवारों के खेंतों से धान की पकी हुई फसल ले गए। उसके बाद उनकी निगाहें इन ईसाई परिवारों की जवान होती लड़कियों पर टिक गईं। हर रात ये आतंकवादी गाँव में जाकर परिवार के मुखिया को नाम से पुकारते हैं और फिर उसकी बेटी की माँग करते हैं। कभी-कभी वे लड़कियों को नाम लेकर भी बुला लेते हैं। जब लड़की का पिता अपने घर से बाहर आता है तो आतंकवादी उससे 10-20 हज़ार टका की माँग करते हैं और 7-10 के भीतर भुगतान की तारीख तय कर देते हैं। यदि वह धन देने में असमर्थ होता है तो वे कहते हैं, "तब तुम्हें आज की रात के लिए एक लड़की देनी होगी।"

जिमी कोरैय्या ढाका का निवासी था लेकिन लगभग 60 वर्ष पहले वह बनपाड़ा मिशन के अंतर्गत चतियांगाचा चला गया था। उसने पत्रकार/ संवाददाता से पूछा, "यह किस किस्म का देश है? अगर मैं धन की माँग पूरी नहीं कर पाता तो मुझे उसके बदले अपनी बेटी देनी पड़ती है।" उसकी बेटी सफोला अगले वर्ष एस.एस. सी. की परीक्षा देने वाली है। तीन दिन तक आतंकवादी सफोला का अपहरण करने की कोशिश करते रहे। स्थानीय लोगों से पता चला है कि बोराई ग्राम उपजिला के युवा दल के महासचिव सनाउल्लाह नूर बाबू और उसके सहयोगियों, ताज, मुज़म्मल, हकीम, इक़बाल, बाबुल, बशर और बेलाल ने आतंक मचा रखा है। वे बहुत बड़ी रकम की माँग रखते हैं और उसके भुगतान का समय और तारीख निश्चित कर देते हैं। अगर वे भुगतान नहीं कर पाते तो हर परिवार को झूठे आरोपों का नोटिस भेज दिया जाता है। उन्होंने बनपाड़ा बाज़ार में एक यंत्रणा सेल स्थापित किया हुआ है। जो लोग उनकी रकम नहीं दे पाते या उनकी मांगें पूरी नहीं कर पाते उन्हें यंत्रणा सेल में ला कर तब तक यंत्रणा दी जाती है जब तक वे झूठे आरोपों को स्वीकार नहीं कर लेते। तब आतंकवादी उनके अपराध के लिए उन्हें जुर्माना अदा करने पर मजबूर करते हैं। सनाउल्लाह नूर बाबू द्वारा हस्ताक्षरित पत्र कई घरों में देखा गया है। ऐसा एक पत्र श्री जोसेफ गोम्स को भी मिला था। वह हरोआ गाँव (चतियांगाचा के नज़दीक) रहता है।

जब मैंने अख़बार में यह खबर पढ़ी तो मैंने आर्च बिशप रोज़ेरियो को टेलीफोन करके पूछा कि क्या वे इस मामले के बारे में जानते हैं। उन्होंने कहा कि उन्होंने यह खबर अख़बार में देखी थी। नोट्रे डेम कॉलेज के एक अध्यापक ने भी उन्हें इसके बारे में बताया था। उन्होंने मुझे गृहमंत्री को टेलीफोन करके इस मामले में आवश्यक कार्रवाई का अनुरोध करने को कहा। मैंने 8 दिसंबर को गृहमंत्री श्री अल्ताफ़ हुसैन चौधरी को टेलीफोन किया। इसके अलावा मेरे पास एक और ईसाई से संबंधित

सूचना भी थी जो खुलना के उपजिला बागेरहाट के मोंगला गाँव में अपने घर से उस समय भाग गया था जब बी.एन.पी. के छात्र कार्यकर्ताओं से जुड़े स्थानीय आतंकवादियों ने उसके घर और ज़मीन पर गैर-कानूनी कब्जा कर लिया था। गृहमंत्री ने मुझे बताया कि वे दोनों मामलों में कड़ी कार्रवाई करेंगे।

(दि डेली जनकंठ, 8 दिसंबर 2001)

चतमोहर में ईसाई अल्पसंख्यकों पर बार-बार किए जा रहे हमले

चतमोहर पुलिस थाने के अंतर्गत आने वाले फोइलजना और कदमतली नामक गाँवों में आतंकवादियों ने ईसाई अल्पसंख्यकों पर 12 मार्च की रात को फिर से हमला किया। उन्होंने गाँवों के घरों की चीज़ों को उलटा-पलटा और कुछ सामान लूट कर ले गए और साथ ही 25 हजार टका की माँग पूरी न होने पर उन्होंने हमले के दौरान दस आदमियों को घायल भी कर दिया। पुलिस ने इस हमले को 'डकैती' बताया। ऐसे ही हमले बी.एन.पी. के कार्यकर्ताओं ने 26 और 27 फरवरी को भी किए थे। यह हमला एक तरह से उनकी पुनरावृत्ति था। फोइलजना और कदमतली के लगभग 50 लोगों ने 15 मार्च को पाबना प्रेस क्लब जाकर इस घटना के बारे में बतलाया!

कदमतली गाँव के बिने रिबेरो, मंटू रिबेरो, सुशांत पेरेरा और यूपी के पूर्व अध्यक्ष मुहम्मद अमजद हुसैन ने पत्रकारों को बताया कि बी.एन.पी. के जाने पहचाने स्थानीय कार्यकर्ताओं और क्रियावादियों, जिन्नाह, पुत्र गोहर अली, अफ़सर अली, पुत्र नौशेर अली, शाहिद पुत्र शानू खान, जाली पुत्र अब्दुल ग़नी, शजा पुत्र मुसेब अली, आजाद पुत्र अंसर, शफीकुल पुत्र जनाब अली और आदम की अगुआई में आतंकवादियों ने कदमतली पर हमला कर दिया और श्री जान रिबेरो (80) से 25 हजार टका की माँग की। जान ने रकम देने से इनकार कर दिया। रात को इसी गिरोह ने जान के घर पर धावा बोल दिया। उन्होंने घर और फर्नीचर को बहुत ज़्यादा नुकसान पहुँचाया और वहाँ से 3 लाख टका का सोना और दूसरी कीमती चीजें लूट कर ले गए। उन्होंने 10 लोगों की पिटाई भी की और उन्हें जख्मी करके छोड़ गए।

(दि डेली जनकंठ, 16 मार्च, 2002)

हमारे स्रोतों ने ख़बर दी : 12 मार्च को एक और हमला जान मंटू रिबेरो के घर पर हुआ। उसे बुरी तरह-से पीटा गया और उसका सिर एक तेज़ चाकू से ज़ख्मी कर दिया गया। उसे बहुत ही नाजुक हालत में पाबना जनरल अस्पताल में दाखिल करा दिया गया है। यह ख़बर मिली थी कि उस दिन पाँच लोग जान के घर आए और उससे 25 हजार टका की माँग की। उसने कहा कि वह उन्हें उतनी रकम नहीं

दे सकता। तब वे वहाँ से चले गए। ये पाँच लोग थे : जिन्नाह पुत्र गोहर ख़ान, शफीकुल पुत्र जनाब अली, जलील पुत्र अब्दुल गनी, आज़ाद पुत्र अन्सर, शजा पुत्र मुसेब अली।

हमारे स्रोतों ने ख़बर दी कि ये लोग नवंबर में मंटू के पास गए थे और उससे ऊपर बताई गई रकम माँगी थी। लेकिन मंटू ने रकम देने से इनकार कर दिया। 12 मार्च को ये लोग दोबारा मंटू के घर गए और उससे कहा, हमने जो रकम माँगी थी, वह तुमने अभी तक नहीं दी। इस बार, अँधेरे में खड़े हुए दो और लोग पहचान लिए गए। वे थे अफसर पुत्र नौशेर अली और शाहिद पुत्र शानू। ये दोनों साइपेई गाँव के थे। इन हमलावरों के पास घातक हथियार थे।

स्रोतों से यह भी पता चला कि सबल मंडल के घर पर भी ऐसी घटना घटी थी, जिसकी वजह से पुलिस उसके घर पर पहरा दे रही थी। 12 मार्च को सुबह पुलिस सुरक्षा वापस लिए जाने के बाद उसी दिन मंटू के घर पर हमला हुआ। हमलावरों ने घर को लूटा और 3 लाख टका का कीमती सामान वहाँ से ले गए। उन्होंने घर के कुछ सामान को नष्ट भी किया और धमकी दी कि वह इस घटना की रपट दर्ज न कराए। इस घटना की रपट पुलिस के यहाँ दर्ज करा दी गई है लेकिन पुलिस का व्यवहार बहुत ही रहस्यमय है। शिकायत में मामले के बारे में जो कुछ लिखा गया था और जो हकीकत थी, पुलिस ने उसके मुताबिक रपट दर्ज नहीं की। पुलिस ने अपनी मर्जी के मुताबिक मामला दर्ज किया और उसमें पहचाने हुए उन लोगों के नामों का कोई उल्लेख नहीं किया जिनके नाम शिकायत में गिनाए गए थे। इसे एक 'डकैती' के मामले के तौर पर दर्ज किया गया। लेकिन स्रोतों ने कहा कि यह शुद्ध डकैती का मामला नहीं था।

उल्लेखनीय है कि इन गाँवों में 26 और 27 फरवरी को हमले होने के बाद फोइलजना बाज़ार में एक आरज़ी पुलिस चौकी कायम कर दी गई थी। 12 मार्च को सबल के घर और फोइलजना बाज़ार से पुलिस के हटाए जाने के बाद उसी रात को यह 'डकैती' की वारदात हुई।

(स्रोत : हाटलाइन बांग्लादेश)

नाटोर में ईसाई अब भी संत्रस्त हैं

पुलिस एक जे.सी.डी. नेता मुहम्मद इकबाल को गिरफ्तार करके हिरासत के लिए ढाका ले गई है। लेकिन क्योंकि और आतंकवादी अभी इर्द-गिर्द मौजूद हैं, इसलिए ईसाइयों की रात की नींद और दिन का चैन हराम हो गया है। 8 दिसंबर को जनकंठ में "यदि धन नहीं दे सकते तो अपनी बेटी दो : पचास ईसाई परिवारों की धमकी के कारण रात की नींद हराम" शीर्षक अंतर्गत खबर छपने के बाद, जब यह मामला हाटलाइन कार्यालय से गृहमंत्री की जानकारी में लाया गया तो हरोआ और नाटोर

में पुलिस बहुत सक्रिय हो गई और उसने 4 बी.एन.पी. कार्यकर्ताओं के खिलाफ, जिनमें नाटोर का उपजिला जे.सी.डी. महासचिव सनाउल्लाह नूर बाबू भी शामिल था, जिमी क्रूज़ की रपट दर्ज कर ली। इन कार्यकर्ताओं में से एक इकबाल को गिरफ्तार कर लिया गया। बाकी तीन अभी इर्द-गिर्द मौजूद हैं जिसके कारण ईसाई अभी तक सुरक्षित नहीं हैं। वे ईसाइयों को धमकी दे रहे हैं और उनसे अपराधियों के खिलाफ मामला वापस लेने को कह रहे हैं।

(दि डेली जनकंठ, 4 जनवरी, 2002)

सावर में ईसाइयों के गाँव पर हमला, 10 घायल

कुछ आतंकवादियों ने, जिन्होंने खुद को सत्तारूढ़ दल बी.एन.पी. की छात्र शाखा का कार्यकर्ता बताया, 6 मार्च की आधी रात को सावर, ढाका की बिरूलिया यूनियन के अंतर्गत आने वाले ईसाई गाँव कमलापुर पर हमला कर दिया। इस संबंध में सावर थाना में मामला दर्ज करा दिया गया है। इस गिरोह का सरगना कुख्यात आतंकवादी सेंतू है और यह गिरोह 'सेंतू गिरोह' कहलाता है। सावर के ईसाई गाँवों के लोगों को सेंतू गिरोह ने बंधक बना रखा है।

विभिन्न सूत्रों से पता चला है कि सेंतू और शौकत ने जो कि इस इलाके के कुख्यात आतंकवादी हैं ईसाई गाँव में एक व्यक्ति से रकम की माँग की लेकिन उस व्यक्ति ने रकम देने से इनकार कर दिया। उसके परिणामस्वरूप, जिस व्यक्ति से रकम माँगी गई थी उसकी बेटी के घर पर उक्त आतंकवादियों की अगुवाई में, हथियारबंद बदमाशों के एक गिरोह ने रात को लगभग 8 बजे हमला कर दिया।

उस समय उस महिला का पति घर पर नहीं था। हमलावरों ने महिला का बलात्कार करने की कोशिश की। लेकिन वह जब चीखी चिल्लाई, तो पड़ोसी उसे बचाने के लिए आ गए। जो लोग उसे बचाने आए थे उनमें कुछ मुसलमान भी थे। इस पर हमलावरों को गुस्सा आ गया और उन्होंने पड़ोस के और घरों पर भी हमला कर दिया जिनमें अशानुल्लाह और शहादत अली के घर भी शामिल थे। इन हमलावरों ने इन घरों की तलाशी ली और बहुत सा माल लूट कर ले गए। इस हमले के दौरान 10 व्यक्ति जख्मी हो गए जिनमें स्थानीय मस्जिद के इमाम मौलाना मिनहाज, सुशांत रोजेरियो, सुनील रोजेरियो, आनंद रोजेरियो और सुश्री मोनिका रोजेरियो शामिल थे।

ये बदमाश दो घंटे तक घरों की चीजें उलटते-पलटते रहे। इस दौरान इतना आतंक छाया रहा कि किसी ने इन अत्याचारों के प्रति विरोध प्रकट करने का साहस नहीं किया। पुलिस को सूचित किया गया, लेकिन दो घंटे की उठापटक के दौरान न तो वह मौके पर आई और न कोई तुरंत कार्रवाई की।

जब पत्रकारों ने पुलिस से संपर्क किया, तो सावर पुलिस थाना के प्रभारी ने

इस बात से इनकार किया कि उसे इस घटना के बारे में कोई जानकारी है। लेकिन बाद में उसने माना कि इस प्रकार की घटना घटी है।

(प्रोथोम आलो, 8 मार्च, 2002)

कल्पना चकमा का अपहरण

16 मार्च को स्थानीय बी.एन.पी. कार्यकर्ताओं और अन्य सहयोगी दलों के कार्यकत्ताओं ने मिलकर, अलीकदम, बंदेरबन से किशोरावस्था की एक जनजातीय लड़की और एस.एस.सी. परीक्षार्थी, कल्पना चकमा (16) का अपहरण कर लिया। वह एस.सी.सी. की परीक्षा में नहीं बैठ सकी। किसी को भी यह मालूम नहीं हो सका कि वह लड़की कहाँ है?

(दि डेली जनकंठ, 17 मार्च, 2002)

खगराचारी के मंदिर में पुजारी की हत्या

28 और 29 अप्रैल को खगराचारी के पहाड़ी जिले में घटी अलग-अलग घटनाओं में दो व्यक्तियों की हत्या हो गई, जिनमें एक हिन्दू पुजारी था और एक आदमी जख़्मी हो गया। मानिकचारी उपजिला के राधा मोहन आश्रम के पुजारी मोहन गोपाल (45) की अपराधियों के एक गिरोह ने 28 अप्रैल की रात को छुरा मारकर हत्या कर दी। अपराधी मंदिर से एक सोने की मूर्ति भी लूट कर ले गए।

मंदिर के कर्ताधर्ताओं ने कहा कि पुजारी की हत्या कुछ बदमाशों/अपराधियों द्वारा माँगी गई अवैध रकम को लेकर पैदा हुए विवाद का परिणाम थी। पुजारी ने उनकी मांग के सामने झुकने से इनकार कर दिया था।

पुलिस ने शक के आधार पर एक सांवर हुसैन नामक व्यक्ति को गिरफ्तार कर लिया है। हिन्दुओं ने हत्या के बाद एक विरोध रैली निकाली और अपराधियों को दंडित करने की माँग की।

(दि डेली स्टार, 30 अप्रैल, 2002)

गारो समुदाय आतंकित

मशूपुर से कैमोनाशीष : पिछले छह वर्षों के दौरान पाँच जनजातीय व्यक्तियों की हत्या कर दी गई है। इनमें से कोई भी मामला न्यायालय के जरिए तय नहीं हुआ। उसके परिणामस्वरूप इस इलाके के जनजातीय लोग आतंकित और भयभीत हैं। गिदिता रेमा, लिंथनाथ, बिहेन नोकरेक, अबीर दोफो और सेंतू कोकरेक के रिश्तेदारों के पास बहुत से शुभचिंतकों ने आकर सहानुभूति प्रकट की है। उपर्युक्त व्यक्ति जाने पहचाने स्थानीय बदमाशों के हाथों मारे गए थे। लेकिन कुछ दिन बाद हर कोई

उन्हें भूल गया। शांतिप्रिय गारों ने इन सब हत्याओं के प्रति विरोध प्रकट किया। किंतु उसका कोई परिणाम नहीं निकला। हत्यारे अभी तक अपने-अपने स्थानों पर खुले घूम रहे हैं। दूसरी तरफ पीड़ितों के संबंधी अमानवीय स्थिति में जीवन बिता रहे हैं।

इन हत्याओं में आख़िरी शिकार बना मधुपुर जिला के जलछत्र पारीश उपजिला के अंतर्गत आने वाले गाँव पूर्वी तेलगी का सेंतू कोकरेक। वह गारों और मुसलमानों के बीच इस इलाके का एक सच्चा क्रांतिकारी युवक माना जाता था। मइमनसिंह जिला के गबतली इलाके के गुंडे और बदमाश शराब पीकर तलेकीपाड़ा की औरतों और लड़कियों को छेड़ा करते थे। सेंतू ने इसका कड़ा विरोध किया। इसलिए गुंडे सेंतू से क्रोधित हो उठे।

16 फरवरी को सेंतू कोकरेक और बिकलू हदीमा का 15 फरवरी को खेले गए क्रिकेट खेल को लेकर पैदा हुए विवाद के परिणामस्वरूप 15-17 हत्यारों द्वारा अपहरण कर लिया गया और उन्हें एक कचरा उठाने वाले ट्रक के जरिए मुक्तगाचा, मइमनसिंह ले जाया गया। बिकलू तो किसी तरह से हत्यारों से बच निकला लेकिन सेंतू की गोली मार कर हत्या कर दी गई। उसकी लाश को मुक्तगाचा कार्यालय के सामने फेंक दिया गया। पुलिस ने इस मामले में 30 व्यक्तियों को गिरफ्तार किया, लेकिन मुख्य हत्यारे अभी तक मुक्त घूम रहे हैं।

एक जनजातीय औरत गदिता राम (25) की 20 मार्च, 2001 को उस समय बेरहमी से हत्या कर दी गई जब वह अपनी छोटी बहिन को अपहरणकर्ताओं के चंगुल से बचाने के लिए गई। गदिता का परिवार आर्थिक रूप से पूरी तरह उसी की आय पर निर्भर था। उसकी मृत्यु के पश्चात् उसके माता-पिता दारुण दरिद्रता और असुरक्षा का जीवन बिताने लगे। उसके दो बच्चे लिपू और पपिया असहाय और अनाथ हो गए। पुलिस द्वारा गिरफ्तार किए गए सभी अभियुक्त जमानत पर छोड़ दिए गए हैं और वे अब परिवार को मामला वापस लेने के लिए धमका रहे हैं। दूसरी तरफ उन लोगों के खिलाफ मामले दर्ज कर लिए गए हैं। जिन्होंने हत्या के प्रति विरोध प्रकट किया था और उन्हें कथित रूप से विरोधियों और पुलिस द्वारा सताया जा रहा है।

24 दिसंबर, 1999 को जब एक जनजातीय नौजवान लिंथनाथ हादिया ने एक सड़क को नाजायज तौर पर बंद किए जाने का विरोध किया तो उसकी हत्या कर दी गई। उसे कुछ बदमाशों ने क्रिसमस उत्सव की पूर्व सुखद संध्या को दिन दहाड़े मनमाने ढंग से काट कर मार डाला। इन बदमाशों में शामिल थे रंजन, हशमत और अकबर। पुलिस अभी तक मुख्य हत्यारे रंजन को गिरफ्तार नहीं कर पाई। उसके जो कुछ साथी गिरफ्तार किए गए थे अब वे भी जमानत पर छोड़ दिए गए हैं। लिंथनाथ की हत्या के बाद उसकी माँ पदमा हादिया लोगों से भीख माँग कर गुज़ारा

करने लगी क्योंकि लिंथनाथ ही उसका एकमात्र सहारा था और वही आजीविका कमाता था। उसके छोटे भाई का पढ़ना-लिखना अब बंद हो गया है।

8 नवंबर, 1999 को शजिया गाँव के अधीर दोफो की हत्या कर दी गई। उस दिन तीन गारो लड़कियाँ मोधूपुर राष्ट्रीय उद्यान के शाल/टिका बाग से आलू चुनने गई थीं। ऐसे में उद्यान के एक पहरेदार ने उनमें से एक लड़की का बलात्कार करने की कोशिश की। वह चिल्लाई तो अधीर दोफो, जो कि नज़दीक के अनानास के बाग में काम कर रहा था उसे बचाने के लिए मौके पर पहुँचा। पहरेदार ने उस पर गोली चला कर उसे जख़्मी कर दिया। कुछ दिन बाद उसकी मौत हो गई। अधीर की पत्नी ने पुलिस में रपट दर्ज कराई। दूसरी तरफ पहरेदार अब्दुर्रहमान ने 9 नवंबर को दोफो के खिलाफ हत्या की कोशिश का मामला दर्ज करा दिया। इन मामलों का अभी तक कोई फैसला नहीं हो पाया और न ही इस मामले में कोई जाँच पड़ताल की गई है।

10 अप्रैल, 1996 को जयनागाचा गाँव (जिला मइमनसिंह) के बिहेन कोकरेक की जो कि छह बच्चों का पिता था, जंगल के पहरेदार ने उस समय गोली मार कर हत्या कर दी, जब वह जंगल में जलाने के लिए लकड़ियाँ चुनने गया। मामला इस समय एक न्यायाधीश की अदालत में विचाराधीन है। दो गवाहों, लेजूश कोकरेक और सजीदत को वन विभाग के लोग तक परेशान कर रहे हैं। उन्होंने इन दो गवाहों के खिलाफ पाँच-छह झूठे मुकदमें दायर करा रखे हैं। उन्होंने इन गवाहों को केवल परेशान करने और हत्या के मामले में उन्हें गवाही देने से रोकने के लिए ही ऐसा किया है।

जनजातीय नेता ऐंथनी यंगसंग ने कहा कि गारो जनजाति के लोगों की हत्या के उपर्युक्त मामलों की तरफ कोई ध्यान न दिए जाने के कारण ही हत्याओं का सिलसिला अभी तक जारी है। यदि यह स्थिति जारी रही तो गारो जाति का इस इलाके से पूरी तरह से सफाया हो जाएगा। श्री बेनेडिक्ट यंगसंग, जो कि मोधूपुर गढ़ (वन) तथा भूमि अधिकार रक्षा समिति के पूर्व अध्यक्ष हैं ने कहा—हम जनजातीय लोग उत्पीड़ित और उपेक्षित और अपने अधिकारों से वंचित हैं। उसके परिणामस्वरूप एक के बाद एक मांडी/गारो जाति के व्यक्ति को अपने जीवन की बलि देनी पड़ रही है। हम इन सब हत्याओं के मामलों में न्याय चाहते हैं।

(प्रोथोम आलो, 11 मार्च, 2002)

चिटागांग में पुजारी की हत्या

मुख्य संदिग्ध व्यक्ति अब भी आज़ाद घूम रहा है : मानिकचारी के गच्छाबिल मंदिर के मुख्य पुजारी मदनगोपाल गोस्वामी की हत्या के मामले में मुख्य संदिग्ध व्यक्ति को हत्या के 18 दिन बाद भी अभी तक गिरफ्तार नहीं किया गया है।

पुलिस सूत्रों ने बताया कि उन्हें हत्या का सुराग मिल गया है लेकिन मुख्य संदिग्ध अभियुक्त अभी तक फरार है।

दि बांग्लादेश अब्जर्वर से बात करते हुए चिटागांग रेंज के अपर पुलिस उपमहानिरीक्षक कालीपद सरदार ने कहा, "पुजारी की हत्या रकम वसूली-संबंधी विवाद के कारण हुई थी और इस हत्या में एक स्थानीय आतंकवादी का हाथ था।"

लेकिन उपमहानिरीक्षक ने कहा कि कथित हत्यारे ज़ियाउल के यू.पी.डी.एफ. के आदमियों के साथ अच्छे संबंध हैं। इसलिए उसे गिरफ्तार करना मुश्किल होगा।

"अब तक पुलिस ने छह आदमियों को गिरफ्तार किया है और सी.आई.डी. पुलिस मुख्य अभियुक्त को गिरफ्तार करने की कोशिश कर रही है", कालीपद ने आगे बताया।

इससे पहले क्योंकि स्थानीय थाना पुलिस हत्यारों को गिरफ्तार नहीं कर पाई थी इसलिए मामला सी.आई.डी. को सौंप दिया गया था।

इस बीच पुलिस महानिरीक्षक मुदब्बर हुसैन चौधरी ने 10 मई को मौके का दौरा किया और पुलिस प्रशासन को अभियुक्तों को तलाश कर उन्हें गिरफ्तार करने के लिए कड़े कदम उठाने का आदेश दिया।

पुलिस महानिरीक्षक ने कत्ल किए गए पुजारी के परिवार के सदस्यों और संबंधियों की सुरक्षा सुनिश्चित करने के लिए भी स्थानीय पुलिस को आदेश दिया।

इससे पहले, हत्या के बाद अवामी लीग और बी.एन.पी. दोनों पार्टियों के प्रमुख नेताओं ने मंदिर (आश्रम) का दौरा किया और अभियुक्तों को एक ऐसी सज़ा देने की माँग की जिससे दूसरों को सबक मिल सके।

मदनगोपाल गोस्वामी की 28 अप्रैल को उस समय हत्या हो गई जब बदमाशों के एक गिरोह ने खगराचारी जिला के मानिकचारी उपजिला के गच्छाबिल मंदिर के अंदर घुस कर तेज़ हथियारों से उस पर हमला कर दिया।

(दि बांग्लादेश अब्जर्वर, 16 मई, 2002)

ईसाई महिला का बलात्कार और उसके द्वारा आत्महत्या

जिला फरीदपुर के उपजिला अल्फादंगा के अंतर्गत आने वाले गाँव पनीगति की एक गृहिणी माया रानी बरोई ने सामूहिक बलात्कार किए जाने और बलात्कारियों द्वारा धमकी दिए जाने के बाद 18 मई को आत्महत्या कर ली। उसने पुलिस में मामला दर्ज कराया था लेकिन उसे कोई सुरक्षा नहीं मिली।

जैसा कि जानने में आया माया रानी को बलात्कारियों की ओर से लगातार धमकाया जा रहा था और उस पर दबाव डाला जा रहा था।

10 अप्रैल को कुछ बदमाशों ने उसके घर पर ही उसका सामूहिक बलात्कार किया। उसी दिन प्रदीप बरोई की माँ अन्ना बरोई (60) को पीट-पीट कर मार दिया गया और एक और महिला नीला बरोई (40) किसी तेज़ हथियार से काटे जाने के कारण बुरी तरह से घायल हो गई।

इस घटना के बाद प्रदीप बरोई के बड़े भाई संतोष बरोई ने बलात्कारियों के खिलाफ पुलिस के पास शिकायत दर्ज कराई। पुलिस ने उनमें से कुछ को गिरफ्तार कर लिया लेकिन बाकी बलात्कारी और गिरफ्तार बलात्कारियों के रिश्तेदार माया और उसके परिवार पर मामला वापस लेने के लिए दबाव डाल रहे थे। अंततः माया ने कीटनाशक दवाई खा कर आत्महत्या कर ली।

(प्रथोमो आलो, 20 मई, 2002)

ईसाई परिवारों के घरों पर हमला, उन्हें लूटा और क्षतिग्रस्त किया गया : 30 जख्मी

ढाका से उत्तर पश्चिम की ओर लगभग 230 कि.मी. की दूरी पर स्थित पाबना के दो ईसाई गाँवों पर बी.एन.पी. कार्यकर्ताओं द्वारा हमला किए जाने से कम से कम 30 व्यक्ति जख्मी हो गए और लगभग 200 परिवार अपने घरों के भीतर कैद होकर रह गए। ये गाँव छतमोहर पुलिस थाने के फाइलजना यूनियन के अंतर्गत आते हैं। इन घरों को लूटा गया, उनकी बुरी तरह से तलाशी ली गई औरतों और मर्दों को पीटा गया और बहुत से सामान को नुकसान पहुँचाया गया। ये गाँव हैं फाइलजना और कदमतली। ईसाई परिवारों को लंबे समय तक घेर कर रखा गया। गिरफ्तारी और ईसाइयों को सुरक्षा प्रदान करने के मामले में पुलिस की भूमिका बहुत ही रहस्यमय थी। यह बताया गया कि छतमोहर चुनावी क्षेत्र के संसद सदस्य मुहम्मद अनवर ने ही मुख्य रूप से इन हमलों की योजना तैयार की थी क्योंकि ईसाइयों ने लोगों में चुनाव प्रचार करके उन्हें अवामी लीग के हक में वोट डालने के लिए संगठित किया था और अवामी लीग अब संसद में विरोधी दल है। उक्त संसद सदस्य ने फाइलजना के स्थानीय यूनियन परिषद् अध्यक्ष मुहम्मद शाहजहान अली और उसके सहयोगियों के माध्यम से यह कार्रवाई की। ये सब लोग बी.एन.पी. के जो कि अब सत्ता में है, सक्रिय कार्यकर्ता हैं।

यह वारदात 26 और 27 फरवरी को हुई। 26 फरवरी को कदमतली के चंदरबाड़ी में सुशांत पेरेरा के घर पर एक सुनियोजित हमला किया गया। हमलावरों ने पहले चंदन पेरेरा से जो कि दसवीं कक्षा का छात्र है और खुद शराब नहीं पीता, शराब की मांग की। उसने कहा, मैं तो स्वयं अपने भाइयों पर निर्भर हूँ। इस पर उसे बुरी तरह से पीटा गया और जब चंदन के भाई सुशांत ने विरोध किया, तो उसके फौरन बाद 50-60 लोग वहाँ पहुँच गए। उनके हाथों में स्थानीय हथियार, लाठियाँ, हाकी, स्टिक, बाँस, पिस्तौल आदि थे और उन्होंने घर की औरतों और बच्चों को खूब पीटा। इसके अलावा उन्होंने कई घरों की तलाशी ली, सामान और फर्नीचर को तोड़ फोड़ डाला और श्री गोगोन रोजेरियो और मिशन स्कूल के अध्यापक श्री अगिल गोम्स का अपहरण करके ले गए। वे उन्हें एक बाअसर मुसलमान के घर ले गए

जो खुद तो अच्छा आदमी था लेकिन उसके दो बेटे हमलावरों से मिले हुए थे। कुछ स्थानीय भले लोगों के बीच बचाव करने से कुछेक घंटों में इन दोनों ईसाइयों को छोड़ दिया गया। गाँव के लोगों द्वारा रात को छुड़ाए जाने से पहले इन दोनों को कमरे में बंद करके बेरहमी से पीटा गया।

अगली सुबह सबल मंडल, फाइलजना के एक मुसलमान श्री श्याम को अपने साथ लेकर पिछली रात के पीड़ितों से मिलने के लिए सुशांत पेरेरा के घर गया। जब वे दोनों वापस आ रहे थे तो दो मोटर साइकिलों पर सवार बी.एन.पी. के छह कार्यकर्ताओं ने उन पर रास्ते में हमला कर दिया। उन्होंने सबल मंडल के सिर पर वार किया और उसका दायाँ बाजू तोड़ दिया। यह वारदात 27 फरवरी को सुबह 9 बजे हुई। ठीक उसी समय पिस्तौलों और स्थानीय हथियारों से लैस लगभग चार-पाँच सौ लोगों ने श्री सबल के रिहायशी मकान पर हमला कर दिया और उसके बाकी सभी मकानों (उसके पाँच मकान हैं जिनके लगभग 10-12 कमरे हैं) को छान डाला। इन सभी कमरों का चुनिंदा सामान, सोने के जेवर, नकदी रकम और कीमती चीजें लूट ली गईं और सारे फर्नीचर को तोड़ दिया गया। इन हमलावरों ने गोशाला में खड़ी सात गायें को खूब पीटा और उन्हें जख़्मी कर दिया। उस समय लगभग 30 लोग जख़्मी हुए और श्री सबल के श्वसुर श्रीपाल वैद्य (75) की पिटाई की गई जिसकी वजह से उसके दोनों बाजू टूट गए। इस गिरोह का गठन और उसकी अगुआई फाइलजना यूनियन परिषद् के अध्यक्ष और बी एन यूनियन यूनिट के अध्यक्ष मुहम्मद शाहजहान ने की। समय था सुबह 10:30 बजे।

इससे भी बुरी बात यह हुई कि उस समय पुलिस का एक भी आदमी वहाँ नहीं पहुँचा, हालाँकि उन्हें एक दिन पहले सूचित कर दिया गया था। यह सब इसलिए हुआ क्योंकि सामान्यतः ईसाई और धार्मिक अल्पसंख्यक समुदाय अवामी लीग को वोट देते हैं और 1 अक्तूबर को हुए आठवें संसदीय चुनाव के लिए ईसाइयों ने खुलकर अवामी लीग के हक में चुनावी प्रचार किया था और दूसरे लोगों को भी ऐसा करने के लिए प्रेरित किया था। जब हमलावरों ने गाँवों और लोगों पर हमला किया और इन लोगों को पीटा, उस समय वे ईसाइयों और ईसामसीह के खिलाफ बहुत ही अपमानजनक भाषा का प्रयोग कर रहे थे। 26 और 27 फरवरी को दोनों गाँवों पर हमला करते समय वे लगातार उसी गाली गलौच भरी भाषा का प्रयोग कर रहे थे। वे चिल्ला-चिल्ला कर यह भी कह रहे थे कि ईसाइयों को उन गाँवों में नहीं रहने दिया जाएगा क्योंकि वे अवामी लीग के हक में वोट डालते हैं। जो भी लोग हमले के दौरान ज़ख़्मी हुए थे उन सबको पाबना अस्पताल में इलाज के लिए भर्ती करा दिया गया। दो व्यक्तियों को, जिनके बाजू टूट गए थे, ढाका पंगू अस्पताल भेज दिया गया है। इस हमले के दौरान चार महिलाएँ ज़ख़्मी हुईं, जिनके नाम हैं, पोरी बोइध्या (35), पत्नी सबल मंडल, आशा पेरेरा (26), पत्नी सुशांत पेरेरा, एली पेरेरा

(24) और शिल्पी पेरेरा (13)।

बी.एन.पी. आतंकवादी 1 अक्तूबर को हुए चुनाव के बाद से इन गाँवों के ईसाइयों को लगातार धमकाते और सताते रहे हैं और व्यंग्य से उन्हें अवामी लीग के पिट्ठू कहते रहे हैं। जब इस संवाददाता ने प्रभावित इलाकों का दौरा किया तो स्थानीय मुसलमानों, ईसाइयों और हिन्दुओं ने यह बताया कि ईसाइयों को हमले का निशाना इसलिए बनाया जा रहा है क्योंकि वे अवामी लीग के समर्थक हैं। उनकी संख्या अपेक्षाकृत काफी कम है। इन इलाकों के अधिकतर मर्द या तो ढाका में या फिर देश से बाहर काम करते हैं और वे समृद्ध लोग हैं। इसलिए ये आतंकवादी ईसाइयों से गैर-कानूनी तौर पर धन की माँग करते हैं और क्योंकि सबल एक स्थानीय प्रभावशाली और समृद्ध व्यक्ति है और इलाके के गरीब लोगों की भलाई के कामों में लगा रहता है इसलिए उसे मुख्य रूप से निशाना बनाया गया है।

उपजिला के नौ यूनियनों के अंतर्गत आने वाले कई गाँवों में 25 हजार से भी अधिक ईसाई रहते हैं। इन दो गाँवों के ईसाइयों पर हुए हिंसक हमले के कारण दूसरे सभी ईसाइयों में भी संत्रास की एक लहर दौड़ गई है। मथुरापुर में मुख्य पैरिश के अंतर्गत फाइलजना में एक उपमिशन है जो कि लगभग एक सौ वर्ष पुराना है। कुछ भयभीत लोग फाइलजना और कदमतली से ढाका और अन्य स्थानों को चले गए हैं क्योंकि सरकार ने केवल पाँच व्यक्तियों को जो कि असली अपराधी नहीं हैं, गिरफ्तार करने के अलावा और कुछ नहीं किया है।

बी.एन.पी. के हमलावरों ने 23 फरवरी को (ईद मुबारक के दिन) सुजानगर यूनियन के अंतर्गत खेतूपाड़ा और मानिकहाट नामक दो और स्थानों पर हमला किया, जिसमें कम से कम 20 लोग घायल हो गए जिनमें एक औरत और दो बच्चे भी शामिल थे। वहाँ भी बी.एन.पी. के कार्यकर्ताओं ने अवामी लीग के समर्थक लोगों को पीटा उनके घरों को लूटा और उनकी तलाशी ली। भविष्य में किसी संभावित हमले के डर से बहुत से लोग अपने घरों को छोड़कर चले गए हैं।

इन सब स्थानों पर पुलिस ने पहले तो पीड़ितों की रपट दर्ज करने से इनकार कर दिया। फाइलजना में भी पुलिस ने पहले मामले को दर्ज करने से इनकार कर दिया और पीड़ितों द्वारा मामला सामने लाए जाने के बावजूद पुलिस ने अपनी ओर से मामला दर्ज कर लिया (अर्थात् पुलिस स्वयं शिकायतकर्ता बन गई)। अवामी लीग की अध्यक्ष और पूर्व प्रधानमंत्री शेख हसीना ने 4 मार्च को मौके का दौरा किया और ईसाइयों को ढांढस बँधाया और उन्हें हर प्रकार की सहायता देने का वचन दिया।

(स्रोत : हाटलाइन बांग्लादेश)

अगाइलझारा में गिरजाघर पर हमला : 4 घर क्षतिग्रस्त, 7 व्यक्ति जख़्मी

जिला बारीसाल के उपजिला अगाइलझारा के अंतर्गत आने वाले एक रोमन कैथोलिक गिरजाघर और एक ईसाई गाँव छोटोदुमरिया पर बी.एन.पी के कार्यकर्ताओं ने हमला कर दिया। इसका कारण था कैथोलिक मिशन की भूमि को लेकर पैदा हुआ विवाद। बी.एन.पी. के कार्यकर्ताओं ने गाँव के चार घरों की तलाशी ली और उन्हें नुकसान पहुँचाया। इसके अलावा उन्होंने सात व्यक्तियों पर तेज़ हथियार चला कर उन्हें जख़्मी कर दिया। यह घटना 21 जुलाई, 2002 को घटी। अक्तूबर के चुनाव के फौरन बाद आलमगीर हुसैन काजी ने गिरजाघर की 133 सेमल धरती पर कब्जा कर लिया। जब ईसाई नेता बी.एन.पी. नेताओं और प्रशासन के पदाधिकारियों से मिले, तो उन्होंने 20 जुलाई को मौके पर पहुँच कर वह जमीन वापस करा दी और सीमा पर खंभे लगवा दिए। लेकिन आलमगीर और उसके बेटों और 15-20 बी.एन.पी. कार्यकर्ताओं ने गाँव पर हमला कर दिया। हमले के दौरान कई मकान क्षतिग्रस्त हो गए, सात लोग चाकुओं के वार से ज़ख़्मी हो गए, जिनमें से एक की हालत गंभीर थी।

(प्रोथोम आलो, 24 जुलाई, 2002)

सतखिड़ा में ईसाइयों पर हमला

टेटूलिया यूनियन, सतखिड़ा में एक प्रोटेस्टेंट ईसाई पेस्टर मानिक सरकार को 14 जुलाई को एक चाय की दुकान से अगवा कर लिया गया। बी.एन.पी. के कार्यकर्ताओं ने उससे बहुत बड़ी ग़ैरकानूनी रकम माँगी। उसके रकम देने से इनकार किया तो कार्यकत्ताओं ने एक हथोड़े से उसके दाएँ कंधे को तोड़ डाला। 15 जुलाई को रपट दर्ज कराई गई, लेकिन बी.एन.पी. कार्यकर्ताओं ने उसे धमकी दी कि यदि उसने मामला वापस नहीं लिया तो उसकी जान को खतरा है। ईसाइयों ने विरोध सभा आयोजित की और उपायुक्त के माध्यम से प्रधानमंत्री और गृहमंत्री को अपील की। उन्होंने जान की रक्षा और सुरक्षा के लिए उपायुक्त को एक ज्ञापन भी प्रस्तुत किया।

(दैनिक जनकंठ, 24 जुलाई, 2002)

अगाइलझारा के ईसाई गाँव पर दूसरी बार हमला

जिला बारीसाल के उपजिला अगाइलझारा के अंतर्गत आने वाले ईसाई गाँव छोटोदुमुरिया पर 28 जुलाई को दोबारा हमला हुआ। पहला हमला 21 जुलाई को हुआ था जिसके बाद गाँव की रक्षा के लिए पुलिस का एक दल वहाँ भेजा गया। लेकिन 26 जुलाई को मिशन के कर्ताधर्ताओं को सूचित किए बिना किन्हीं अज्ञात कारणों से पुलिस का

पहरा अचानक ही खत्म कर दिया गया। पुलिस के जाने से कुछ ही घंटे बाद बी.एन.पी. कार्यकर्ताओं ने तेज़ाब से भरी बोतलों से गाँव पर हमला कर दिया और ईसाइयों को धमकी दी कि वे पहले हमले के लिए उनके खिलाफ दर्ज कराए गए सभी मामलों को वापस ले लें। उन्होंने कहा कि यदि ईसाइयों ने मामले वापस नहीं लिए तो वे औरतों और नौजवान लड़कियों पर तेजाब़ डालकर उन्हें ज़ख़्मी कर देंगे। यह सुन कर ईसाई संत्रस्त हो उठे और उन्होंने 27 जुलाई, को अगाइलझारा पुलिस स्टेशन जाकर सामान्य रजिस्टर में रपट दर्ज करा दी। वह रपट प्रथम प्रथम आलो में प्रकाशित हुई और उसके बाद प्रशासन ने एक बार फिर 28 जुलाई को वहाँ पुलिस भेज दी। बारीसाल के पुलिस अधीक्षक मुहम्मद मुहसिन हुसैन ने कहा कि गाँव में पुलिस सुरक्षा तब तक जारी रहेगी जब तक कि स्थिति सामान्य नहीं हो जाती।

(प्रोथोम आलो, 31 जुलाई, 2002)

कुलौरा में खासिया पूँजी (गाँव) नेस्तनाबूद : एक आदिवासी की हत्या

वनरक्षकों ने 26 जुलाई को मौलवीबाजार जिला के कुलौरा उपजिला के अंतर्गत आने वाले फुलतला यूनियन के एक खासिया गाँव को बंगाली आतंकवादियों की सहायता से नष्ट कर दिया। हमले के दौरान एक आदिवासी अविनाश मुरंग की हत्या कर दी गई और 10 व्यक्ति जख़्मी हो गए। हमले के दौरान आदिवासियों ने अपनी रक्षा के लिए भालों और तीरों का इस्तेमाल किया जिसकी वजह से दो वनरक्षक तीरों से ज़ख़्मी हो गए। 21 जुलाई को वनरक्षक कुछ बंगाली आतंकवादियों को साथ लेकर खासिया पूँजी (गाँव) गए और उसे पूरी तरह से नष्ट कर दिया और सभी आदिवासियों को उनकी भूमि और घरों से बेदखल कर दिया। 26 जुलाई को हमलावरों के चले जाने के बाद आदिवासी लौट आए। वे अपने घरों को फिर से बनाने की कोशिश कर रहे थे कि इस बीच उन पर दोबारा हमला कर दिया गया। पुलिस ने अविनाश मुरंग की लाश और एक राइफल बरामद की। वनरक्षकों ने कहा कि उन्होंने वन की आरक्षित भूमि बरामद करने के लिए आदिवासियों को बेदखल किया और उन्होंने किन्हीं बाहरी व्यक्तियों से कोई मदद नहीं ली।

स्थानीय चश्मदीद गवाहों और आदिवासियों ने बताया कि जूरी रेंज-1 के खंड 22 में 20 खासिया परिवार बहुत से वर्षों से रह रहे थे। 21 जुलाई को जूरी रेंजर खोंडोकर बदरुल आलम ने अपने रक्षाधीन तीन जूरियों के लोगों और कुछ गश्ती अधिकारियों और वनरक्षकों को अपने साथ लेकर आदिवासियों के उक्त इलाके पर हमला कर दिया और आदिवासियों के मकानों को पूरी तरह से नष्ट कर दिया। खबर मिली है कि इन हमलावरों के साथ एक स्थानीय निहित गिरोह भी शामिल था।

स्थानीय लोगों और खासियों ने बताया कि वन प्रशासन या पुलिस विभाग को सूचित किए बगैर हमलावरों ने जब गाँव पर हमला किया तो उन्होंने अपने में से एक व्यक्ति को मैजिस्ट्रेट बताया और दूसरे को थाने का प्रभारी अधिकारी। इसके परिणामस्वरूप खासी डर कर अपने घर छोड़कर चले गए। खासियों की अनुपस्थिति में इस बीच हमलावरों ने उनके घरों से मोटर साइकिल और टेलीविजन जैसी सभी कीमती चीजें और सामान लूट लिया और फिर उनके घरों को पूरी तरह से नष्ट कर दिया।

जानने में आया कि कुछ दिनों तक आदिवासियों को जंगल में अत्यंत अमानवीय जीवन व्यतीत करना पड़ा और 26 जुलाई को वे अपने इलाके में लौट कर अपने रिहायशी मकानों को फिर से बनाने लगे। यह ख़बर सुनकर वन रक्षकों ने बाहरी बंगाली आतंकवादियों को साथ लेकर गाँव पर फिर से हमला कर दिया। इस हमले के दौरान कार्तिक मुरंग के पुत्र अविनाश मुरंग को हमलावरों ने गोली मार कर उसकी हत्या कर दी। जब हमलावर मौके पर पहुँचे तो आदिवासियों ने सुरक्षात्मक मोर्चाबंदी कर ली और अपनी रक्षा के लिए अपने तीर और भाले संभाल लिए। लेकिन दूसरी तरफ हमलावरों ने पहले तो आदिवासियों के खिलाफ बंदूकों का इस्तेमाल किया लेकिन जब बारूद खत्म हो गया तो आदिवासियों ने अपनी तीर इस्तेमाल करने शुरू कर दिए। इस दौरान दो वन रक्षक गंभीर रूप से घायल हो गए।

आदिवासियों ने पुलिस को बताया कि बंदूक उनकी नहीं थी और हमलावरों ने वह बंदूक उन्हें तंग करने के लिए वहीं छोड़ दी थी। वन विभाग ने इस घटना पर असंतोष प्रकट किया क्योंकि वन रक्षकों ने आदिवासियों को बेदखल करने के लिए कोई इजाज़त नहीं ले रखी थी।

(प्रोथोम आलो, 28 जुलाई, 2002)

भूमि हथियाने की कोशिश में दो ईसाई परिवारों पर हमला

हथियारबंद बदमाशों ने नाटोर जिला के बोराई ग्राम उपजिला के अंतर्गत आने वाले बोनपाड़ा क्रिश्चियन पल्ली गाँव में दो ईसाई परिवारों की पैतृक वासभूमि पर कब्ज़ा करने के लिए उनके घरों पर कल 23 सितंबर, 2002 को सुबह सवेरे हमला कर दिया।

जब यह संवाददाता उनके यहाँ गया तो उन्होंने उसे बताया कि लगभग 40 हमलावर सुबह लगभग 3:30 बजे बाँसों के जंगलों को तोड़कर उनके घरों में घुस आए। वे अग्नि अस्त्रों और घातक हथियारों से लैस थे।

इन्होंने मकानों की तलाशी ली और वे 28 हजार टका नकद, एक सोने की चेन और घरेलू सामान लूट कर ले गए।

जो लोग इस हमले में ज़ख़्मी हुए उनके नाम हैं हमदू क्रश, 40 (एक दिहाड़ी

मजदूर), उसकी पत्नी संदूरी कोरैया, 35, उसके बेटे सुमन, 18, मानिक 14, रतन 10 और बेटी रत्ना, 8, बाबुल क्रश, 28 (एक दिहाड़ी मज़दूर और हमदू का छोटा भाई), उसकी पत्नी दीपाली गोमेज, 28, बेटियाँ जूही क्रश, 7, जुत्थी क्रश, 3, उसकी बहिन नन्नोलीना क्रश, 32 और दीपाली का भाई नीलू गोमेज।

लेकिन कल तक उनमें से किसी को भी अस्पताल दाख़िल नहीं कराया गया था।

बारोई ग्राम पुलिस थाने में लिखाई गई रपट के अनुसार हमलावरों का सरगना एक अर्शद अली मास्टर नामक व्यक्ति था, जो कि कथित रूप से एक तस्कर है। इस हमले में उसके बेटों कमरुज़्ज़मान राजू इकरामुज़्ज़मान विद्युत ने भी उसका साथ दिया। ये लोग हरोआ गाँव के हैं।

हमला पीड़ितों ने बताया कि अर्शद ने दीपाली को निर्वस्त्र करने के बाद उसके साथ बदसलूकी की।

राउज़ान में भिक्षु की हत्या-हत्या का मकसद

पुलिस पर ज़ोर डालने पर दर्ज किए गए मामले के अनुसार जैसा कि सुनने में आया है और जैसा कि समाचार-पत्र में दोबारा छपे समाचार से पता चला है, भिक्षु ज्ञान ज्योति का भाई सुलाल बरुआ पुलिस के पास शिकायत दर्ज कराने गया, लेकिन पुलिस ने पहले सुलाली की पत्नी निपू बरुआ (35) को गिरफ्तार कर लिया। पुलिस द्वारा लिखी गई शिकायत में भिक्षु की हत्या की बजाय, सुलाल और उसकी पत्नी निपू बरुआ के बीच पारिवारिक विवाद को अधिक महत्त्व दिया गया। लिखी गई शिकायत में यह भी कहा गया था कि हत्या का कारण राजनीतिक या सांप्रदायिक न होकर, जैसा कि सुलाल ने अपनी डायरी में उल्लेख किया था, पारिवारिक कलह थी।

शिकायतकर्ता श्री सुलाल बरुआ ने स्वयं वारदात के अगले दिन पत्रकारों को बताता कि पुलिस ने उसे एक ऐसे कागज पर हस्ताक्षर करने के लिए मजबूर किया जो स्वयं पुलिस ने तैयार किया था, पुलिस, खोई हुई रकम, बंदूक और सोने की बनी बुद्ध की मूर्ति को तलाशने के बहाने उसके घर में घुसी, उसकी पत्नी को गिरफ्तार किया और उसके बूढ़े माता-पिता को पीटा।

बौद्ध समुदाय के नेताओं ने यह शिकायत की कि प्रशासन ने विभिन्न बनावटी तरीकों से असली हत्यारों को चालाकी से छिपा लिया है। किसी भिक्षु की लाश के अंतिम संस्कारों के कुछ ख़ास नियम होते हैं। लाश का अंतिम संस्कार करने से पहले उसे एक वर्ष तक सुरक्षित रखने की विशेष व्यवस्था है। लेकिन पुलिस और प्रशासन ने भिखु ज्ञानज्योति के मृतक शरीर का अंतिम संस्कार जल्द ही करने के लिए मजबूर कर दिया। परंपरा के अनुसार बौद्ध भिक्षु का अंतिम संस्कार करने से पहले अंतर्राष्ट्रीय

बौद्ध नेताओं और अन्य गण्यमान्य व्यक्तियों को उसके पार्थिव शरीर के दर्शन करने के लिए आमंत्रित किया जाता है। लेकिन इस मामले में ज्ञानज्योति का अंतिम संस्कार देश के बौद्ध नेताओं और थाईलैंड से उसके गुरु होआरा पुयां और जापान तथा नेरुलैंड्स से धनदाताओं के बांग्लादेश पहुँचने से पहले ही कर दिया गया।

सशस्त्र गिरोह द्वारा राउज़ान मठ के भीतर एक बौद्ध भिक्षु की हत्या

चिटागांग जिला के राउज़ान थाना के अंतर्गत आने वाले हिंगाला गाँव के एक मठ में 22 अप्रैल को आधी रात को एक बौद्ध भिक्षु की हत्या कर दी गई। कत्ल किया गया भिक्षु ज्ञानज्योति महास्थविर (52) होआरा पुयां बुद्ध विहार का प्रभारी था जो कि मठ एवं अनाथालय है।

पुलिस ने बताया कि 22 हथियारबंद आदमी, जिनका सरगना एक स्थानीय गुंडा अज़ीज़ुल हक है जबरदस्ती मठ में घुस आए। उन्होंने सेवक को बाँध दिया, उसकी आँखों पर पट्टी बाँध दी और रात को लगभग 12:30 बजे भिक्षु की हत्या कर दी। हमलावरों ने उसके सिर पर वार किया और फिर उसे छुरा भोंक दिया। हमलावर चहारदीवारी को फाँद कर मठ में घुसे थे।

यद्यपि इस हत्या के मकसद का फौरन पता नहीं चल पाया, लेकिन सूत्रों का कहना है कि धन ऐंठना और भूमि हथियाना इस हत्या का मकसद रहा हो सकता है। कुछ बाहरी देश जिनमें नीदरलैंड्स और जापान शामिल हैं, इस मठ में चलाए जा रहे अनाथालय के लिए जिसमें लगभग 100 अनाथ बच्चे रहते हैं, धन जुटाते हैं। 26 अप्रैल को इस मठ में जापानी राजदूत आने वाला था। पुरोहित पद ग्रहण करने से पहले ज्ञानज्योति महास्थविर का मूल नाम दुलाल बरुआ था और वह 16 वर्ष पहले इस मठ में प्रविष्ट हुआ था।

भिक्षु के वहशियाना कत्ल की सभी समुदाय के लोगों ने घोर निंदा की। शहर की गलियों में से दिवंगत भिक्षु का 22 अप्रैल का जनाज़ा निकाला गया और अंत में बौद्ध मठ में पहुँचने के बाद उसके पार्थिव शरीर का अंतिम संस्कार किया गया। इस जनाज़े में कुछ भिक्षु और बौद्ध भी शामिल थे, जो हत्या की निंदा करते हुए और हत्यारों को दंडित करने की माँग करते हुए नारे लगा रहे थे। इस मामले की रपट दर्ज कराई गई लेकिन 22 अप्रैल, 2002 को देर रात गए कोई गिरफ्तारी नहीं की गई थी।

(दि डेली स्टार, 23 अप्रैल, 2002)

क्या भिक्षु की हत्या का मकसद ज़मीन हथियाना था?
भाई की पत्नी और पड़ोसी गिरफ्तार

पुलिस को यह संदेह है कि राउज़ान के एक मठ में बौद्ध भिक्षु ज्ञानज्योति महास्थविर की हत्या का मकसद था भूमि हथियाना। पुलिस ने संदेह के आधार पर 23 अप्रैल को दो व्यक्तियों को गिरफ्तार कर लिया और वे थे : कत्ल किए गए भिक्षु के भाई सुलाल बरुआ की पत्नी निपू बरुआ और उनका पड़ोसी प्रदीप बरुआ। पुलिस ने कहा कि भिक्षु के प्रवासी भाई की मदद से कनाडा जा कर बसने का ख्वाब पूरा न होने के कारण प्रदीप ने भिक्षु की हत्या कर दी होगी। कहा जाता है कि कनाडा जाने की कोशिश में प्रदीप के लगभग एक लाख टका खर्च हो गए थे।

पुलिस का मानना है कि धना मठ का परिसर और कई करोड़ टका की भूमि, जिसका मालिक ज्ञानज्योति महास्थविर था, हत्या का मकसद रहा हो सकता है। किराए पर लिए गए आदमी और बदलेबाज़ रकम ऐंठने वाले इस हत्या में शामिल रहे हो सकते हैं। ज्ञानज्योति महास्थविर (52) की, राउज़ान के दाबुआ यूनियन में स्थित हिंगाला होआरा पुयां बुद्ध विहार में 22 अप्रैल, 2002 को आधी रात को हत्या कर दी गई थी। 22 हथियारंद बदमाश ज़बरदस्ती बुद्धविहार–जो कि मठ एवं अनाथालय है–में घुस आए और उन्होंने 'सेवक' की आँखों पर पट्टी बाँध दी और रात को लगभग 12:30 बजे भिक्षु की छुरा भोंक कर हत्या कर दी। स्थानीय लोगों द्वारा इस हत्या के मकसद को लेकर कई अटकलें लगाई जा रही हैं। स्थानीय लोगों का यह संदेह है कि इस हत्या का मकसद केवल भूमि और धन हथियाना न होकर कुछ और हो सकता है। उनका कहना था कि हत्यारों ने भिक्षु के कमरों को छान डाला था और कुछ दस्तावेजों को उन्होंने छुआ तक नहीं था।

ज्ञानज्योति महास्थविर के 47 विदेशी संगठनों के साथ अच्छे संबंध थे और इन देशों ने अनाथालय को आर्थिक सहायता प्रदान करने का वादा किया था। हाल ही में वह जापान से लौटा था। सूत्रों ने बताया कि भिक्षु को 18 अप्रैल को एक लंदन आधारित संगठन से 11,400 अमरीकी डॉलर की राशि (बिशप की निधि में) प्राप्त हुई थी। स्थानीय लोगों का कहना था कि ज्ञानज्योति के भाई सुलाल बरुआ ने जो मामला दर्ज कराया था, वैसा मामला दर्ज कराने के लिए उसे पुलिस द्वारा मजबूर किया गया था। सूत्रों का कहना था कि सुलाल को एक पहले से तैयार की गई रपट पर दस्तख़त करने के लिए मजबूर किया गया था। "अगर यह बात गलत है तो सुलाल के शरीर पर यातना के निशान क्यों हैं?"

इस हत्या के कारण बौद्ध अनुयाइयों और भक्तों, संबंधियों, अध्यापकों और अनाथालय के अनाथों को घोर आघात पहुँचा है। भिक्षु की हत्या से अनाथालय के प्रशासन में शून्य पैदा हो गया है क्योंकि वह मठ का प्रिंसिपल था और अनाथालय का संस्थापक निदेशक था और वह अपने पीछे कोई न्यासी भी नहीं छोड़ गया है।

अनाथालय में 100 बच्चे 14 अध्यापक और कुछ अन्य कर्मचारी हैं। 16 वर्ष पहले पुरोहित पद संभालने पर दुलाल बरुआ का नाम बदलकर ज्ञानज्योति महास्थविर रख दिया गया था। भिक्षु ने इस मठ की स्थापना अपनी ही ज़मीन पर की थी जिसके लिए उसने विदेशों से आर्थिक सहायता प्राप्त की थी जिनमें शामिल थे नीदरलैंड्स, स्विटरजरलैंड और जापान। अवामी लीग की अध्यक्ष शेख़ हसीना ने, जो कि इस समय लंदन में हैं, बौद्ध भिक्षु की हत्या की निंदा की है।

23 अप्रैल, 2002 को अपने विरोधकारी बयान में उन्होंने कहा कि एक बार फिर यह साबित हो गया है कि "फ़ासीवाद, भ्रष्ट और हत्यारी" सरकार के शासन में जीवन सुरक्षित नहीं है। हसीना ने बौद्धों के प्रति संवेदना प्रकट की और लोगों से यह आग्रह किया कि वे बी.एन.पी. जमात सरकार का प्रतिरोध करें।

(दि डेली स्टार, 24 अप्रैल, 2002)

बौद्ध भिक्षु की हत्या : एक गृहिणी सहित दो गिरफ्तार

22 अप्रैल की रात को बौद्ध भिक्षु ज्ञानज्योति महास्थविर उर्फ दुलाल बरुबा की हत्या के सिलसिले में राउज़ान के हिंगाला गाँव से दो व्यक्तियों को गिरफ्तार किया गया जिनमें एक गृहिणी भी थी। पुलिस ने कहा कि वादी सुलाल बरुआ की पत्नी और कत्ल किए गए भिक्षु की भाभी (छोटे भाई की पत्नी) श्रीमती निपू बरुआ को भिक्षु ज्ञानज्योति महास्थविर की लाइसेंसशुदा बंदूक चुराने के कथित आरोप में 23 अप्रैल को उसके घर से गिरफ्तार कर लिया गया है। गिरफ्तार किया गया दूसरा व्यक्ति है प्रदीप बरुआ।

पुलिस ने बताया कि लाइसेंसशुदा बंदूक निपू बरुआ के घर से बरामद की गई है। उसे पूछताछ के लिए 24 अप्रैल से 3 दिन के लिए पुलिस हिरासत में रखा गया था। इससे पहले, कत्ल किए गए भिक्षु के भाई दुलाल बरुआ ने दंड संहिता की धारा 302/54 और 380 के अंतर्गत राउज़ान थाना में रपट दर्ज कराई थी।

लेकिन स्थानीय लोगों और कत्ल किए गए भिक्षु के रिश्तेदारों ने बांग्लादेश अब्जर्वर और अन्य उन समाचार-पत्रों के संवाददाताओं को, जिन्होंने पुलिस के साथ 23 अप्रैल की सुबह हिंगाला गाँव का दौरान किया था, यह बताया कि पुलिस कत्ल किए गए भिक्षु की भाभी को गिरफ्तार करके हत्या के असली मकसद का रुख, बदलना चाहती है। उन्होंने कहा कि अज़ीज़ुलहक, मोंटू, हसन और बचाल्या की अगुआई में पूर्व एन.डी.पी. के स्थानीय आतंकवादियों ने अनाथालय की बहुत बड़ी ज़मीनी जायदाद हथियाने के लिए भिक्षु का कत्ल किया हो सकता है।

(दि बांग्लादेश अब्जर्वर, 24 अप्रैल, 2002)

बौद्ध भिक्षु की हत्या : भिक्षु के भाई की पत्नी पुलिस हिरासत में : यातना के कारण बीमार, असली हत्यारे पुलिस की पहुँच से बाहर

पुलिस राउज़ान में बौद्ध भिक्षु ज्ञानज्योति महास्थविर उर्फ दुलाल बरुआ के असली हत्यारों का पता नहीं लगा पाई। वे अभी आजाद घूम रहे हैं। भिक्षु की हत्या के सिलसिले में गिरफ्तार की गई संदिग्ध आरोपी श्रीमती निपू बरुआ पुलिस हिरासत में दी गई यातना के कारण बीमार पड़ गई। इसलिए न्यायालय ने पुलिस हिरासत को रद्द करके निपू बरुआ को दिनांक 27 अप्रैल, 2002 को जेल भेज दिया। 200 से भी अधिक लोगों ने, जिनमें कत्ल किए गए भिक्षु द्वारा चलाए जा रहे अनाथालय के 96 अनाथ भी शामिल थे, राउज़ान में 24 अप्रैल को एक जूलूस निकाला और प्रधानमंत्री के लिए जिला आयुक्त के कार्यालय में एक ज्ञापन दिया। उन्होंने ज्ञापन में यह आरोप लगाया कि पुलिस और प्रशासन भिक्षु के असली हत्यारों को, जिन्हें शासक दल के प्रशासन का संरक्षण प्राप्त है, छिपाकर, हत्या के असली मकसद का रुख बदलने की कोशिश कर रहे हैं। ज्ञापन में असली हत्यारों को गिरफ्तार करने की माँग भी की गई थी। हिन्दू बुद्धिस्ट-क्रिश्चियन ओक्यो परिषद् (यूनिटी कौंसिल) ने भी प्रधानमंत्री को ज्ञापन प्रस्तुत किया है जिसमें यह आरोप लगाया गया है कि प्रशासन हत्या के असली मकसद का रुख बदलना चाहता है।

राउज़ान में भिक्षु ज्ञानज्योति महास्थविर की नृशंस हत्या के अगले दिन पुलिस, कत्ल किए गए भिक्षु की भाभी श्रीमती निपू बरुआ और उनके एक पड़ोसी प्रदीप बरुआ को गिरफ्तार करके पूछताछ के लिए अपनी हिरासत में ले गई। पुलिस ने बरुआ को जेल भेज दिया और निपू बरुआ को हिरासत के दौरान तरह-तरह की यातनाएँ दी। वह इन यातनाओं के कारण शारीरिक एवं मानसिक तौर पर गंभीर रूप से बीमार पड़ गई। 27 अप्रैल को न्यायालय ने हिरासत को रद्द कर दिया और श्रीमती निपू बरुआ को जेल भेज दिया गया। इस हत्या के मामले की जाँच करने के लिए एक पूछताछ दल गठित किया गया है, जिसमें शामिल हैं; प्रभारी अधिकारी, मंडल पुलिस, अधीक्षक, अबू कलाम सिद्दीकी, ज़िला खुफ़िया विभाग के प्रभारी अधिकारी बेलालुद्दीन तरफदर, उपनिरीक्षक ज़मानहुसैन शहाबुद्दीन महमूद और उपनिरीक्षक सुश्री बेलीबेगम। उन्होंने श्रीमती निपू बरुआ को ऐसी यातनाएँ पहुँचाई कि वह बीमार पड़ गई। जब उसके रिश्तेदारों ने पूछताछ के दौरान उसे पहुँचाई गई गंभीर यातना के बारे में न्यायालय में शिकायत की तो उसे न्यायालय में पेश किया गया। न्यायालय ने हिरासत रद्द करके श्रीमती निपू बरुआ को जेल भेज दिया।

जानने में आया है कि निपू की 3 वर्ष की बेटी है और पिता दुलाल बरुआ इतनी छोटी बच्ची को उसकी माँ के बिना, अपने साथ लिए बहुत असुरक्षित जीवन बिता रहा है। श्रीमती रिपू बरुआ के पति सुलाल बरुआ ने जब 22 अप्रैल को पुलिस द्वारा तैयार किए गए एक दस्तावेज पर दस्तखत करने से इनकार कर दिया तो उसे

गंभीर यातना पहुँचाई गई। भिक्षु के रिश्तेदारों ने आरोप लगाया कि बी.एन.पी. के सबसे बड़े आतंकवदी गिरोह अज़ीज ग्रुप ने कई बार भिक्षु से गैर-कानूनी धन की माँग की थी, लेकिन भिक्षु हमेशा धन देने से इनकार करता रहा। रिश्तेदारों ने बताया कि भिक्षु द्वारा गैरकानूनी धन देने से इनकार किए जाने के कारण और अनाथालय की बहुत बड़ी जायदाद को हथियाने के इरादे से बी.एन.पी., अज़ीज ग्रुप के माध्यम से भिक्षु को आतंकित करती रही और फिर उसकी हत्या करा डाली। अब पुलिस हकीकत को छिपा कर रिश्तेदारों के मत्थे झूठे आरोप मढ़ने की कोशिश कर रही है। रिश्तेदारों ने यह भी कहा कि पुलिस किसी 'उच्चस्तरीय पदाधिकारी' के भारी दबाव में है। उन्होंने निश्चयपूर्वक कहा कि अज़ीज और उसके गिरोह ने ही यह हत्या की है।

दूसरी तरफ एकमात्र चश्मदीद गवाह मोहनमश्रमण (12) को अनजाने स्थानों से बार-बार धमकियाँ मिल रही हैं। मोहनम की जान की सुरक्षा के लिए पुलिस ने कोई कदम नहीं उठाए हैं। मठ का कर्ताधर्ता राउज़ान होआरा बौद्ध मठ और अनाथालय के अनाथों और अन्य निवासियों को दिनांक 24 अप्रैल को दोपहर के समय चिटागांग बौद्ध विहार ले आया और प्रधानमंत्री को एक ज्ञापन प्रस्तुत करने के लिए उन्हें जुलूस की शक्ल में उपायुक्त के कार्यालय ले गया। ज्ञापन में यह कहा गया है कि पुलिस और प्रशासन असली हत्यारों को बचाने और हत्या के मकसद का रुख मोड़ने की कोशिश कर रहे हैं। ज्ञापन में अनाथों की सुरक्षा की भी माँग की गई है। ज्ञापन में अनाथों और भिक्षु ज्ञान-ज्योति महास्थविर की जायदाद को बचाने के लिए प्रधानमंत्री के न्यायपूर्ण हस्तक्षेप की माँग भी की गई है। कहा जाता है कि स्थानीय बी.एन.पी. कार्यकर्ताओं का एक वर्ग भिक्षु की हत्या के पश्चात् उसकी ज़मीनी जायदाद को हथियाने के लिए सक्रिय कार्रवाई कर रहा है। ऐसा भी जानने में आया है कि बी.एन.पी. का कोई बहुत बड़ा नेता भिक्षु के असली कातिलों को बचाने और हत्या के मकसद का रुख मोड़ने की कोशिश कर रहा है। जो व्यक्ति ज्ञापन देने गए थे, वे थे : बिकिरों प्रसाद बरुआ, एडवोकेट राणा दासगुप्त, डा. जिनू चौधरी, भिक्षु तपस होआर, प्रो. प्रीतिसन बरुआ, ल्योन आदर्श बरुआ। इस जुलूस के दौरान वक्ताओं ने असली कातिलों को गिरफ्तार करने और रिश्तेदारों को तंग न करने की माँग की।

घटनाक्रम

ज्ञानज्योति महास्थविर रविवार 21 अप्रैल, 2000 को शाम 5:00 बजे ढाका से हिंगाला में अपने मठ लौटा। उसने दूसरे तल पर लड़कियों के वार्ड से सटे हाल कमरे में कुछ बकाया दफ्तरी कामकाज किया और रात 11 बजे वह सोने के लिए अपने कमरे में चला गया। उसके सोने का कमरा दूसरे तल के एक कोने में है। सोने से पहले उसने अपने सेवक मोहनम श्रमण को बुलाया, जो कि सातवीं कक्षा का छात्र

है और भिक्षु ज्ञानज्योति महास्थविर की देखभाल किया करता था। उसने उसे मुख्य द्वार बंद करने को कहा। जब मोहनम श्रमण सिमटवाँ मुख्य द्वार बंद करने जा रहा था, तो बदमाशों ने उसे पीछे से पकड़ लिया, उसकी आँखों और मुँह पर पट्टी बाँध दी और बरामदे में उसे एक खंभे से बाँध दिया। इसके बाद 15/20 लोग ज्ञानज्योति महास्थविर के कमरे में चले गए और उसे कत्ल कर दिया। मोहनम ने बताया कि उन बदमाशों ने कच्छे और निकरें आदि पहन रखी थीं और मुँह पर नकाब लगाए हुए थे। उसने बताया कि उन्होंने आधे घंटे में अपना काम पूरा कर लिया और जाते हुए उन्होंने कहा, "भंते के मझले भाई (सुलाल बरुआ) से कह देना, कि वह अच्छी तरह से रहे। जब ज्ञानज्योति महास्थविर का छोटा भाई बुपल बरुआ उर्फ मुक्त, कनाडा से वापस आएगा तो हम इसे मार कर उसका कच्चा माँस खा जाएँगे–उसे बता देना।" यह कह कर बदमाश वहाँ से चल गए।

ऐसा जानने में आया है कि पुलिस तीन दिशाओं में तफतीश कर रही है और हत्या के पीछे मुख्य कारण है भिक्षु की बहुत बड़ी ज़मीनी जायदाद को हथियाना। दूसरा कारण है वह सारा धन हथियाना जो कि भिक्षु को अपने धनदाताओं से प्राप्त होता था और तीसरा है भिक्षु के छोटे भाई का घोटाला जो कि इस समय कनाडा में रहता है।

भिक्षु ज्ञानज्योति महास्थविर ने 1998 में अपनी चार एकड़ पैतृक भूमि पर अनाथालय बनाया था। यह सारी ज़मीन कागज़ात में ज्ञानज्योति महास्थविर के नाम पर है। उसकी मौत के बाद इतनी बड़ी जायदाद का मालिक बनने वाला और कोई नहीं है। इसलिए यह एक कारण रहा हो सकता है कि यदि उसे मार दिया जाता तो उसकी सारी जायदाद हथियाई जा सकती थी। इस अनाथालय के लिए कई देशों से काफी लोग दान राशि भेजा करते थे। भिक्षु को दान के रूप में आख़िरी बार न्यूयार्क से एक बिशप निधि से 11,442 अमरीकी डालर की राशि प्राप्त हुई थी (जो कि 6,52,200 टका के बराबर है)।

चकमा, त्रिपुरा, झरना, बरुआ समुदायों और चिटागांग के पहाड़ी इलाकों के हिन्दू समुदाय के गरीब और अनाथ बच्चे हम अनाथालय में रहते हैं। मूलतः यह भूमि ज्ञानज्योति के पिता श्री पुलित बिहारी नरूमा की थी, जिससे उपहार रूप में यह भूमि ज्ञानज्योति को दे दी थी।

विश्वसनीय सूत्रों से पता चला है कि इस अनाथालय को चलाने के लिए विदेशी दानी ज्ञानज्योति को धन भेजा करते थे। कम से कम 47 दानी एजेंसियाँ विभिन्न परियोजनाओं के लिए इस अनाथालय को धन भेजा करती हैं और हर धनदाता एजेंसी एक परियोजना के लिए धन भेजती है। कुछ दानी शुरू से ही इस अनाथालय की सहायता करते चले आए हैं। मुख्य दानी एजेंसी है नीदरलैंड्स की तेरे-देस-होम्स। सब दानी एजेंसियाँ कुल मिलाकर अब तक एक करोड़ टका इस अनाथालय को दान दे चुकी हैं। 14 लाख 1996 में, 17 लाख 1997 में, 21 लाख

1999 में और 24 लाख 2002 में। संस्था को चलाए रखने के लिए ज्ञानज्योति ने कृषि, शिक्षा और डेरी फार्म जैसी कई परियोजनाएँ शुरू की थीं।

(दि डेली संवाद, 28, अप्रैल 2002)

बौद्धों द्वारा आंदोलन के कार्यक्रम की घोषणा

भिक्षु ज्ञानज्योति महास्थविर की हत्या का मुकदमा जल्द और न्यायपूर्ण ढंग से चलाने की अपनी मांग को मनवाने के लिए बौद्ध समुदाय के सदस्यों ने एक महीने तक के आंदोलन के कार्यक्रम की घोषणा की है। इस कार्यक्रम की घोषणा 29 अप्रैल को एक प्रेस सम्मेलन में की गई। इस प्रेस सम्मेलन का आयोजन ज्ञानज्योति भिक्षु आंदोलन समिति द्वारा स्थानीय प्रेस क्लब में किया गया।

समिति के नेताओं ने यह आरोप लगाया कि इस घटना को एक 'भ्रामक रूप' में पेश करने का 'दुष्प्रयास' किया जा रहा है। उन्होंने भिक्षु के भाई की पत्नी और दो अन्य बौद्धों की गिरफ्तारी और पुलिस हिरासत पर नाराज़गी ज़ाहिर की और कहा कि कोई धार्मिक वृत्ति का बौद्ध एक भिक्षु की हत्या नहीं कर सकता।

उन्होंने कहा यह एक 'अजीब' सी बात है कि इस क्षेत्र का विधिवेत्ता जो कि प्रधानमंत्री का सलाहकार भी है, ज्ञानज्योति जैसे अग्रणी भिक्षु की हत्या पर 'चुप्पी' साधे हुए है। समिति के नेताओं ने यह भी आरोप लगाया कि किसी खास हल्के से दबाव के कारण भिक्षु के पार्थिव शरीर का 'असामान्य उतावली' में किया गया अंतिम संस्कार, हत्यारों को बचाने के बुरे इरादे का सूचक है।

इस बीच ऐसी संभावना हो चली है कि सी.आई.डी. आज से दो-तीन दिन में मामले की जाँच का काम अपने हाथ में ले ले।

सदस्यों ने भिक्षु की हत्या के लिए सीधे सलाउद्दीन कादिर को दोषी ठहराया। उसके अलावा भिक्षु की मृत्यु के पश्चात् धार्मिक अल्पसंख्यक समुदाय को एस.के. चौधरी के गिरोह ने यह कहते हुए धमकी दी कि तुम्हारी बाप चला गया है, अब तुम्हें कौन बचाएगा? सभी हत्यारों ने यह कहा कि वे एस.के. चौधरी के आदमी हैं।

(प्रथम आलो, 30 अप्रैल, 2002)

पुजारी की मृत्यु अत्यंत नृशंस है : अपराधी को हर हाल में सज़ा दी जाए

एक सप्ताह के समय में दो धार्मिक व्यक्तियों—एक बौद्ध भिक्षु और एक हिन्दू पुजारी—की चिरागांग क्षेत्र में लगभग एक जैसे ढंग से और एक जैसी परिस्थितियों में हत्या कर दी गई है। दोनों ही मामलों में मकसद सांप्रदायिक न होकर आपराधिक था। चिटागांग के राउज़ान में एक मठ एवं अनाथालय, होरारा पुयां बौद्ध विहार, के प्रमुख ज्ञानज्योति महास्थविर और खगराचारी पहाड़ी ज़िले के मानिकचारी

में स्थित राधा मोहन आश्रम के पुजारी मदनगोपाल गोस्वामी, दोनों को इसलिए भयानक मौत का शिकार बनना पड़ा क्योंकि दोनों ने जबरदस्ती धन वसूली की धमकी के सामने घुटने टेकने से इनकार कर दिया। दोनों मामलों में हत्यारे मठ और मंदिर की कीमती वस्तुओं को उठाकर ले गए।

देश के अल्पसंख्यक समुदायों के दो पुरोहितों की हत्या अत्यंत खेदजनक है। लेकिन यदि इन्हें अनुचित रूप से बढ़ाचढ़ा कर पेश किया गया और इन्हें जानबूझ कर गलत तौर पर धार्मिक असहिष्णुता के उदाहरण मान लिया गया तो यह और भी अधिक खेदजनक बात होगी। इस प्रकार की बुरी संभावनाओं के चलते यह ज़रूरी हो जाता है कि चिटागांग और खगराचारी के स्थानीय प्रशासन यथाशीघ्र इन मामलों की गुत्थियों को सुलझा लें।

इस बीच हत्यारों ने एक बहुत ही अहम मुद्दा सामने ला खड़ा किया है। ऐसा प्रतीत होता है कि पूजा स्थल आपराधिक वृत्ति के लोगों के लिए आसान निशाने बनते चले जा रहे हैं। इनमें से कुछ धार्मिक केंद्रों को, जिनके पास कुछ संपत्ति है आपराधिक तत्त्व हसरत की निगाह से देखने लगे हैं। एक ओर तो ऐसे स्थान अपनी सुरक्षा व्यवस्था कर पाने में असमर्थ हैं दूसरी तरफ पुलिस ने वहाँ अपने आदमी तैनात करने की बाध्यता को अब तक महसूस नहीं किया है। लेकिन अपनी कार्रवाई को केवल उपर्युक्त दो घटनाओं तक ही सीमित न रखते हुए, पुलिस के लिए यह बेहतर होगा कि वह गिरजाघरों, मस्जिदों, मठों और मंदिरों पर निगरानी रखना शुरू कर दे। अब तक हम यही मान कर चलते रहे हैं कि अपराधी कभी भी धार्मिक केंद्रों पर हमला नहीं करेंगे। लेकिन उनकी जबरदस्ती धन ऐंठने की भूख की कोई सीमा नहीं है। कम से कम उन पूजा स्थलों को जिनके पास जमीनी जायदाद के अलावा देवी-देवताओं की बेशकीमती मूर्तियाँ और मूल्यवान वस्तुएँ भी मौजूद हैं सुरक्षा प्रदान करना जरूरी है।

अपराधों की घोरतम निंदा करते हुए, हम यह चाहेंगे कि जिन व्यक्तियों ने ये भयानक अपराध किए हैं, उन्हें खोज निकाला जाए उनके खिलाफ न्यायिक कार्रवाई की जाए और ऐसी सज़ा दी जाए जो दूसरों को ऐसे अपराध करने से रोकने के लिए नसीहत देने वाली साबित हो।

पुजारी की हत्या : खगराचारी में 2 गिरफ्तार

पुलिस ने 30 अप्रैल को खगराचरी के मानिकचारी में राधा मोहन आश्रम के संस्थापक पुजारी मदनगोपाल की हत्या में कथित रूप से शामिल दो व्यक्तियों को गिरफ्तार कर लिया। जिन दो व्यक्तियों को गिरफ्तार किया गया वे थे : सइदुर्रहमान सेंतू और इमाम हुसैन। 45 बर्षीय मदनगोपाल की, अपराधियों के एक गिरोह ने रविवार की रात को छुरा भोंक कर हत्या कर डाली। वे एक सोने की मूर्ति और 50 हजार टका

नकद, मंदिर से लूट कर ले गए।

दि डेली स्टार से बात करते हुए, सहायक पुलिस अधीक्षक नज़रुल इस्लाम बुलबुल ने कहा कि ज़बरदस्ती धन वसूलने वालों के किसी गिरोह ने पुजारी की हत्या की हो सकती है। मदनगोपाल का अंतिम संस्कार आश्रम के पास ही 30 अप्रैल को कर दिया गया था।

बांग्लादेश हिन्दू-बौद्ध-क्रिश्चियन ओइक्या परिषद् (युनिटी कौंसिल) ने 30 अप्रैल को मदनगोपाल की हत्या के विरोध में नगर में एक जुलूस निकाला।

वदूद भुईयाँ, संसद सदस्य और नक्षत्रलाल देव बर्मन, अध्यक्ष पहाड़ी जिला परिषद् ने 30 अप्रैल को हत्या की घोर निंदा की और अपराधियों को एक नसीहत देने वाली सज़ा देने की माँग की।

(दि डेली स्टार, 1 मई, 2002)

भिक्षु की हत्या : एन.डी.पी. का एक आदमी गिरफ्तार

अंतर्राष्ट्रीय पहचान रखने वाले बौद्ध भिक्षु ज्ञानज्योति महास्थविर की हत्या के नौ दिन बाद भी मामले की गुत्थी सुलझाने की दिशा में न तो कोई खास कदम उठाए गए हैं और न कोई प्रगति है। वास्तविक हत्यारों में से किसी को भी गिरफ्तार नहीं किया गया है। 30 अप्रैल की सुबह एक संदिग्ध व्यक्ति अब्दुल खालिक को जो कि एन. डी.पी. का कार्यकर्ता है, गिरफ्तार कर लिया गया।

विभिन्न बौद्ध समूहों और एक राजनीतिक दल (अवामी लीग) द्वारा विरोध प्रकट किया जाना जारी है। 1 मई को हर घर और दुकान पर काले झंडे लगाए गए। लोगों ने भी काली पट्टियाँ लगाई। पुलिस ने अब तक पाँच व्यक्ति गिरफ्तार किए हैं, जिनमें कत्ल किए गए भिक्षु की भाभी भी शामिल है। पुलिस ने कहा कि कुछ खास कारणों से मामला अभी आगे नहीं बढ़ पाया है। एक कारण यह है कि उपायुक्त को यह सुझाव दिया गया था कि यह मामला सी.आई.डी. को सौंप दिया जाए लेकिन 30 अप्रैल तक इस दिशा में कोई आवश्यक कदम नहीं उठाए गए। गृह सचिव डॉ. सादत हसन ने मौके का दौरा करने के बाद यह आदेश दिया कि इस मामले को अत्यंत महत्त्वपूर्ण मानकर जाँच पड़ताल की जाए। पुलिस को गिरफ्तार किए गए व्यक्तियों से कोई सुराग नहीं मिल पाया। लेकिन वास्तविक हत्यारे अभी तक खुले घूम रहे हैं। इस समय अनाथालय 'सुप्रीम संघ बौद्ध कौंसिल' की देखरेख में है।

मैंने यह सुना है और समाचार-पत्रों में भी यही खबर थी कि भिक्षु ज्ञानज्योति का भाई सुलाल बरुआ पुलिस में रपट दर्ज कराने गया था, लेकिन पुलिस ने उस पर दबाव डाल कर मनमाने ढंग रपट दर्ज की और साथ ही पुलिस ने सबसे पहले सुलाल की पत्नी निपू बरुआ (35) को गिरफ्तार कर लिया। पुलिस ने शिकायत में, जो कि स्वयं पुलिस द्वारा तैयार की गई थी, भिक्षु की हत्या की बजाए सुलाल

और उसकी पत्नी निपू बरुआ के बीच पारिवारिक कलह को ज्यादा महत्त्व दिया। पुलिस द्वारा शिकायत में साफ तौर पर यह उल्लेख किया गया कि हत्या का आधार पारिवारिक कलह थी न कि राजनीतिक या सांप्रदायिक जैसा कि सुलाल ने अपनी डायरी में उल्लेख किया था।

स्वयं शिकायतकर्ता श्री सुलाल बरुआ ने घटना के अगले दिन पत्रकारों को बताया कि पुलिस ने जबरदस्ती उससे एक कागज पर दस्तखत करा लिए थे, जोकि स्वयं पुलिस द्वारा तैयार किया गया था। चोरी हो चुकी नकदी रकम, बंदूक, बुद्ध की सोने की मूर्ति को तलाशने के नाम पर पुलिस उसके घर में घुस आई और उसकी पत्नी को गिरफ्तार कर लिया और साथ ही उसके बूढ़े माता-पिता को परेशान किया और पीटा।

बौद्ध समुदाय के नेताओं ने यह शिकायत की कि प्रशासन ने कुछ हेराफेरी की कार्रवाइयाँ करके चालाकी से असली हत्यारों को छिपा लिया है। किसी भी भिक्षु के पार्थिव शरीर का अंतिम संस्कार करने के कुछ विशेष नियम और विनियम होते हैं। किसी भिक्षु के पार्थिव शरीर का अंतिम संस्कार करने से पहले उसे एक वर्ष तक सुरक्षित रखने की विशेष व्यवस्था है। लेकिन भिक्षु ज्ञानज्योति के मामले में पुलिस और प्रशासन ने उसके पार्थिव शरीर का अंतिम संस्कार जल्दी-जल्दी करने के लिए मजबूर कर दिया। एक परंपरा के अनुसार किसी भी बौद्ध भिक्षु का अंतिम संस्कार करने से पहले, उसके पार्थिव शरीर के दर्शन करने के लिए अंतर्राष्ट्रीय बौद्ध नेताओं, राजनयिकों और अन्य गण्यमान्य व्यक्तियों को आमंत्रित किया जाता है। लेकिन इस मामले में देश के बौद्ध नेताओं, थाईलैंड से उसके गुरू होआरा पुयां और जापान और नीदरलैंड्स से धनदाताओं के बांग्लादेश पहुँचने से पहले ही ज्ञानज्योति का अंतिम संस्कार कर दिया गया।

बागेरहाट में एक किसान की हत्या, उसकी पत्नी और अन्य दो महिलाओं का बलात्कार

स्टाफ संवाददाता, खुलना

बागेरहाट सदर थाना के अंतर्गत आने वाले जात्रापुर यूनियन के करमपुर गाँव में शनिवार को देर रात गए एक किसान को काट कर मार दिया गया और उसके परिवार के तीन सदस्यों का बलात्कार किया गया, जिनमें उसकी पत्नी और भाभी भी शामिल थीं।

तपन भट्टाचार्य (43) बी.आई.एस.आई.सी. मधुमक्खी परियोजना में काम करता था। उसके जिस्म पर एक हमले के दौरान अनेक घाव और ज़ख़्म आ गए थे। जिनकी वजह से उसकी मौत हो गई। हत्यारों ने कथित रूप से तपन के बड़े भाई निरंजन भट्टाचार्य को निशाना बनाया था। तपन की लाश को परीक्षा के लिए

अस्पताल के मुर्दाघर भेज दिया गया।

10 से भी अधिक व्यक्तियों के एक गिरोह ने सुबह 3 बजे भट्टाचार्य के घर में घुस कर तपन की 34 वर्षीय पत्नी, उसके भाई की 28 वर्षीय पत्नी और उसकी माता का, जिसकी आयु फौरन नहीं जानी जा सकी, बलात्कार किया। तपन का छोटा भाई स्वप्न भट्टाचार्य जो कि रूपशा पुलिस थाने में पुलिस कांस्टेबल है, इस घटना में बुरी तरह से ज़ख़्मी हो गया और उसके खुलना मेडीकल कॉलेज अस्पताल में दाखिल करा दिया गया।

तपन और स्वप्न की पत्नियों को भी अस्पताल दाखिल करा दिया गया। तपन की पत्नी की हालत बहुत नाजुक थी, क्योंकि 10 दिन पहले ही उसने एक मरे हुए बच्चे को जन्म दिया था। बलात्कारी उसे रक्तस्राव की हालत में छोड़ कर चले गए थे।

पुलिस ने बताया कि इस हत्या का कारण स्थानीय यूनियन परिषद् के चुनाव को लेकर पैदा हुई दुश्मनी थी। उन्होंने इस घटना के लिए एक 35 वर्षीय अब्दुर्रहमान नामक व्यक्ति को गिरफ्तार किया है, जो कि उक्त चुनाव में हारा हुआ उम्मीदवार था।

बागेरहाट सदर पुलिस थाना के प्रभारी अधिकारी इशाह दुखू ने कहा, "पुलिस की नौकरी के दौरान मैंने इस किस्म का वहशीपन कभी नहीं देखा।" पुलिस थाना में हत्या और डकैती का एक मामला दर्ज करा दिया गया है। लेकिन प्रभारी अधिकारी ने बताया कि बलात्कार का मामला अभी दर्ज किया जाना है। इस मामले में कार्रवाई की जानी है और पुलिस के उच्च अधिकारी इस पर गौर कर रहे हैं, उसने कहा।

सी.आई.डी. विभाग गृह मंत्रालय के निगरानी सेल की देखरेख में जाँच पड़ताल कर रहा है। सी.आई.डी. के अवर महानिरीक्षक अशरफुल हुंडा सहित पुलिस के बहुत से उच्च अधिकारियों ने कल मौके का दौरा किया।

स्वप्न और पुलिस के अनुसार कम से कम 10 आदमी सुबह लगभग 3 बजे रसोई के रास्ते उनके घर में घुस आए। उनके कदमों की आहट सुनकर तपन की पत्नी ने उसे जगाया और तपन यह देखने के लिए कि कोई उसके घर में तो नहीं घुस आया रसोई की तरफ गया। जब उसने रसोई का दरवाजा खोला तो हत्यारों ने तेज़ हथियारों से उस पर वार कर दिया और उसके पूरे जिस्म को काट डाला। गिरोह ने दूसरे सदस्यों को भी बंदी बना लिया।

जब तपन खून से लथपथ हालत में जमीन पर गिर पड़ा तो हत्यारों में एक 5 सौ टका के नोटों की गड्डी दिखाते हुए परिवार के भयभीत सदस्यों से बोला, "देखो हम लोग एक लाख टका के बदले निरंजन का सिर काट कर ले जाने के लिए यहाँ आए थे। क्योंकि हमें निरंजन नहीं मिला, इसलिए हमने उसके छोटे भाई को कत्ल

करके इस रकम को 'हलाल' की कमाई बना लिया है। जब तक वह मरता नहीं है, हम यहाँ से नहीं जाएँगे।"

इसके बाद वे तीन औरतों को एक दूसरे कमरे में घसीट कर ले गए और बारी-बारी उनका बलात्कार किया। स्वप्न ने खुलना मेडीकल कॉलेज अस्पताल में कहा, "उन्होंने मुझे एक कमरे में बंद कर दिया और मेरे मुँह को एक कपड़े से बाँध दिया और फिर महिलाओं का बलात्कार किया।"

हत्यारे दो घंटे बाद वहाँ से चले गए। वे कुछ कीमती चीजें लूट कर ले गए जिनमें सोने के जेवर और नकद राशि शामिल थी। परिवार के सदस्यों को तपन की लाश खून की तलइया में शराबोर मिली।

स्वप्न ने कहा कि जाने से पहले हत्यारों ने उसे रूपशा चानमारी सड़क की दूसरी पुलिया पर कमरूल नामक एक हत्यारे को एक लाख टका सौंपने को कहा।

इस घटना के दौरान पड़ोसियों ने मदद के लिए चीख-पुकार मचाती हुई आवाजें सुनीं, लेकिन उन्होंने उन्हें बचाने का साहस नहीं किया।

पुलिस ने कहा कि कथित गुंडों को पहचाना नहीं जा सका क्योंकि उन्होंने नकाब पहन रखे थे।

निरंजन की पत्नी ने कहा कि वह और उसका पति उस रात उसके माता-पिता के घर ठहरे हुए थे। वह अगली सुबह हत्या और बलात्कार की ख़बर सुनकर वापस आई। संसदीय चुनाव के दिन से आतंकवादी, हमें यह कह कर धमकियाँ दे रहे थे कि हमने एक अवामी लीग के उम्मीदवार को वोट क्यों दिए हैं, उसने कहा।

सूत्रों ने बताया कि निरंजन उस इलाके में हिन्दू समुदाय का नेता था और वह संसदीय चुनाव के दिन से कुछ राजनीतिक कार्यकर्ताओं के निशाने पर था। हालिया यूनियन परिषद् के चुनाव के बाद से उसे नियमित रूप से धमकियाँ मिल रही थीं।

(दि डेली स्टार, 10 मार्च, 2003)

असुरक्षा के साये में जी रहे अल्पसंख्यक

देश के आठवें संसदीय चुनाव के बाद अल्पसंख्यकों का मुद्दा राष्ट्रीय प्रेस और इलेक्ट्रानिक मीडिया का मुख्य समाचार बन गया है। बांग्लादेश के धार्मिक अल्पसंख्यक समुदायों को पहले भी कई बार हिंसा का शिकार बनना पड़ता रहा है। लेकिन इस बार हिंसा की मात्रा और अवधि पिछली सब वारदातों की मात्रा और अवधि से कहीं अधिक बढ़ कर रही है। कुछ हिंसा पीड़ितों ने तो यहाँ तक कहा कि उनको बांग्लादेश में ऐसे वहशीपन का सामना कभी नहीं करना पड़ा है।

चुनाव के बाद की अवधि के दौरान गैरसरकारी संस्थाओं और अल्पसंख्यक समुदायों को आतंकवादियों और कट्टरपंथी तत्वों ने खास निशाना बनाया है। हमलों, घरों और दुकानों की तलाशी और लूट, जबरदस्ती धन वसूली, बलात्कार, पिटाई और

हत्या की बहुत-सी वारदातों का मुख्य निशाना धार्मिक अल्पसंख्यक समुदाय के लोग रहे हैं। देश के पूरे अल्पसंख्यक वर्ग के मन में असुरक्षा की भावना घर कर गई है। लोग घरों से बाहर नहीं जा सकते। यहाँ तक कि बच्चे भी उत्पीड़न के भय से स्कूल नहीं जा पाते। 1 अक्तूबर के बाद अल्पसंख्यक लोगों को आतंकवादियों द्वारा धमकाया जा रहा है और उन पर हमले किए जा रहे हैं।

कहा जाता है कि एक अपराधी वर्ग ने आतंकवादियों के समर्थकों के साथ मिलकर ये अमानवीय कार्य किए हैं। बदमाशों ने अल्पसंख्यक समुदाय का दो तरह का उत्पीड़न किया है : मानसिक और शारीरिक। मानसिक उत्पीड़न के अंतर्गत मंदिरों की तलाशी लेना और उन्हें लूटना, हिन्दू गाँवों में गोली चलाना गैर-कानूनी तौर पर रकम की माँग करना और आग लगाकर घरों को नुकसान पहुँचाना शामिल है। शारीरिक उत्पीड़न में बलात्कार, जबरदस्ती बेदखली कराना, पिटाई करना और भूमि छीनना आदि शामिल हैं। कुछ इलाकों में चुनाव से पहले ही अल्पसंख्यकों पर हमले किए जाने लगे और इस स्थिति में आज तक कोई परिवर्तन नहीं आया है।

इन हिंसक घटनाओं से वैसे तो बांग्लादेश के सभी जिले प्रभावित हुए हैं लेकिन खुलना और बारीसाल डिविजनों के जिले बुरी तरह से प्रभावित हुए हैं।

प्रभावित इलाकों की पहचान इस आधार पर की जाती है कि संबंधित इलाके में कितने-कितने वक्फे पर बलात्कार, जबरदस्ती, बेदखली यौन उत्पीड़न और शारीरिक उत्पीड़िन की वारदातें हुई।

सूचना के स्रोत

सूचना जनकंठ, संवाद, भारेरे कागोडा डेली स्टार और आजकेर कागोज जैसे दैनिक समाचार-पत्र हैं। यह रिपोर्ट 2 अक्तूबर से 30 अक्तूबर 2001 तक उपर्युक्त दैनिक समाचार-पत्रों में छपी अल्पसंख्यकों के उत्पीड़न की खबरों का सारांश है।

सूचना

हिंसा की जितनी वारदातें हो रही हैं उनसे अल्पसंख्यक लोग आतंकित होकर रह गए हैं। उनमें से अधिकतर लोग छिटपुट हमलों और झड़पों में जख्मी हुए। उनके घरों और मंदिरों की तलाशी ली गई और उन्हें लूटा गया। बदमाश तालाबों में से मछलियाँ और फार्मों में से मुर्गियाँ और हल जोतने में काम आने वाले बैलों को छीन कर ले गए। अधिकतर लोग अपने घर और गाँव छोड़ कर भाग गए हैं और किन्हीं गुप्त स्थानों में छिप गए हैं। बाकी सब किस्म के उत्पीड़न के अलावा अल्पसंख्यकों को कई तरह की धमकियाँ भी मिलती रही हैं। बदमाशों ने पहले तो पुरुषों को अपना निशाना बनाया और उसके बाद मनमाने ढंग से महिलाओं को छेड़ने लगे।

गैरसरकारी संस्थाओं का उत्पीड़न

बांग्लादेश के छह राष्ट्रीय स्तर के समाचार-पत्रों, दि अब्जर्वर, भारेरे कागोज, दि डेली स्टार, दि जनकंठ, दि प्रथम आलो के सूत्रों के अनुसार, 1 अक्तूबर को राष्ट्रीय चुनाव के बाद स्थानीय नेताओं और आतंकवादियों तथा जाने पहचाने और अनजाने बदमाशों द्वारा स्थानीय गैरसरकारी संस्थाओं का उत्पीड़न किया जा रहा है।

प्रभावित इलाकों में शामिल हैं बारीसाल के अगाइलझारा और गौरनाड़ी थाने, किशोरगंज का पकुंडिया थाना, राजशाही, नाटोर में बागमाड़ा का हाटगंगापाड़ा गाँव, सतखिड़ा जिला के जयपुरहाट सदर थाना के अंतर्गत आने वाला सोबुजनगर गाँव।

सूत्रों से पता चला है कि बारीसाल में 'ब्राक' के एक कर्मचारी को काट कर मार दिया गया (01.10.2001, अब्जर्वर) 'प्रोशिका' के दो स्टाफ सदस्यों को छुरा भोंक दिया गया, 'उत्तरान' और सतखिड़ा जिला की 40 और गैर-सरकारी संस्थाओं के स्टाफ सदस्यों को जलाए जाने की धमकियाँ मिलीं। (07.10.2001)

बारीसाल जिला के गौरनाड़ी थाना के अंतर्गत आने वाली एक गैरसरकारी संस्था की कीमती चीजें लूट ली गई, किशोरगंज के पकुंडिया में 'प्रोशिका' और 'ब्राक' के स्थानीय कार्यालयों को आग लगा दी गई (11.10.2001 को)। राजशाही के बगभाड़ा थाने के अंतर्गत आने वाले हाटगंगापाड़ा गाँव में रुल्फा, नाटोर के कर्बला ग्राम उन्नयन केंद्र और पाबना की समता और दुलाई जनकल्याण संगठन नामक गैरसरकारी संस्थाओं के पुरुष और महिला स्टाफ को जबरदस्ती उनके दफ्तरों से निकाल दिया गया (23.10.2001), एक स्थानीय गैरसरकारी संस्था के एक कर्मचारी निदेशक और तीन स्टाफ सदस्य एक बंदूक के चलने और विस्फोटक सामग्री तथा देशी हथियारों से गंभीर रूप से ज़ख़्मी हो गए।

बलात्कार

लड़कियाँ असुरक्षित और खतरे में हैं और उन्हें नगरों में उनके रिश्तेदारों के यहाँ भेजा दिया गया है। उपलब्ध सूचना के अनुसार भोला जिला के अंतर्गत आने वाले लाल मोहन थाना के इलाके में लड़कियाँ यहाँ तक कि 8 से 12 वर्ष की बच्चियाँ भी बदमाशों से नहीं बच पाईं। लाल मोहन थाना के अंतर्गत लार्डहार्डिंग यूनियन में, अवयस्क लड़कियाँ और महिलाएँ सामूहिक बलात्कार का शिकार बनीं। बहुत से बलात्कार के मामले दर्ज नहीं कराए गए क्योंकि माता-पिता और पति यह नहीं चाहते थे कि उनकी बेटियों और पत्नियों के बलात्कार की घटनाएँ सार्वजनिक हों। बलात्कार की अधिकतर घटनाएँ बारीसाल और सिराजगंज जिलों के भोला, पोतुआखली, बागेरहाट, अगाइलझारा और गौरनाड़ी इलाकों में घटित हुईं। पर्याप्त सूचना उपलब्ध न होने के कारण बलात्कार के मामलों की सही संख्या का पता नहीं लगाया जा सका। लेकिन उपलब्ध आँकड़ों से विभिन्न इलाकों में बलात्कार की स्थिति के

बारे में निम्नलिखित पैराग्राफ में अंदाजा मिल जाता है।

भोला और पतुआखली में सबसे ज्यादा बलात्कार के मामले दर्ज हुए। बारीसाल में, अवैध रूप से माँगी गई बड़ी राशि अदा न किए जाने पर लड़कियों का अपहरण करके बलात्कार किया गया।

बारीसाल में 12 बंदूकधारी आतंकवादी एक नौजवान लड़की को घसीट कर एक बगीचे में ले गए। वहाँ उनमें से कुछ ने उसका बलात्कार किया। उसकी 40 वर्षीय माता और 30 वर्षीय चाची भी उस रात आतंकवादियों की छेड़खानी से बच नहीं पाई।

विभिन्न दैनिक पत्रों के पत्रकारों और गैरसरकारी संस्थाओं के प्रतिनिधियों ने लालमोहन के लार्ड हार्डिंग यूनियन का दौरा किया, और यह खबर दी कि बदमाशों ने लगभग 100 महिलाओं का बलात्कार किया। कुछ लोग अपनी बेटियों और पत्नियों के बलात्कार के बारे में बाहर के लोगों के सामने नहीं बोलना चाहते थे।

भोला जिला के लालमोहन इलाके में अमानवीयता और वहशीपन की स्थिति सबसे खराब थी। एक नारा आम सुनने को मिला, "एक या दो मालू (हिन्दू) पकड़ कर उनका रात को मज़ा लो।"

36 वर्षीया शेफाली दास जब तीन वर्ष की थी, तो उसकी एक टांग जाती रही थी। 1991 के गदर में उसे अपना घर छोड़कर, अपनी एक पड़ोसिन लबोनी के घर में शरण लेनी पड़ी। रात को बदमाशों ने जब लबोनी के घर पर हमला किया, तो शेफाली ने भी परिवार की दूसरी महिलाओं के साथ भाग निकलने की कोशिश की। लेकिन एक टांग के रहते दूसरी महिलाओं के साथ भाग निकलना उसके लिए बहुत मुश्किल था। उसने रेंगना शुरू कर दिया। इतनी कोशिशें करने के बावजूद भी वह खुद को उन बदमाशों की पकड़ से नहीं बचा पाई। वह सामूहिक बलात्कार का शिकार बनी और आठ दिन तक बेहोश रही। उसे 'चार-फैशन' अस्पताल में दाखिल करा दिया गया। उसके डाक्टर ने बताया कि वह एक सप्ताह तक न तो अपने हाथ-पाँव हिला पाई और न कुछ खा सकी। डाक्टर ने उसकी बलात्कार संबंधी जाँच करने से इनकार कर दिया। उसकी यह दलील थी कि उच्चतर अधिकारी की अनुमति के बिना डाक्टर किसी महिला की बलात्कार संबंधी जाँच नहीं कर सकता। किसी महिला की बलात्कार संबंधी जाँच की माँग आमतौर पर थाना द्वारा की जाती है। इस समय वह और उसकी जवान लड़की एक स्थानीय अध्यापक की शरण में हैं।

धमकियाँ और क्षतियाँ

राजनीतिक कार्यकर्ताओं और आतंकवादियों ने धार्मिक अल्पसंख्यकों के लिए भयानक स्थिति उत्पन्न कर दी है। उन्होंने चुनावी प्रचार के शुरू में ही अल्पसंख्यक लोगों को धमकाना शुरू कर दिया था। जीत हासिल करने के बाद उन्होंने

अल्पसंख्यकों पर हमले करना शुरू कर दिया। कुछ इलाकों में खुले आम अवैध रकम की माँग करना और जायदादों पर जबरदस्ती कब्जे करना एक रोजमर्रा की बात हो गई। राजनीतिक कार्यकर्ता निरंतर लोगों को धमकियाँ दे रहे थे, जिसकी वजह से उनकी रात की नींद भी हराम हो गई। कार्यकर्ता केवल धमकियाँ देने और अवैध रकम माँगने तक ही सीमित नहीं रहे, बल्कि माँग पूरी न किए जाने पर उन्होंने लोगों को मारा पीटा भी।

हमलावरों ने लोगों के घरों को तोड़-फोड़ कर और उनकी जायदाद लूट कर उन्हें अपना इलाका छोड़ने पर मजबूर कर दिया। गुंडों ने हिन्दू व्यापारियों की पंसारी की दुकानों और व्यापार केंद्रों को क्षति पहुँचाई। आतंकवादियों ने अल्पसंख्यक समुदाय के बहुत से घरों और व्यापारिक स्थापनाओं को क्षति पहुँचाई और आग लगा दी। नीचे दिए गए चार्ट में अल्पसंख्यक समुदाय के मकानों और घरों को लूटने और आग लगाने की घटनाओं का कुछ हद तक अंदाजा लगाया जा सकता है।

बहुत से लोगों ने अपने घरों को छोड़कर दूसरे स्थानों पर शरण ले ली है। जानने में आया है कि सिराजगंज में 400 अल्पसंख्यक अपने घर छोड़ कर भाग गए हैं। आतंकवादियों ने इस समुदाय के लोगों को धमकी दी थी कि वे देश छोड़ कर चले जाएँ। सैकड़ों बांग्लादेशी हिन्दू परिवार अपनी सुरक्षा के लिए सीमा पार करके भारत चले गए हैं। बहुत से लोगों को अपनी मातृभूमि छोड़नी पड़ी क्योंकि हमलावरों ने उनका सब माल असबाब लूट लिया था और उन्हें स्वदेश छोड़ने पर मजबूर कर दिया था। इसलिए वे एक नई शुरुआत करने के लिए किसी दूसरे देश चले गए हैं। एक बांग्लादेशी हिन्दू महिला ने जो कि भारत चली गई है, अपने उत्पीड़न का बयान इस प्रकार किया।

शिखारानी दास एक किशोरावस्था की लड़की की माँ है। बुरहानुद्दीन नामक उनके गाँव में जो कि ढाका के दक्षिण में 136 कि.मी. की दूरी पर स्थित है, उनके परिवार पर बदमाशों ने हमला कर दिया। राष्ट्रीय चुनाव के तीन दिन बाद आतंकवादियों के एक गिरोह ने उसके पति पर जो कि एक दुकानदार था, हमला कर दिया और उसे घसीट कर घर से बाहर निकाल दिया। वह फिर लौट कर नहीं आया। 8 अक्तूबर की रात को शराब के नशे में धुत एक गिरोह ने उसका और उसकी जवान बेटी का सामूहिक बलात्कार किया। इस दिल दहलाने वाली घटना के बाद शिखारानी और उसकी बेटी ने दूसरे हिन्दू परिवारों के साथ भारत जाने का निश्चय कर लिया। वे बिना कुछ खाए 10 दिन तक पैदल चलते हुए सरहद पर पहुँचे।

सबसे पहले विभिन्न जिलों के अल्पसंख्यक समुदाय के पुरुषों और उसके बाद युवा महिलाओं ने अपने घरों से पलायन किया। कुछ मामलों में पुरुषों को घसीट-घसीट कर जान से मार डाल गया। जिन इलाकों में हमलावरों ने अपने

उत्पीड़न का क्षेत्र बढ़ा लिया, वहाँ पूरे के पूरे परिवारों को पलायन करना पड़ा।

अलग-अलग समाचार-पत्रों से उन लोगों के कुछ खास आँकड़े इकट्ठे किए गए हैं जिन्हें अपने घर छोड़कर जाना पड़ा। लेकिन यह सूचना पूरी तस्वीर के एक छोटे से हिस्से को पेश करती है।

जिला	**उन अल्पसंख्यक लोगों की संख्या जो अपने घर छोड़कर चले गए। (ये आंकड़े अलग-अलग समाचार पत्रों से लिए गए हैं)**
कोमिल्ला	10,000
नाटोर	12,000
चिटागांग	5,000
जिनाईदाहा	500
बोगुरा	550
पाबना	400

धार्मिक भावनाओं पर आघात

पूरे धार्मिक अल्पसंख्यक समुदाय को भयभीत करने का सबसे ज्यादा कारगर तरीका था उनके प्रतीकों को नष्ट करना। आतंकवादियों और कट्टरवादी समूहों ने बहुत से मंदिरों और मूर्तियों को नष्ट कर दिया।

क्षेत्र	**विभिन्न समाचार-पत्रों में दिए गए मंदिरों की तबाही और देवी दुर्गा की मूर्तियों को पहुँचाई गई क्षति के आँकड़े**
खुलना	3
नीलफमारी	2
मइमनसिंह	9
जमालपुर	3
चिटागांग	2
बोगरा	2
कोमिल्ला	2

निष्कर्ष

यह बहुत ही दुर्भाग्यपूर्ण है कि स्थानीय शासन तथा ग्रामीण मंत्री ने अल्पसंख्यक समुदाय के लोगों के दमन और उन पर किए गए अत्याचार के बारे में कुछ अखबारों में छपी खबरों को कुछ हल्कों द्वारा बी.एन.पी. सरकार को बदनाम करने के लिए

रचे गए षड्यंत्र का हिस्सा बताया है।

हमें यह याद रखना चाहिए कि किसी भी लोकतांत्रिक समाज में सांप्रदायिकता का कोई स्थान नहीं होता। क्या ये व्यवहार विश्व भर में घोषित किए गए मानव अधिकारों के सिद्धांतों पर आधारित हैं? बांग्लादेश राष्ट्र को इन बर्बर्ताओं की भरपाई करनी चाहिए।

विभिन्न स्थानों पर जबरदस्ती कराई गई बेदखली की भी कुछ सूचना मिली है जो कि इस प्रकार है :

जबरदस्ती कराई गई बेदखली संबंधी आँकड़े

बोगरा	70 परिवार
नाउगा	200 लोग
पाबना	400 लोग
राजशाही	600 लोग
कूरीग्राम	300 लोग
पिरोजपुर	15 लोग
बारीसाल	440 लोग
मइमनसिंह	300 लोग
सिराजगंज	300 लोग
मागुरा	7 परिवार
चिटागांग	300 लोग

कुछ मामले :

(1) 4.10.2001 - दि डेली स्टार : दो राजनीतिक कार्यकर्ताओं ने एक हिन्दू स्कूल अध्यापक के घर पर हमला किया और उसकी दो बहिनों को निर्वस्त्र करने की कोशिश की।

(2) 07.10.2001 संवाद (पिरोजपुर) - हिन्दू महिला अध्यापिका को निर्वस्त्र होने पर मजबूर किया गया।

(3) 08.10.2001 जनकंठ (पिरोजपुर) - अल्पसंख्यकों को धमकी दी गई कि वे अपने विचार पत्रकारों के सामने प्रकट न करें।

(4) 09.10.2001 दि डेली स्टार (सतखिड़ा) : जमात के कार्यकर्ताओं ने अल्पसंख्यकों से कहा कि वे बांग्लादेश छोड़ कर चले जाएँ।

(5) 13.10.2001 - जनकंठ - हिन्दू परिवारों को अपने पुरुष सदस्यों के बिना रहना पड़ा, क्योंकि वे अपने सुरक्षा के लिए घर से भाग गए थे।

(6) 16.10.2001 - संवाद (बारीसाल) : आतंकवादियों ने दो भाइयों को बांध कर उनके सामने उनकी पत्नियों का बलात्कार किया।

(7) 16.10.2001 - जनकंठ (बागेरहाट) : राजनीतिक कार्यकर्ताओं ने अल्पसंख्यक समुदाय से भारी अवैध रकम की माँग की।

(8) 09.11.2001 - दि डेली स्टार (भोला) : बदचलनी की हृदयविदारक कहानियाँ : 220 से अधिक नौजवान कमसिन लड़कियों/औरतों/बूढ़ी औरतों का बलात्कार किया गया और बहुत से घरों को लूटा गया और उनकी तलाशी ली गई।

संपादकीय
अंग्रेजी राष्ट्रीय दैनिक पत्र

अल्पसंख्यकों पर हमले बंद करो

बहाने बनाने की बजाय, सरकार को तुरंत कार्रवाई करनी चाहिए

अल्पसंख्यकों पर हिंसात्मक हमले बहुत बड़ी चिंता का विषय बन गए हैं। यह मामला अब एक खतरनाक हालत तक पहुँच गया है। ये हमले जो कि चुनावों के पहले से आरंभ हुए थे, रुकने का नाम नहीं ले रहे। राष्ट्रीय मीडिया की सीमाओं को पार करके इन हमलों से संबंधित खबरें क्षेत्रीय और अंतर्राष्ट्रीय मीडिया में भी आने लगी हैं जिनमें काफी चिंता व्यक्त की जा रही है। लेकिन हमारे देश के सरकारी अधिकारी निर्देश और बयान देने को छोड़ कर इस ओर कोई ध्यान नहीं दे रहे।

यह दलील दी जा सकती है कि वोट पड़ने और शपथ ग्रहण के बीच की अवधि के दौरान कोई पूर्ण सरकार नहीं थी, इसलिए स्थिति को नियंत्रण में नहीं लाया जा सका। लेकिन अब तो सरकार पूरी तरह से स्थापित हो चुकी है और इन हमलों को रोकना उसकी सबसे बड़ी प्राथमिकता होनी चाहिए थी। लेकिन गृहमंत्री द्वारा बीबीसी रेडियो में प्रसारित यह टिप्पणी कि अल्पसंख्यकों पर किए गए हमलों की बात कुछ षड्यंत्र है, कुछ अफवाह है और कुछ तथ्य अपने आप में वास्तविकता को पहचानने की अक्षमता का एक घृणास्पद प्रदर्शन है। यह बात जाहिर हो गई है कि वर्तमान सरकार अपने शासन काल के दौरान प्रकट हो रही अत्यंत संवेदनशील स्थिति की जिम्मेदारी लेने को तैयार नहीं है। बेहूदा बहाने बनाने की बजाय सरकार को तुरंत कार्रवाई करनी चाहिए।

इस समाचार-पत्र सहित पूरा राष्ट्रीय मीडिया इस स्थिति के बारे में खबरें देता रहा है लेकिन सत्तारूढ़ पदाधिकारियों की प्रतिक्रिया ढीली ढाली सी रही है। अभी तक भी षड्यंत्र की बात को दोहराते चले जाना एक प्रत्यक्ष तथ्य को झुठलाने का एक असफल प्रयास है जो कि किसी के गले नहीं उतरता। गृहमंत्री की प्रतिक्रिया से यह प्रकट होता है कि इस संकट को गंभीरता से नहीं लिया जा रहा। लेकिन हकीकत यह है कि इससे ज्यादा गंभीर बात कोई हो ही नहीं सकती।

अपने आप में यह महत्त्वपूर्ण नहीं है कि कौन ऐसा कर रहा है और क्यों, लेकिन वर्तमान सरकार की हमेशा यह जिम्मेदारी बनती है कि जो कुछ आसानी से नियंत्रण से बाहर हो सकता है उसे जल्द ही रोका जाए। सत्तारूढ़ दायरों में यह भावना देखने को मिलती है कि विपक्षी दल द्वारा शासक दल को बदनाम करने के लिए ये सब हमले कराए गए हो सकते हैं लेकिन इसके आधार पर सत्तारूढ़ दल को हाथ पर हाथ धरे रहने के लिए माफ नहीं किया जा सकता। हमारा मत यह है कि इस प्रकार के तत्त्वों का ज्यादा से ज्यादा 25-30 प्रतिशत तक हाथ रहा हो सकता है। बाकी 70 प्रतिशत हमलावर निश्चित रूप से स्वार्थ परायण लोग हैं। उनके खिलाफ तुरंत सख्त कार्रवाई की जानी चाहिए। जो कोई भी इन हमलों के लिए जिम्मेदार हैः उन्हें सजा दी जानी चाहिए और सबको सुरक्षा प्रदान की जानी

चाहिए। समय का यही तकाजा है। यदि हमलों के पीछे अवामी लीग का हाथ है तो उसका पर्दाफाश किया जाना चाहिए। लेकिन कृप्या कुछ कीजिए अवश्य। केवल इसके बारे में बातें मत कीजिए। लेकिन यदि हकीकत इसके विपरीत है तो उसका साहसपूर्वक सामना कीजिए और उससे दो-दो हाथ होइए।

जो कुछ हो रहा है वह भी लोकतंत्र, मतदाताओं और पूरे बांग्लादेश पर कलंक है। बी.एन.पी. जितना जरूरी समझती है उससे कहीं जल्दी उसे यह पूरी तरह से समझ लेना चाहिए कि जब ऐसी बातें होती हैं तो जनभावनाएँ जल्दी से शासक दल के ख़िलाफ जोर पकड़ सकती हैं और अल्पसंख्यकों पर हमला करना लोकप्रियता खोने और राजनीतिक जवाबी हमले के लिए आधार तैयार करने का सबसे आसान रास्ता है।

हम हमलों की निंदा करते हैं, गृहमंत्री के बयान को खारिज करते हैं और अल्पसंख्यकों की रक्षा के लिए कार्रवाई न किए जाने का सख्त से सख्त भाषा में विरोध करते हैं। अब बहानों से काम नहीं चलेगा। अब वक्त है कोई ठोस कार्रवाई करने का।

(दि डेली स्टार, 14 अक्तूबर, 2001)

बहानों की नहीं, कार्रवाई की ज़रूरत है
अल्पसंख्यकों की रक्षा करना सबका नैतिक कर्तव्य है

एक तरफ मीडिया में लगातार अल्पसंख्यकों पर हमलों की खबरें आ रही हैं और दूसरी तरफ सरकार स्थिति की गंभीरता को नकार रही है। ईटीवी से बात करते हुए गृहमंत्री ने फिर इस बात को दोहराया कि इस प्रकार की खबरें कुछ षड्यंत्र हैं, कुछ अफवाहें हैं और कुछ हकीकत हैं। यह बयान एक बार फिर वस्तुस्थिति का लगभग नकार है। आशा की जाती है कि इससे पहले कि समय पूरी तरह से हाथ से निकल जाए, हमलों की रोकथाम संबंधी कार्रवाइयाँ शुरू कर दी जाएँगी।

मुसीबत में घिरी अल्पसंख्यक आबादी का राजनीतिक महत्त्व बहुत अधिक है। इसका यह अर्थ निकलता है कि बहुसंख्यक आबादी उनकी रक्षा कर पाने में असमर्थ है, या इससे भी बुरी बात यह कि वह रक्षा करना नहीं चाहती। यदि सरकार 'षड्यंत्रों और अफवाहों' की रट लगाए रखती है तो उससे मिलने वाले संकेतों को निश्चित रूप से अल्पसंख्यकों के हक में नहीं समझा जाएगा। इससे बी.एन.पी. सरकार की जो तस्वीर उभर कर सामने आएगी, वह एक संवेदनहीन और अल्पसंख्यक समुदाय विरोधी सरकार की तस्वीर होगी।

बहुसंख्यक आबादी प्रायः अल्पसंख्यक आबादी के मनोविज्ञान से अनभिज्ञ होती है। जो घटना बहुसंख्यक समुदाय को इक्की-दुक्की घटना प्रतीत होती है उसे पूरे कमजोर अल्पसंख्यक समुदाय पर एक हमले के रूप में देखा जाएगा। अल्पसंख्यक समुदाय, जो कि आमतौर पर शक्तिहीन होता है, अत्याचार का ज्यादा शिकार बनता

है, क्योंकि बहुसंख्यक शासकों के रूप में सत्ता संपन्न होने और अंततः जनसंख्या की दृष्टि से बड़ी ताकत होने के कारण हमेशा उनकी उपेक्षा कर सकते हैं। यही वजह है कि अल्पसंख्यकों की स्थिति के बारे में हमारी चिंता इतनी अधिक है।

यह चिंता इसलिए और भी गहरी हो उठती है क्योंकि हम अल्पसंख्यकों के प्रति हिंसा और भेदभाव के इतिहास को नकार नहीं सकते। क्योंकि पिछली बार हमले तभी बंद हुए जब अधिकारियों पर जनता का दबाव पड़ा, इसलिए हमारा यह मानना है कि सभ्य समाज को ऐसी स्थिति को समाप्त करने की पुरजोर माँग करनी चाहिए।

मंत्री महोदय का यह लिखित बयान आया है कि उन्होंने जिला स्तर के अधिकारियों को प्रतिबंधक उपाय करने के आदेश जारी कर दिए हैं। उन्होंने उन इलाकों का दौरान करने का भी वादा किया है जहाँ अल्पसंख्यकों पर हमले हुए थे। गृह सचिव ने कहा है कि एक सरकार के कार्यभार त्यागने और दूसरी सरकार के कार्यभार ग्रहण करने के बीच कुछ अंतराल रहा हो सकता है लेकिन अब कार्रवाई तेजी से की जाएगी।

हमें आशा है कि इन आश्वासनों को कार्यरूप दिया जाएगा। अल्पसंख्यकों की रक्षा करना हमारा दायित्व है, एक ऐसा दायित्व जो बांग्लादेश के स्वरूप को परिभाषित करता है। हम निश्चित रूप से यह भी चाहेंगे कि इस मुद्दे का राजनीतिकरण न किया जाए और इस मामले को विवाद की दरारों में विलीन होने दिया जाए।

यदि इस मामले में कार्रवाई न की गई तो इतिहास में हमारा उल्लेख एक ऐसे राष्ट्र के रूप में किया जाएगा, जो अपने अल्पसंख्यकों की रक्षा करने में असमर्थ रहा। सरकार को कोई हक नहीं बनता है कि वह हमारे नाम पर ऐसा बट्टा लगाए। इसलिए यह जरूरी है कि तुरंत कार्रवाई की जाए। कोई बहाना नहीं, कोई लफ्फाजी नहीं चलेगी। वक्त की यह माँग है कि अब कार्रवाई की जाए।

(डि डेली स्टार, 16 अक्तूबर, 2001)

गृहमंत्री की अतिरंजित टिप्पणी
विरोधात्मक मानसिकता से काम नहीं चलेगा

गृहमंत्री अल्ताफ हुसैन चौधरी ने नई सरकार द्वारा अल्पसंख्यकों के दमन संबंधी मुद्दे पर अपनी स्थिति स्पष्ट करने के लिए बुलाए गए प्रेस सम्मेलन में अपने पूर्ववर्ती मंत्रियों के ही रूढ़िबद्ध अंदाज में बयान दिए। अल्पसंख्यक समुदाय पर हमले की कुछ वारदातों को स्वीकार करते हुए मंत्री महोदय ने प्रेस में छपी अधिकतर खबरों को 'आधारहीन, अतिशयोक्तिपूर्ण और राजनीतिक उद्देश्य ये प्रेरित' कह कर नकार दिया। हिंसापूर्ण अव्यवस्था, बलात्कार और जायदाद हड़पने के कितने मामले सामने आने पर खबरों को विश्वसनीय और अतिशयोक्ति रहित माना जाएगा?

जब 1998 में आई बाढ़ महाप्रलय का रूप ले रही थी और अखबारों में उसकी खबरें छपीं तो उन खबरों को अतिशयोक्तिपूर्ण बताया गया था। ठीक उसी तरह से जब 1999 में मीडिया ने डेंगू के प्रसंग को गंभीरतापूर्वक उठाया और सरकार को एक आसन्न महामारी के बारे में सचेत किया तो समाचार-पत्रों को यह फटकार लगाई गई कि वे अपनी हद से आगे बढ़ रहे हैं और खेद की बात है कि अब अपना कार्यभार संभालने के एक सप्ताह के भीतर गृहमंत्री महोदय, यह कहकर अखबारों को गीदड़ भभकी दे रहे हैं कि वे कुछ ऐसे निहित राजनीतिक हल्कों की शह पर बढ़ा-चढ़ा कर खबरें छाप रहे हैं जो सरकार को शुरू के दिनों में ही बदनाम करने के लिए कथित रूप से धन तक का इस्तेमाल कर रहे हैं। एक ऐसा मंत्री जिसने थोड़ा समय पहले ही राजनीति में प्रवेश किया है और शासन की मुख्य धारा में जिसका प्रशासनिक अनुभव न के बराबर है, यदि मुद्रण मीडिया पर इस प्रकार के बेतहाशा जुमले कसे तो कोई हैरानी की बात नहीं। जिस बात को अच्छी तरह से समझ लेना ज़रूरी है वह यह है कि यदि अख़बारों ने इन घटनाओं के बारे में खबरें न दी होतीं तो हम स्थिति की गंभीरता को कैसे जान पाते? अगर खबरों की ऐसी भरमार न लगा दी गई होती तो क्या वे हेलीकॉप्टर से उन स्थानों का दौरा करते जो कि प्रभावित हुए थे? मीडिया का बुनियादी काम है सरकार को उन मामलों में झकझोर कर कार्रवाई करने के लिए आमादा करना, जिनमें ऐसा करना बहुत जरूरी हो जाता है। मंत्री महोदय का कहना है कि सरकारी सूचनाएँ और अखबारों में छपी खबरें एक दूसरे से मेल नहीं खातीं। माननीय मंत्री महोदय वे आमतौर पर एक दूसरे से मेल नहीं खातीं। सरकारी सूचनाएँ ऐसी होती है जैसी कि सरकार सुनना पसंद करती है, लेकिन जिन अखबारों को अपने नाम का खयाल होता है वे केवल तथ्यों को ही सामने लाएँगे, चाहे वे कितने भी अप्रिय क्यों न हों?

तथाकथित सरकारी सूचनाओं पर संतुष्टिपूर्वक विश्वास कर लेने के कारण ही कई सरकारें बर्बाद हुई हैं। हमें सबसे ज्यादा खुशी होती, यदि वह कुछ बिल्कुल न घटा होता, जिसकी खबर दी गई थी। जो सरकार अपने चुनावी जनादेश के साथ न्याय करना चाहती है उसके लिए समाचार-पत्रों की खबरों के प्रति एक उपेक्षात्मक रवैया अपनाना और उन पर षड्यंत्र रचने का आरोप लगाना अपने आप में खुद उसके लिए नुकसानदेह है। इस सारे मामले में सबसे ज्यादा निंदनीय बात यह है कि ऐसा करने से अल्पसंख्यक समुदाय को कोई तसल्ली नहीं मिल पाएगी। अफसोस की बात तो यह है कि जब गृहमंत्री महोदय प्रेस पर ऐसे विवेकहीन जुमले कस रहे थे, जब वयोवृद्ध राजनीतिज्ञ और मंत्रिमंडल के वरिष्ठ मंत्री अब्दुल मन्नान उनके पास बैठे थे। बेहतर हो यदि वे ऐसे सब मामलों में प्रेस को एक अलार्म घड़ी के तौर पर इस्तेमाल करें।

(दि डेली स्टार, 17 अक्तूबर, 2001)

दुर्गापूजा

अल्पसंख्यकों के अधिकारों की रक्षा के लिए भरसक प्रयास किए जाएँ।

दुर्गापूजा, जो कि बांग्लादेश में सबसे बड़ा हिन्दू त्योहार है, पूरे देश में मनाया जा रहा है लेकिन कुछ दबे अंदाज में। और हिन्दुओं के साथ जो कुछ ऐसा बीता है, जिसकी वजह से उनका त्योहारी उल्लास बुझ सा गया है, उसके लिए हम सबको अपने सिर जिम्मेदारी लेनी होगी। लेकिन अल्पसंख्यकों के लिए भी यह घोषित करने का मौका है कि जो कुछ घटा वह हमारी परंपरा, पहचान और लोकाचार के विपरीत है। किसी भी कारण से और किसी भी रूप में अल्पसंख्यकों को निशाना बनाना बुनियादी तौर पर बांग्लादेश के नैतिक गुणों के प्रतिकूल है।

अल्पसंख्यकों की रक्षा करने और उनकी सुरक्षा को सुनिश्चित करने के बारे में दिए गए बयानों के लिए हम वर्तमान सरकार को बधाई देते हैं। संकट के शुरू में तो वर्तमान सरकार की प्रतिक्रिया उत्साहहीन थी, लेकिन बाद में सरकार अधिक सक्रीय हो गई। आशा की जाती है कि सरकार के नज़रिए में अब बदलाव आ चुका है लेकिन जूरी इस बात पर निगाह रखेगी कि सरकार ने ऐसे बयान देने में जितनी मुस्तैदी दिखाई है, उतनी मुस्तैदी के साथ उन पर अमल भी होता है या नहीं।

मीडिया में अल्पसंख्यकों की स्थिति के बारे में जो खबरें दी गई थीं, उनकी ओर ध्यान देने की बजाय गृहमंत्री ने उन पर असंतोष प्रकट किया और 'गलत खबरें छापने' के लिए मीडिया की आलोचना की। यह गलत बात थी क्योंकि एक अयुक्तियुक्त रुख की वकालत करने में कीमती समय नष्ट हो गया। जो असलियत सामने आई है, उसने यह साबित कर दिया है कि मीडिया सरकार की अपेक्षा कहीं ज्यादा तथ्यों के नजदीक था। यह बात याद रखनी चाहिए कि यदि मीडिया ध्यान न दिलाता तो संभवतः कोई कार्रवाई न की गई होती।

इस बीच हम हिन्दू समुदाय से भी यह अपील करते हैं कि वे यथासंभव अधिक से अधिक उल्लास और धूमधाम के साथ पूजा का त्योहार मनाएँ। यही जश्यश उन तत्त्वों को एक माकूल जवाब होगा जिन्होंने हमले किए थे। हिन्दू भी उतने ही बांग्लादेश के नागरिक हैं जितने कि मुसलमान और उन्हें अपने अधिकार जताकर उनके साथ बराबरी का दावा करना चाहिए जिसके कि वे हकदार हैं। चुप्पी साध लेने की बजाय वे अपने मनचाहे ढंग से दुर्गापूजा मनाने के अधिकार और उस हर मदद की माँग करें जो ऐसा कर पाने लिए जरूरी है।

इस वर्ष पूजा का मनाया जाना एक अत्यंत महत्त्वपूर्ण विषय बन गया है। यदि यह जश्न जरा सा भी फीका रहा तो इसका यह अर्थ होगा कि बांग्लादेश में हिन्दू समुदाय को जो स्थान प्राप्त था, उसमें गिरावट आ गई है और हम सबको यह साबित करना होगा कि ऐसी बात नहीं है।

बांग्लादेश के हिन्दुओं और भारत तथा विश्व भर में रह रहे सभी हिन्दुओं को दुर्गापूजा बहुत बहुत मुबारक।

(दि डेली स्टार, 23 अक्तूबर, 2001)

क्या अल्पसंख्यक समुदाय मतदान कर सकता है?

जैसे-जैसे चुनाव नजदीक आते जा रहे हैं, वैसे-वैसे मतदाता अपने चुनाव क्षेत्रों के उम्मदवरों के हक में या उनके विरुद्ध अपने विचार बना रहे हैं। लेकिन सभी लोग इतने सौभाग्यशाली नहीं है कि वे 1 अक्तूबर को होने वाले चुनाव में यकीनन तौर पर मतदान कर सकें। समाचार-पत्रों में देश के धार्मिक अल्पसंख्यकों के उस दिन मतदान कर सकने की संभावनाओं के बारे में भयप्रद खबरें छप रही हैं। धार्मिक अल्पसंख्यक समुदाय के लगभग 85 लाख लोग वोट डालने के पात्र हैं। जैसी कि खबर मिली है कि 37 जिलों में 90 चुनाव क्षेत्रों के अल्पसंख्यक मतदाताओं को अपने जानमाल की सुरक्षा के बारे में खासतौर पर चिंता है।

जानी खतरे, हमले और आगजनी के भय से इनमें से बहुत से मतदाताओं को इस बात का भी यकीन नहीं कि वे घर में भी रह पाएँगे या नहीं, मतदान केंद्रों पर मतदान के लिए जा पाने की बात तो बहुत दूर की है। 1971 की सांप्रदायिक और परास्त ताकतें खासतौर पर ऐसी स्थिति पैदा करने में लगी हुई हैं जिसमें अल्पसंख्यक समुदाय सामाजिक रूप से असुरक्षित और अलग-थलग महसूस करें। एक कपट योजना के हिस्से के तौर पर इन ताकतों ने पहले से ही उन विशाल क्षेत्रों में हमले करने शुरू कर दिए हैं जिनमें अल्पसंख्यक समुदाय के लोग रहते हैं। उनका गणित बहुत ही सरल है, यदि वे इन खास मतदाताओं को संबंधित इलाकों से बाहर खदेड़ सकें या वे उन्हें मतदान केंद्रों से दूर रख सकें तो उसमें उनका फायदा होगा। वे इन मतदाताओं को उदार और मुक्ति समर्थक राजनीतिक दलों का 'वोट बैंक' मानते हैं।

इसलिए सांप्रदायिक ताकतों ने इन इलाकों में अपना द्वेषपूर्ण अभियान पहले से ही आरंभ कर दिया है जहाँ अल्पसंख्यक लोग पलड़े को मुक्ति समर्थक उम्मीदवारों की तरफ झुका सकते हैं। अपनी योजनाबद्ध हिंसा के हिस्से के तौर पर इस प्रकार की ताकतों ने अल्पसंख्यक समुदाय के लोगों को पहले से ही भारी कष्ट पहुँचाना शुरू कर दिया है। कलुआ उपजिला के निश्चितपुर गाँव की पूरी आबादी हमलों और आगजनी के बाद अपने घर छोड़ कर चली गई है। सतखिड़ा की चौड़ी पट्टी में भी स्थिति इससे कुछ अलग नहीं है। इसके अलावा एक खास पार्टी ने जो कि मुक्ति विरोधी गतिविध के लिए मानी हुई है अल्पसंख्यकों के विरुद्ध यह हास्यास्पद आरोप लगाया है कि वे दोहरी नागरिकता रखते हैं। इसका परोक्ष संकेत स्पष्ट है। यदि अल्पसंख्यक समुदाय के लोग अवामी लीग को छोड़ कर किन्हीं और पार्टियों के लिए काम करने में दिलचस्पी लेते हैं तो उन्हें 'दला' अर्थात ऐसे लोग कहा जाता है जिनका कोई दीन ईमान नहीं और जो आसानी से अपनी निष्ठा बदल लेते हैं।

यदि समाज का एक हिस्सा एक पूरे समुदाय के प्रति ऐसा व्यवहार करता है तो हमें गहरी साँस लेकर देश की वर्तमान स्थिति के बारे में सोचना चाहिए। इन खास इलाकों में महिला मतदाताओं ने अपने मत का कभी प्रयोग नहीं किया।

हालिया वर्षों में दूसरे मतदाताओं को भी मतदान नहीं करने दिया गया। और अब अल्पसंख्यक हमले का खास निशाना बन गए हैं। मुख्य सलाहकार द्वारा यह आश्वासन दिए जाने के बावजूद कि महिलाओं और अल्पसंख्यक समुदाय के लोगों के लिए खास इंतजाम किए जाएँगे, हमें इस बारे में शंका है। अब तक जिस तरह से अल्पसंख्यकों को डराया धमकाया जाता रहा है या उन पर जो हमले किए जाते रहे हैं, उनके रुकने के कोई आसार दिखाई नहीं देते। यह तक स्पष्ट नहीं है कि क्या सेना तैनात करने पर स्थिति में कोई परिवर्तन आ पाएगा। हमने उन इलाकों के लिए जो जल्दी प्रभावित हो सकते हैं विशेष सुरक्षा की माँग की थी जिन इलाकों में हिंसा जल्दी फैल सकती है और जिन इलाकों में हिन्दुओं पर हमले हो सकते हैं उनमें दिन-रात सैनिक दस्तों का पहरा होना चाहिए। इससे उन लोगों में जिन पर हमला किया जा सकता है मतदान केंद्रों में जाने का आत्म विश्वास पैदा हो सकेगा। उन्हें यह महसूस होना चाहिए कि प्रशासन उनकी परवाह करता है। इस फौरी कदम के अलावा एक ऐसा दीर्घकालिक कार्यक्रम भी बनाया जाना चाहिए जिससे अंतर सांप्रदायिक सामाजिक विभाजन समाप्त किया जा सके।

(दि बांग्लादेश अब्जर्वर, 27 सितंबर, 2001)

अल्पसंख्यकों में आत्मविश्वास लौटाना

यह आशा कि चुनी हुई सरकार के कार्यभार संभालने पर ज्यादातर अल्पसंख्यक समुदाय के खिलाफ चुनाव के पश्चात् हो रही अभूतपूर्व हिंसा समाप्त हो जाएगी, अब व्यर्थ सिद्ध हो चुकी है। अल्पसंख्यक लोगों के दमन की हतोत्साहित करने वाली खबरें लगातार सुनने को मिल रही हैं। नए गृहमंत्री ने भी इससे पूरी तरह इनकार नहीं किया है, लेकिन उनकी यह आपत्ति है कि ये खबरें बढ़ा-चढ़ा कर पेश की गई हैं। हम यह जानना चाहेंगे कि मंत्री महोदय किस आधार पर ऐसा कहते हैं। क्या वे समाचार-पत्रों में छपी खबरों की सच्चाई को चुनौती दे रहे हैं? शासक दल के कुछ सदस्यों ने इस बात के व्यापक संकेत दिए हैं कि प्रेस का अपना एक अजेंडा है, इसलिए वह एक गलत तस्वीर पेश करने की कोशिश करती रही है।

ऐसा पहली बार नहीं हुआ है कि किसी शासक दल ने चाहे कोई भी दल सत्ता में रहा हो—प्रेस को गलत तस्वीर पेश करने का दोषी ठहराया हो। दूसरी तरफ कुछेक शीर्षस्थ बी.एन.पी. नेताओं ने वहशीपन के लिए अवामी लीग के गुंडों को दोषी ठहराया है। चाहे जिस किसी ने भी अल्पसंख्यकों (जो कि मानवता के पर्याय है) के विरुद्ध अपराध किए हों, लेकिन यही अपराध इस बात की स्वीकृति है कि देश में अल्पसंख्यक भयानक अनुभूति में से गुजरते रहे हैं और अब भी गुजर रहे हैं। इस बारे में सरकारी रुख क्या है? सऊदी अरब रवाना होने से पहले प्रधानमंत्री खालिदा ज़िया ने अल्पसंख्यक समुदाय पर हमलों के लिए ज़िम्मेदार लोगों को दी गई अपनी चेतावनी को दोहराया। उन्होंने यहाँ तक कहा कि हिन्दुओं को अपना सबसे बड़ा

त्योहार दुर्गापूजा मनाने के लिए हर संभव सहायता दी जाएगी। ऐसा लगने लगा है कि बी.एन.पी. के कुछ नेता यह महसूस करते हैं कि बर्बर्ताओं के लिए ज़िम्मेदार लोग केवल अवामी लीग के गुंडे हैं। ऐसे में प्रशासन की इस मामले में कोई भूमिका नहीं रह जाती। इस सोच की दिशा यह दिखाई देती है कि क्योंकि अल्पसंख्यकों के उत्पीड़क वही लोग हैं जिनके हक में उन्होंने वोट डाले थे, इसलिए प्रशासन को इस मामले में हाथ नहीं डालना चाहिए। लेकिन गृहमंत्री के बयान के पीछे जो गूढ़ार्थ छिपे हैं, वे निश्चित रूप से भयप्रद हैं। एक तरफ बिना कहे इस बात को स्वीकार कर लिया गया है कि अल्पसंख्यकों का दमन हुआ है, लेकिन उसके साथ-साथ वे सत्य को दो हिस्सों में बाँटना चाहते हैं–जाती बदले चुकाना और राजनीतिक प्रतिशोध। एक तरफ वे यह कहते हैं कि उन्होंने प्रभावित इलाकों में पुलिस के उपमहानिरीक्षकों और पुलिस अधीक्षकों को इस बारे में कड़े आदेश दिए हैं कि वे गैर-कानूनी कार्यों का समर्थन न करें और उन्हें माफ भी न करें और दूसरी ओर उन्होंने अपराधों की निंदा भी नहीं की और न उन लोगों को जो इन अपराधों में शामिल थे सज़ा की कोई धमकी दी है।

यह स्थिति प्रशासनिक अनिश्चय की परिचायक है। इस प्रकार के सांप्रदायिक संकट से निपटने के लिए जिस त्वरा और दृढ़ निश्चय की जरूरत होती है, उसका यहाँ अभाव क्यों देखने को मिलता है? क्या प्रशासन इस बात को नहीं समझ पा रहा, कि ऐसा करने से वस्तुतः समाज को सांप्रदायिक आधार पर बाँटने की प्रवृत्ति को प्रोत्साहन मिलेगा? नई दशाब्दि में यदि हम समाज की एकता की बजाय उसके विघटन का कारण बनते हैं, तो हम पर लानत है।

इसलिए हम सरकार से अनुरोध करते हैं कि वह इस स्थिति से कड़ाई से निपटे। हमारा यह प्रस्ताव है कि तुरंत एक ऐसी स्वतंत्र और तटस्थ समिति का गठन किया जाए जो कि अल्पसंख्यकों पर किए गए वहशी हमलों की छानबीन करे और उन पर निगरानी रखे। प्रस्तावित समिति में नागरिक और मानव अधिकार क्रियावादियों, सामाजिक कार्यकर्ताओं, सांस्कृतिक शख्सियतों, पत्रकारों और बुद्धिजीवियों को सदस्य के रूप में रखा जाए। इस बात से इनकार नहीं किया जा सकता कि अत्याचार पीड़ित लोग न्याय व्यवस्था में अपना विश्वास खो चुके हैं। इसलिए बर्बर्ताओं के लिए ज़िम्मेदार पाए गए लोगों को जल्द से जल्द सज़ा दी जानी चाहिए। इस उद्देश्य के लिए एक विशेष न्यायाधिकरण का गठन किया जाना चाहिए, जिससे कि आरोपियों के विरुद्ध मुकदमे की कार्रवाई जल्द से जल्द पूरी की जा सके। जब तक ऐसे उपाय नहीं किए जाएँगे, तब तक ख़ासतौर पर हिन्दुओं में आत्मविश्वास हरगिज नहीं लौट पाएगा, और इस बात की पूरी संभावना है कि वे देश छोड़ने पर मजबूर हो जाएँ। यह स्थिति दीर्घकाल में दोनों में किसी भी समुदाय के लिए अच्छी साबित नहीं होगी।

(दि बांग्लादेश अब्जर्वर, 14 अक्तूबर, 2001)

पत्र

अंग्रेज़ी राष्ट्रीय दैनिक पत्र

बांग्लादेश के अल्पसंख्यक

महोदय,

हाल में संपन्न हुआ राष्ट्रीय चुनाव बी.एन.पी. और उसके मित्र दलों के लिए बहुत बड़ी सफलता सिद्ध हुआ है क्योंकि बांग्लादेश के लोगों ने भारी संख्या में उनके हक में वोट डालकर उन्हें सत्ता दिलाई है। इस संदर्भ में अपने लोकतांत्रिक अधिकारों का प्रयोग करने में अल्पसंख्यकों की प्रतिक्रिया उत्साहजनक और उल्लेखनीय रही है।

लेकिन अल्पसंख्यकों द्वारा अपने लोकतांत्रिक अधिकारों का इस्तेमाल किए जाने पर उनके प्रति निहित हल्कों का जो रवैया देखने में आया है वह निश्चित रूप से चिंताजनक है।

ऐसी स्थिति के चलते बेगम ख़ालिदा ज़िया और उनकी सरकार से यह साग्रह अनुरोध है कि बांग्लादेश में अल्पसंख्यक जिस सहज उत्साह के साथ वोट डालने के लिए आए, उसकी वजह से देश के अलग-अलग इलाकों में उन्हें भयभीत करने और उनके उत्पीड़न और संतापन की जो कहानियाँ सुनने को मिली हैं, उनकी जाँच पड़ताल की जाए।

मैं संबंधित अधिकारियों से एक बार फिर हार्दिक अपील करता हूँ कि अल्पसंख्यकों को सहायता के साधन जुटा कर इन निहित हल्कों से उनके जानमाल की सुरक्षा और संरक्षण सुनिश्चित की जाए।

—चिंतित नागरिक

अल्पसंख्यकों की दुर्दशा

महोदय, हिन्दू महिलाओं के बलात्कार और हिन्दू मंदिरों को पहुँचाई गई क्षति के बारे में पढ़कर मुझे बहुत दुःख हुआ।

हज़ारों हिन्दू परिवारों ने पड़ोस के राज्य त्रिपुरा में जाकर शरण ले ली है। बांग्लादेश सरकार इस बारे में कुछ कर रही हो, ऐसा मुझे कुछ देखने में नहीं आया है। इसके अलावा, जबकि दूसरे समाचार-पत्रों ने इस समाचार को छापा है, आपने इस बारे में चुप्पी क्यों साध रखी है।

—डी के दास

वेनकूवर, कनाडा

दि इंडिपेंडेंट, 15 अक्तूबर, 2001

ज़रूरत तुरंत कार्रवाई की

मैं नवनियुक्त गृहमंत्री द्वारा हाल में अल्पसंख्यकों पर हुए हमलों के बारे में बी.बी.सी. बंगाली सर्विस को दिए गए इंटरव्यू के बारे में आपको यह पत्र लिख रहा हूँ। मुझे ऐसा लगता है कि एयर वाइस मार्शल अल्ताफ हुसैन चौधरी हमलों की निंदा करने और कार्रवाई का वादा करने की बजाय अपनी पार्टी और उसके कार्यकर्ताओं का बचाव करने और कुछ हल्कों के मत्थे दोष मढ़ने के बारे में ज्यादा चिंतित थे।

गृहमंत्री महोदय ने यह घोषित किया कि कुछ ग्रुप या पार्टियाँ इन घटनाओं को बढ़ा-चढ़ा कर पेश कर रही हैं। उनके अनुसार स्थिति उतनी बुरी नहीं है जितनी कि वह बुरी बना कर पेश की जा रही है। मैं यह महसूस करता हूँ कि अल्पसंख्यकों पर किया गया एक-एक हमला हमारे देश के लिए शर्मनाक है और वह सांप्रदायिक सामंजस्य, जिस पर हम इतना गर्व करते हैं, की जड़ों को खोखला करता है।

दूसरे के सिर दोष और ज़िम्मेदार मढ़ना, पुरानी नकारात्मक राजनीति की ओर लौटने की निशानी है, और वह दलगत राजनीति से ऊपर उठकर आतंकवाद को समाप्त करने संबंधी प्रधानमंत्री की प्रतिज्ञा से मेल नहीं खाती।

—शामेरन आबिद, ई-मेल पर

दि डेली स्टार, 15 अक्तूबर, 2001

संप्रदायवाद के शिकार

चुनाव पश्चात् हिंसा पर आपके संपादकीय (07.10.2001) और उसमें अल्पसंख्यकों पर किए गए अत्याचारों का उल्लेख करने के लिए आपका धन्यवाद। वस्तुतः इस समय ऐसा लगता है कि कोई भी व्यक्ति किसी भी किस्म की ज़िम्मेदारी अपने ऊपर नहीं लेना चाहता। यद्यपि बी.एन.पी. की अध्यक्ष ने चेतावनी दी है लेकिन उसका कोई असर नहीं पड़ा। 07.10.2001 को बी.बी.सी. पर प्रसारित श्री मुईद चौधरी की टिप्पणी बहुत ही लापरवाह थी। क्या हमें यह मान लेना चाहिए कि राष्ट्रपति महोदय अख़बार नहीं पढ़ते? यदि वे पढ़ते हैं तो उनकी अंतरात्मा काम क्यों नहीं करती? ऐसे में अल्पसंख्यक लोग अपनी रक्षा के लिए किस के पास जाएँ? केवल अल्लाह ही जानता है। लाचार के आँसुओं से किसी भी देश का भला नहीं हो सकता।

—ए.के.सरकार

मोतीझील, ढाका, ई-मेल पर

मेरा ऐसा मानना है कि डॉ. आसिफ ने जो अपनी राय व्यक्त की है (अक्तूबर 9) उसके पीछे असली बात कुछ और है। लेखक ने साउथ एशियन पीपल्स यूनियन अगेंस्ट फंडामेंटलिज्म ऐंड कम्युनलिज़्म के नेताओं की 'मनोवृत्ति' की भर्त्सना की है जिन्होंने हाल ही में संपन्न हुए चुनावों के दौरान अल्पसंख्यक समुदायों

के उत्पीड़न के प्रति विरोध प्रकट करते हुए एक बयान जारी किया था। इस भर्त्सना का कारण यह है कि उन संगठन के नेताओं ने उक्त बयान के एक हस्ताक्षरकर्ता के तौर पर कवि शमसुर्रहमान के नाम का इस्तेमाल किया था जबकि हकीकत यह थी कि उन्होंने उस बयान पर हस्ताक्षर नहीं किए थे। कवि ने तुरंत उस बयान से खुद को अलग कर लिया और उक्त संगठन और एक-दूसरे घटक दलाल निर्मल कमिटी से त्यागपत्र दे दिया। लेकिन इससे हमें असली मुद्दा उठाने से डरना नहीं चाहिए।

लेखक ने यह दिखाने का भरसक प्रयास किया है कि चुनाव क्षेत्रों में हिन्दू मतदाताओं ने कितनी बड़ी संख्या में...और कितने जोश के साथ अवामी लीग के हक में वोट डाले। और फिर ये वे चुनाव क्षेत्र हैं जहाँ लेखक के अनुसार हिन्दू बड़ी संख्या में एकत्रित हैं। विभिन्न प्रेस समाचारों के अनुसार बहुत से दूसरे चुनाव क्षेत्रों में (सभी चुनाव क्षेत्रों में नहीं) जिनकी संख्या लगभग 288 थी (और यह संख्या डॉ. नज़रूल ने कुल चुनाव क्षेत्रों में 12 का अंक घटाकर निकाली है) अल्पसंख्यकों को परेशान किया गया और वोट डालने से रोका गया। वर्तमान संदर्भ में यह ज्यादा ज़रूरी नहीं है कि जो हिन्दू वोट नहीं पड़ने दिए गए उनसे चुनावों के परिणामों पर कोई प्रभाव पड़ता या नहीं। असली बात यह है कि देश के बहुत से नागरिक अपने मतदान के अधिकार का प्रयोग नहीं कर पाए। निश्चित रूप से यह स्थिति बांग्लादेश में धर्मनिरपेक्ष लोकतंत्र की घोर असफलता की सूचक है।

डॉ. नज़रूल ने इस असफलता पर एक भी आँसू ज़ाया नहीं किया है। लेकिन उन्होंने संदर्भित बयान में बी.एन.पी. के नेतृत्व वाली गठबंधन सरकार को कट्टरवादी कहे जाने पर खूब आँसू बहाए हैं। मैंने वह बयान पड़ा है। उसमें स्वयं बी.एन.पी. को कहीं पर भी कट्टरवादी नहीं कहा गया है। हाँ अलबत्ता बी.एन.पी. के नेतृत्व वाले कट्टरवादी समूह की ज़रूर भर्त्सना की गई है। लेकिन देखा जाए तो क्या जमाते इस्लामी (जिसके कुछ नेता श्रीमती ज़िया के मंत्रिमंडल में मंत्री बनाए गए हैं) उदार धर्मनिरपेक्षवादियों की पार्टी है? इस संदर्भ में साउथ एशियन पीपल्स यूनियन का बयान बिल्कुल बेजा प्रतीत नहीं होता। बी.एन.पी. के नेतृत्व वाले पूरे गठबंधन को तालिबानवादी कहना अतिशयोक्तिपूर्ण हो सकता है लेकिन क्या हालिया वर्षों में हमें बांग्लादेश में तालिबान समर्थक नारे सुनने को नहीं मिले? डॉ. नजरूल ने कुछ ज्यादा ही विरोध प्रकट कर दिया है।

—महफूज़ुर्रहमान
न्यूयार्क, अमरीका, ई-मेल पर

बांग्लादेश में अल्पसंख्यकों पर किए गए अत्याचारों के बारे में पढ़कर मैं अपने संबंधियों और मित्रों के बारे में बहुत चिंतित हो उठा हूँ।

यदि एक समुदाय विशेष किसी विशेष पार्टी का समर्थन करता है तो उसमें गलत क्या है? कोई भी व्यक्ति के किसी के भी हक में मतदान कर सकता/सकती है। यह उसका लोकतांत्रिक अधिकार है। उसके लिए उसे सताया या उत्पीड़ित क्यों किया जाए?

यदि कोई दूसरी पार्टी अल्पसंख्यक लोगों का विश्वास हासिल करना चाहती है तो उसे उनका विश्वास अर्जित करने के लिए मेहनत करनी चाहिए न कि उनका उत्पीड़न करना चाहिए।

आशा करता हूँ कि नवनिर्वाचित सरकार अपराधियों के विरुद्ध कड़ी कार्रवाई करेगी और अल्पसंख्यक लोगों को रक्षा प्रदान करेगी। दि डेली स्टार और सभी प्रबुद्ध नागरिकों को आगे बढ़कर बांग्लादेश में सांप्रदायिक सामंजस्य बहाल करना चाहिए।

—एस.के.चक्रवर्ती
सिंगापुर, ई-मेल पर

हमारे हिन्दू मित्रों की वर्तमान दशा के बारे में जानकर मुझे बहुत अफ़सोस हुआ। कुछ लोग उन्हें अपने हितों के लिए इस्तेमाल कर रहे हैं। उन्हें दूसरे लोगों को अपने हित के लिए खुद को इस्तेमाल नहीं करने देना चाहिए।

—एक नागरिक, ई-मेल पर

अपने धार्मिक अल्पसंख्यक देशवासियों के दमन और उन पर किए जा रहे हमलों के बारे में जानकर हमें बहुत बड़ा धक्का लगा। अपने देश से बाहर रह रहे हम बांग्लादेशी अपने हिन्दू मित्रों पर किए जा रहे हमलों की भर्त्सना करते हैं।

हम यह आशा कर रहे थे कि मुक्त और निष्पक्ष चुनाव होने के बाद बी.एन.पी. के नेतृत्व वाली नई सरकार देश से आतंकवाद को मिटाने संबंधी अपने वादे को पूरा करेगी। लेकिन हम यह देख रहे हैं कि हमारे देशवासियों पर कुछ गुंडों और आतंकवादियों द्वारा हमले किए जा रहे हैं और उनका बलात्कार किया जा रहा है। मैं आपके प्रतिष्ठित दैनिक के माध्यम से प्रधानमंत्री श्रीमती ख़ालिदा ज़िया से उन दोषियों के खिलाफ़ कड़ी कार्रवाई करने का हार्दिक अनुरोध करता हूँ।

—मुहम्मद ग़ाज़ी सलाउद्दीन
सी.ए. अमरीका, ई-मेल पर

बांग्लादेश में अल्पसंख्यक हिन्दुओं की यातनाओं के बारे में विश्व को अवगत कराने के आपके साहसपूर्ण प्रयास की मैं सराहना करता हूँ। आपने बांग्लादेश सरकार को और विश्व को संदेश भेज कर एक बहुत बड़ा काम किया है। बांग्लादेश में हिन्दुओं का उत्पीड़न कोई नई बात नहीं है। लेकिन इस बार पूरी सभ्य दुनिया तक

भी इसके संदेश पहुँच रहे हैं।

मैं अपने गृहमंत्री की टिप्पणी को देख कर हैरान हूँ, जिन्होंने धार्मिक अल्पसंख्यकों (हिन्दुओं) पर किए गए हमलों के बारे में प्रेस में छपी खबरों को निराधार, बढ़ा-चढ़ा कर पेश किया गया और राजनीतिक से प्रेरित बताया है। निश्चय ही गृहमंत्री की टिप्पणी अल्पसंख्यकों के दिलों में उनकी रक्षा को लेकर उनकी (मंत्री महोदय की) सदाशयता के बारे में गंभीर संदेह उत्पन्न कर देगी।

मुझे बांग्लादेश के हिन्दू नेताओं पर भी थोड़ा सा क्रोध आ रहा है कि वे जनता के पास क्यों नहीं गए। मैं हिन्दू नेताओं से अनुरोध करूँगा कि वे जनता के पास जाएँ, सरकार के पास जाएँ, विदेशी वाणिज्य दूतावासों के पास जाएँ, संयुक्त राष्ट्र संघ को पत्र भेजें, मानव अधिकार संगठनों को पत्र भेजें, विस्थापित लोगों के लिए यू.एन.एच.सी.आर. से मदद माँगें और कुछ और उपाय करें।

अंततः मैं सरकार से अनुरोध करता हूँ कि वह अल्पसंख्यकों की रक्षा के लिए कड़ी कार्रवाइयाँ करे और दोषियों के ख़िलाफ़ न्यायिक कार्रवाई करे।

—प्रदीप साहा
उल्लस, अमरीका, ई-मेल पर

कम्प्यूटर से जुड़े विभिन्न बांग्लादेशी समाचार-पत्रों में बांग्लादेश के अल्पसंख्यकों और विपक्षी दल के कार्यकर्ताओं के विरुद्ध अचानक ही जाहिराना आतंकवादी हमलों की शुरुआत के बारे में पढ़कर मैं बहुत ही चिंतित हो उठा हूँ। इन अख़बारों में छपने वाली ख़बरों में आरोप, प्रत्यारोप और चतुर घुमावदार बयानबाजी सब कुछ पढ़ने को मिलता है। यह सब इस पर निर्भर करता है कि आप किसकी कही हुई बात को पढ़ रहे हैं।

लोकतंत्र की आँखें और कान होने के नाते मैं मीडिया से यह अनुरोध करता हूँ कि जहाँ तक इस मुद्दे से संबंधित ख़बरें देने का संबंध है, वे अपने संपादकीय पृष्ठों को भाषणों से भरने की बजाय अन्वेषी पत्रकारिता का सहारा लें। बांग्ला नववर्ष के दिन रामनाबोटोमुल में बमों के जरिए किए गए कायरतापूर्ण आतंकवादी हमले के लिए कौन सी पार्टियाँ जिम्मेदार हैं, इस बात का पता लगाने के लिए क्या कुछ करना पड़ता है? नए गृहमंत्री ने जो यह आरोप लगाया है कि वर्तमान हमले अवामी लीग का एक षड्यंत्र हैं और उद्देश्य के लिए अल्पसंख्यक समुदाय का इस्तेमाल किया जा रहा है, उसके पीछे कुछ सच है या नहीं इस बात का पता लगाने के लिए अन्वेषी पत्रकार को कितनी मेहनत करनी पड़ती है? या क्या यह भी हो सकता है कि ये अत्याचार वाकई किए जा रहे हों और बी.एन.पी. वास्तव में अक्षमता, अकर्मण्यता या यहाँ तक कि ऐसे हमलों को सक्रिय मदद देने की दोषी हो? इन राजनीतिज्ञों से खुद की रक्षा करने के लिए ही हमें पत्रकारों की तरफ से सक्रियता की जरूरत पड़ती है।

स्पष्ट है कि नई सरकार को कानून और व्यवस्था बहाल करनी होगी। उसे सभी बांग्लोदेशियों के अधिकारों की रक्षा करनी होगी चाहे उनका कोई भी धर्म या मत हो, या कैसी भी सामाजिक, आर्थिक परिस्थितियाँ हों, या कैसी भी राजनीति से वे जुड़े हों। इसलिए सरकार को आतंकवादियों या किंहीं भी अन्य ऐसे समाज विरोधी तत्त्वों के ख़िलाफ़ कड़ी कार्रवाई करनी होगी जो हमारे दैनिक जीवन के लिए ख़तरा हों या उसे संकट में डाल सकते हों।

—डॉ. शब्बीर ए.बशीर

स्टैंनफोर्ड विश्वविद्यालय, अमरीका, ई-मेल पर

इस बात से इनकार नहीं किया जा सकता कि बांग्लादेश ने बाहरी दुनिया के सामने, सांप्रदायिक सामंजस्य बनाए रखने में एक मिसाल कायम कर दी है। सांप्रदायिक सामंजस्य बनाए रखने में हम भारत की अपेक्षा कहीं बेहतर स्थिति में हैं। इस सामंजस्य को बरकरार रखने और उसे और मजबूत करने के लिए हमें एकजुट होकर कोशिश करनी चाहिए, फिर चाहे हम किसी भी पार्टी से संबद्ध हों। हमें यह नहीं भूलना चाहिए कि 'सोनार बांग्ला' के निर्माण में अल्पसंख्यक समूह भी बहुसंख्यकों के साथ कंधे से कंधा मिलाकर काम कर रहे हैं।

देश भर में बी.एन.पी. के नेतृत्व वाले चार दलीय गठबंधन द्वारा अल्पसंख्यकों के उत्पीड़न की छिटपुट वारदातों के बारे में कुछ खबरें सुनने को मिली हैं। प्रधानमंत्री बेग़म ख़ालिदा ज़िया ने उन लोगों के खिलाफ कड़ी कार्रवाई करने का वादा किया है, जो इस प्रकार के उत्पीड़न में शामिल हैं। हाल में गृहमंत्री एयरवाइस मार्शल (सेवानिवृत्त) अल्ताफ़ हुसैन चौधरी ने संवाददाताओं से बातचीत करते हुए इस बात पर ज़ोर दिया कि अशांति फैलाने वालों के खिलाफ़, चाहे वे किसी भी पार्टी से संबद्ध हों, कानूनी कार्रवाई की जाएगी। उन्होंने यह भी कहा कि हिन्दू समुदाय किन्हीं भी हल्कों से किसी भी प्रकार की छेड़खानी की परवाह किए बिना पूरे जश्न के साथ दुर्गापूजा मना सकेंगे। इससे यह साबित होता है कि अल्पसंख्यकों के प्रति वर्तमान सरकार का रवैया सदाशयतापूर्ण है। इससे निश्चय ही देश में सांप्रदायिक एकता बनाए रखने में और उसे सुधारने में मदद मिलेगी।

—शमीम अल-राशिद

तोपखाना रोड, ढाका

चुनाव ख़त्म हो चुके हैं और नई सरकार ने पूरे जोरों पर काम करना शुरू कर दिया है। इस बार बी.एन.पी., संसद में जबरदस्त बहुमत हासिल करके सत्ता में आ गई हैं। हम उनकी जीत के लिए उन्हें बधाई देते हैं। हमें आशा है कि वे देश का कल्याण करेंगे।

हमें हर रोज़ ये खबरें सुनने को मिल रही हैं कि बांग्लादेश में अल्पसंख्यकों पर अत्याचार किए जा रहे हैं। इससे हम बहुत चिंतित हो उठते हैं। इस बात से इनकार नहीं किया जा सकता कि अल्पसंख्यक भी बांग्लादेश के नागरिक हैं। लोगों को गुंडों से बचाना सरकार का परम कर्तव्य है। हम बी.एन.पी. के भीतर मौजूद धर्मनिरपेक्ष ताकतों का ध्यान आकर्षित करते हुए उनसे यह अनुरोध करते हैं कि वे अल्पसंख्यक समुदाय की पीठ मजबूत करने के लिए आवश्यक पहल करें, ताकि वे निर्भय होकर रहने का आत्मविश्वास फिर से हासिल कर सकें। कुछ शैतानी ताकतें बांग्लादेश में सांप्रदायिक सामंजस्य को नष्ट करके खुद लाभ उठाना चाहती हैं। गृहमंत्री महोदय, यह अफ़वाह नहीं है। यह हकीकत है।

—अशोक कुमार बोस
कनाडा, ई-मेल पर
दि डेली स्टार, 19 अक्तूबर, 2001

धार्मिक मुद्दे

कुछेक दिन पहले बंदरवन में एक गिरजाघर पर हमला किया गया, उसे लूटा गया और वहाँ मौजूद लोगों को पीटा गया। मइमनसिंह में, एक ईसाई संगठन को जो विभिन्न धर्मो के लोगों की मदद करता रहा है, धमकियाँ मिलती रही हैं। कुछ ईसाइयों को न केवल इन इलाकों में बल्कि दूसरे स्थानों पर और ढाका में भी मुश्किलात में से गुजरना पड़ता रहा है और उन्हें डराया-धमकाया जाता रहा है। इन सब वारदातों के अलावा हिन्दू समुदाय पर भी हाल में हमले किए गए हैं। इस कहानी का, सदमा पहुँचाने वाला हिस्सा यह है कि अपराधियों के खिलाफ कोई कार्रवाई नहीं की गई है। किसी नेता या पदाधिकारी ने इन कारगुजारियों की भर्त्सना नहीं की है। यहाँ तक कि किसी समाचार-पत्र ने भी इस खबर को उजागर करने की जहमत नहीं उठाई है।

सिर्फ इसलिए कि क्योंकि अमरीका अफगानिस्तान पर हमला कर रहा है बहुत से मुसलमान अमरीका से नाराज हो गए हैं और उससे वे और ईसाइयों ने नफरत करने लगे हैं। इन लोगों को नाइजीरिया, अल्जीरिया, मिस्र, लेबनान, ईराक, अफगानिस्तान, पाकिस्तान, इंडोनेशिया और फिलप्पिन्स में मुसलमानों द्वारा की गई ईसाइयों की हत्याओं का ख्याल क्यों नहीं आता?

आशा है कि दुनिया भर के लोग सहज होकर खुले मन से सच्चाई मालूम करेंगे और अपनी घृणा को प्रकट करने के लिए धर्म का इस्तेमाल करना बंद कर देंगे।

—एक ईसाई
ढाका, ई-मेल पर
दि डेली स्टार, 12 नवंबर, 2001

अल्पसंख्यकों पर अत्याचार

यह सोचकर क्रोध आता है कि सरकार अल्पसंख्यकों की और उनके सुरक्षित जीवन व्यतीत करने के मूल अधिकारों की रक्षा करने में असफल रही है। बांग्लादेश में हालिया चुनाव के बाद शासक दल बी.एन.पी. द्वारा बरपा की गई गुंडागर्दी निंदनीय है। समाचार-पत्रों में दिए गए विवरण और बहुत से राजनयिक मिशनों द्वारा सरकार को अल्पसंख्यकों पर हो रहे अत्याचारों की अपीलें, नक्कारखाने में तूती की आवाज़ साबित हुई हैं।

जहाँ तक अल्पसंख्यकों की दुर्दशा का संबंध है, ऐसा कहा जाता है कि पाकिस्तान और बांग्लादेश एक ही साँचे में ढले हुए लगते हैं। केवल निंदा करना ही काफी नहीं होता, अपराधियों के खिलाफ न्यायिक कार्रवाई भी की जानी चाहिए।

यदि बांग्लादेश में ईमानदार मानव बसते हैं तो यह बात पूरी तरह से जानने के बाद कि हिन्दू अल्पसंख्यकों के साथ क्या कुछ बीतता रहा है, उनके सिर शर्म से झुक गए होंगे।

—साना विज़ा, ई-मेल पर

दि डेली स्टार, 12 नवंबर, 2001

अल्पसंख्यकों पर अत्याचार

इस आधुनिक दुनिया में एक अल्पसंख्यक वर्ग के सदस्य के रूप में पैदा होना आज भी एक अभिशाप है और यदि इसे धार्मिक दृष्टि से परिभाषित किया जाए तो यह सबसे बड़ा अभिशाप है। बांग्लादेश विश्व के बहुत से दूसरे देशों की अपेक्षा बहुत धार्मिक सामंजस्य का परिचय देता रहा है। हालाँकि जब तक एक भी अप्रिय घटना घटती रहेगी और जब तक अल्पसंख्यक लोग निरंतर भय के वातावरण में रहते रहेंगे, तब तक इस वजह से गर्व अनुभव करने का कोई कारण नहीं है।

एक राष्ट्र किसी बच्चे को, जो सबसे अच्छा तोहफ़ा दे सकता है वह है उसे किसी भी किस्म के भय के बिना बड़ा होने का मौका देना। मेरा ऐसा मानना है कि बांग्लादेश में पैदा हुए हिन्दुओं को यह तोहफ़ा हासिल नहीं है। प्रत्येक हिन्दू की छवि ऐसी बना ली गई है कि वह अवामी लीग का पक्का समर्थक है।

इससे पहले कि बहुत देर हो जाए, हमें इस संबंध में आवश्यक कदम उठाने होंगे।

—डॉ. एम.के. हसन

बर्लिन, ई-मेल पर

दि डेली स्टार, 12 नवंबर, 2001

'हम शर्मिंदा है'

श्री कमाल हक ने अपने पत्र 'हम शर्मिंदा हैं' (30 अक्तूबर) में जिन सरोकारों को उजागर किया है उनके समर्थन में मैं भी अपनी आवाज़ बुलंद करना चाहूँगा। यह पत्र जमाते इस्लामी के श्री निज़ामी और श्री मुजाहिद को बांग्लादेश की नई सरकार में बतौर मंत्री शामिल किए जाने के बारे में है। इन व्यक्तियों ने बांग्लादेश की आज़ादी का विरोध किया था और अब वे हमारे मंत्री हैं।

शुवो (जिन्होंने श्री हक के पत्र के जवाब में पत्र लिखा था) जैसे लोगों के लिए यह 'यह बीते समय का झगड़ा' हो सकता है लेकिन हम लाखों लोगों के लिए यह हमारे इतिहास का एक महत्वपूर्ण हिस्सा है। यह हमारी प्रतिष्ठा, हमारे गर्व, हमारी परंपरा और सबसे बढ़ कर हमारे राष्ट्र के सम्मान का विषय है। श्री शुवो ने लिखा है, इन दोनों मंत्रियों के मन में 'बांग्लादेश की स्वतंत्रता के प्रति आदर भाव है।' चाहे यह सच भी हो, तो भी उनके दुष्कर्मों को मिटाने के लिए क्या इतना कुछ काफी है? जहाँ तक मेरी जानकारी है उन्होंने बांग्लादेश के मुक्ति आंदोलन के दौरान अपनी जघन्य भूमिका के लिए और बांग्लादेश की पवित्र भूमि पर पाकिस्तानी सेनाओं द्वारा किए गए अत्याचारों को समर्थन देने के लिए बांग्लादेश के लोगों से कभी माफी नहीं माँगी है। यदि वे अपने प्रयासों में सफल हो गए होते तो आज कोई बांग्लादेश न होता और हममें से अधिकतर लोग जिंदा न बचे होते और जिन वीर स्वतंत्रता सेनानियों ने इस राष्ट्र के नाम अपने जीवन की बलि दे दी थी उन्हें पाकिस्तान और इन मंत्रियों द्वारा 'बदमाश' और 'आतंकवादी' कह कर पुकारा जाता।

मैं यह महसूस करता हूँ कि यह उन सब लोगों का अपमान है जिन्होंने हमारी प्रिय मातृभूमि की आज़ादी के लिए अपने जीवन की आहुति दे दी थी और मुझ जैसे अन्य लोगों का भी अपमान है, जो हमारी स्वतंत्रता के लिए लड़े और स्वतंत्रता की लड़ाई के बाद जीवित रह गए। इसके अलावा उनकी यह नियुक्ति उन महिलाओं का भी अपमान है, जिनका बलात्कार किया गया और उन बुद्धिजीवियों का भी, जिनकी पूर्व नियोजित ढंग से हत्या कर दी गई। यह पूरे राष्ट्र का अपमान है। मेरा यह अनुरोध है कि श्री हक इन सब लोगों की तरफ़ से बयान दें। हम वास्तव में शर्मिंदा हैं।

—एक नागरिक, ई-मेल पर
दि डेली स्टार, 12 नवंबर, 2001

बढ़ता हुआ रढ़िवाद

ऐसे वक्त पर जब पूरी दुनिया 11 सितंबर और अफगानिस्तान पर बमबारी की घटनाओं में घुल रही है, बांग्लादेश के अल्पसंख्यकों की तरफ किसी का ध्यान नहीं गया। जब से बी.एन.पी. सत्ता में आई है, हिन्दुओं पर जिन्हें शुरू से अवामी लीग

के समर्थक समझा जाता रहा है, उत्तरोत्तर हमले बढ़ते चले गए हैं। हिन्दू पुरुषों को मारा पीटा गया है हिन्दू महिलाओं का बलात्कार किया गया है और देश के दूसरे हिस्सों में उनके घरों और व्यापारिक केंद्रों को आग लगा दी गई है।

बी.एन.पी. ने हाल ही में जमाते इस्लामी से गठबंधन किया है जो कि खुले आम तालिबान का समर्थन करती है और उग्र इस्लामी मुल्लाओं की पार्टी है। इस गठबंधन के कारण हिन्दुओं की स्थिति और भी बदतर हो गई है। जमात ने बांग्लादेश बनाए जाने का विरोध किया और वह पाकिस्तान को सैद्धांतिक दृष्टि से अपना आदर्श मानती और भारत से नफरत करती है जिसमें हिन्दुओं की बहुत बड़ी अक्सरीयत है और यह नफरत बांग्लादेशी हिन्दुओं के विरुद्ध हिंसा की छिटपुट वारदातों के रूप में प्रकट हुई है।

विश्व में बंगाली ही एकमात्र ऐसे लोग हैं जिन्होंने इसलिए अपना एक अलग राष्ट्र बनाया कि वे अपनी भाषा और संस्कृति को सुरक्षित रखना चाहते थे। स्वतंत्रता प्राप्ति के बाद 'हम एक बंगाली जनता राष्ट्र हैं' की उदात्त उद्घोषणाएँ सुनने को मिलती थीं। तब से अब तक चीजें कितनी बदल गई हैं।

—अतिआथ आइच

टोरेंटो, कनाडा, ई-मेल पर

दि डेली स्टार, 12 नवंबर, 2001

मुझे यह जानकर सदमा पहुँचा है और बिल्कुल विश्वास नहीं होता कि 'श्री शुवो' जैसा कोई व्यक्ति श्री कमाल के पत्र 'हम शर्मिंदा हैं' के जवाब में जमाते इस्लामी के मंत्रियों का इस तरह से बचाव करेगा, जैसे कोई 'जमात' का व्यक्ति ही कर सकता है।

श्री कमाल इन दो व्यक्तियों के मंत्रिमंडल में लिए जाने पर उत्तेजित हुए थे और उन्होंने केवल इतना अनुरोध किया था कि उन्हें शहीदों की आत्मा को अपवित्र न करने दिया जाए। मैं उनसे पूरी तरह से सहमत हूँ। जब मैं बांग्लादेश में था तो मुझे श्री निज़ामी द्वारा दिया गया एक इंटरव्यू याद है जिसमें उन्होंने यह कहा था कि 1971 की परिस्थितियों में उन्होंने जो कुछ किया था वह उचित था। श्री कमाल एक और बात बताना भूल गए, जिस पर हमें भी शर्मिंदा होनी चाहिए और वह है बी.एन.पी. द्वारा हाल में अल्पसंख्यकों पर किए गए हमले। अपने-अपने हितों को ध्यान में रखते हुए अवामी लीग और बी.एन.पी. दोनों ने अल्पसंख्यकों पर हमले किए। लेकिन यह बात मेरी कल्पना से बाहर है कि एक कामचलाऊ सरकार ने ऐसा कुछ कैसे होने दिया। मैं यह समझता हूँ कि यदि इन घटनाओं के बाद अल्पसंख्यक, बांग्लादेशी समाज से खुद को अलग करने का निश्चय कर लें तो हमें

उन्हें दोषी नहीं ठहराना चाहिए और न ही उस स्थिति में उन्हें दोषी ठहराना चाहिए जबकि वे कहीं और अपने लिए सुरक्षित स्थान की तलाश करें।

—सुखेश
कॉलेज स्टेशन, टेक्सास, अमरीका, ई-मेल पर
दि डेली स्टार, 12 नवंबर, 2001

भोला में अल्पसंख्यकों पर किए गए अत्याचारों की एक हृदय विदारक खबरों (बदचलनी की हृदय-विदारक कहानियाँ नवंबर, 9) को पढ़कर मुझे जितना क्रोध आया और दुःख हुआ उसे मैं शब्दों में व्यक्त नहीं कर सकता।

मानवता के खिलाफ उत्पीड़न और अत्याचार संबंधी इतने गंभीर ब्यौरे जान लेने के बाद भी सरकार हाथ पर हाथ धरे हुए, मात्र बेजान सी टिप्पणियाँ क्यों कर रही है?

प्रधानमंत्री महोदया अल्लाह का शुकराना करने के लिए मक्का गई थीं कि उसने उन्हें देश पर शासन करने का मौका दिया। लेकिन उन्हें यह भी जान लेना चाहिए कि उन्हें इस देश के लोगों के कल्याण के लिए जिम्मेदार ठहराया जाएगा।

उत्पीड़ितों के आँसू अल्लाह के पास जल्द ही पहुँच जाते हैं और यदि इन जघन्य कार्यों को रोकने और अपराधियों को दंडित करने तथा अल्पसंख्यकों के सुरक्षा उपाय करने के लिए कोई कार्रवाई नहीं की जाती तो अल्लाह उपयुक्त ढंग से इन सब बातों का न्याय कर देगा।

और जमाते इस्लामी और अन्य इस्लामी संगठनों से मैं यह कहना चाहूँगा कि वैसे तो आप अल्लाह के कार्यों में बहुत सक्रिय रहते हैं और ऐसे किसी पापाचार या कार्रवाई का विरोध करने के लिए सड़कों पर उतर आते हैं जो इस्लामी धर्म और भावनाओं के विरुद्ध हो।

लेकिन अब जब कि अल्लाह की ख़लकत के खिलाफ़ खुले तौर पर और घमंडी अंदाज में जुल्म ढाए जा रहे हैं तो आप इस कदर चुप क्यों हैं? दूसरों के प्रति अपने उचित कर्तव्य की पूरी तरह से उपेक्षा करते हुए आपका निरंतर इस्लाम की गुहार लगाना केवल एक वस्तुतः महान धर्म के अर्थों को सीमित करने में मदद कर रहा है और ऐसा करके आप आम जनता को खुद से दूर रख रहे हैं।

—शकिबुल मुस्तफ़ा
वर्डिनी टेक, ई-मेल पर
दि डेली स्टार, 12 नवंबर, 2001

भोला इलाके में 2 अक्तूबर को निस्सहाय हिन्दू आबादी को बड़े पैमाने पर लूटने और उनके बलात्कार की ख़बर पढ़कर मुझे सदमा पहुँचा और मैं भयभीत हो

उठा। इससे भी ज्यादा सदमा मुझे पहुँचा कानून और व्यवस्था बनाए रखने के लिए जिम्मेदार संस्था अर्थात् पुलिस और सांसदों की 'प्रतिक्रिया' के बारे में जानकर, यदि उन्होंने कोई प्रतिक्रिया व्यक्त की है तो।

हमारे द्वारा खुद हमारे विरुद्ध किए गए सुन्न कर देने वाले अत्याचारों की एक निर्भीक और ईमानदार कही जा सकने वाली रिपोर्ट के लिए मैं दि डेली स्टार टीम को धन्यवाद देता हूँ।

रिपोर्ट से यह बात स्पष्ट हो जाती है कि हमारे अधिकारी हमारे समाज के उन नाशक जीवों और पीड़क जंतुओक के विरुद्ध कोई कार्रवाई करने की जल्दी में नहीं हैं जिन्होंने दो सौ महिलाओं का, जिनमें आठ/नौ साल की लड़कियाँ और माताएँ भी शामिल थीं, उनके बेटों और बेटियों के सामने बलात्कार करने का दुस्साहस किया।

उन्हें यह कहते हुए सुना गया कि किसी ने कोई औपचारिक शिकायत दर्ज नहीं कराई। कितना हास्यास्पद कथन है यह? जो लोग डर से मरे जा रहे हैं, जिन लोगों को मात्र अपने घर में बने रहने के लिए हफ्ता चुकाना पड़ता है उनसे यह उम्मीद कैसे की जा सकती है कि वे आकर 'शिकायत दर्ज' कराएँ।

यदि हमें खुद को मानव प्राणी कहने को कोई अधिकार है, तो हमें आगे आकर उन लोगों पर मुकदमा चलाना चाहिए जिन्होंने ऐसा किया है।

मैं नवनिर्वाचित सरकार से यह अनुरोध करूँगा कि वह इस बात पर अत्यंत गंभीरता के साथ विचार करे क्योंकि सरकार चुनने का मूल प्रयोजन होता है जनता की सुरक्षा और संरक्षा सुनिश्चित करना।

वरना हम सरकार को ख़त्म करके सुंदरबन (जितना वह अभी बचा रह गया है) में जाकर रह सकते हैं।

—इनाम अहमद चौधरी
अमरीका, ई-मेल पर
दि डेली स्टार, 12 नवंबर, 2001

बदचलनी की हृदय-विदारक कहानियाँ

आज तक मैं अपनी मातृभूमि बांग्लादेश में वापस आ कर एक नया काम, नया परिवार और नया जीवन शुरू करने के बारे में बहुत उत्तेजित थी। लेकिन आपके अखबार में 'बदचलनी की हृदय-विदारक कहानियाँ' पढ़कर मेरी आँखों में आँसू भर आए हैं।

मैं नहीं जानती कि मैं क्रोधित हूँ, उदास हूँ, भयभीत हूँ या मात्र चकराई हुई हूँ। मैं नहीं जानती कि इन घटनाओं के प्रति मेरी क्या प्रतिक्रिया होनी चाहिए। मैं इस बारे में निश्चित नहीं हूँ कि मैं वापस आऊँगी या नहीं। मैं एक मुसलमान हूँ

लेकिन मेरा दिल उन हिन्दू औरतों के लिए रो उठता है जिनके 'नाकफूल' का हरण कर लिया गया।

और इस बात का हिन्दू या मुसलमान होने से कोई संबंध नहीं है क्योंकि कोई भी धर्म मासूम औरतों और बच्चियों के बलात्कार की इजाजत नहीं देता। मेरे पास इस बात का क्या आश्वासन है कि हिन्दू मेरे खिलाफ या अन्य हमवतनी मुसलमानों के खिलाफ वैसी जवाबी कार्रवाई नहीं करेंगे। मैं उससे खुद की या अपने परिवार की रक्षा कैसे करूँगी?

मैं अपने मूल तत्त्वों की रक्षा कैसे करूँगी जो कि अभी तक ग्रामीण क्षेत्रों में विद्यमान हैं? मैं अपने बच्चों के सामने इस प्रकार के पाशविक व्यवहार की सफाई कैसे पेश करूँगी? कुछ समझ में नहीं आता।

लेकिन पता है क्या, मैं इसके बारे में पत्र लिखने के अलावा और कुछ नहीं करूँगी। लेकिन दूसरी तरफ आपने एक रुख अपनाया है। आपने एक घुमक्कड़ टीम तैयार करने का प्रयास किया है। बल्कि आपने और आपके समाचार-पत्र ने सच को ढूँढ निकालने की कोशिश की है।

मुझे आशा है कि जिस तरह इस लेख ने मुझे द्रवित किया है उस तरह कुछ और लोगों को भी द्रवित किया होगा। हमारे एक साथ मिल जाने से कुछ फर्क पड़ेगा। अपने इस अच्छे काम को जारी रखिए।

मेरी अपनी खोज के आधार पर मेरा यह मानना है कि पाकिस्तानियों ने जो सबसे बड़ी गलती की थी, वह यह थी कि उन्होंने हमारी महिलाओं का बलात्कार किया था। इन लोगों ने भी वही गलती की है और कुछ समय में इसका गुस्सा उन पर उतरेगा। इन लोगों को कोई अंदाजा नहीं है कि औरतें जब ठान लेती हैं तो वे कितनी शक्तिशाली हो सकती हैं।

—एक और साधारण औरत, ई-मेल पर
दि डेली स्टार, 12 नवंबर, 2001

मैं यह सोचकर काँप उठता हूँ कि चुनावों के ठीक बाद हमारे अल्पसंख्यक समुदाय के नागरिकों को कैसी-कैसी भयंकर और अमानवीय यातनाएँ दी गई हैं (और अब भी दी जा रही हैं।) ये यातनाएँ द्वितीय विश्वयुद्ध के दौरान हू ब हू अश्विट्ज हत्याकांड की याद लिाती हैं। ऐसे में यह हमारे लिए शर्म की बात है कि हम खुद को 21वीं शताब्दी का एक सभ्य देश कहते हैं।

नए गृहमंत्री के पास संभवतः अखबारों को पढ़ने या किसी अंतर्राष्ट्रीय चैनल को देखने का समय नहीं हैं जिससे उनको पता चल पाता कि उनके इर्द-गिर्द क्या हो रहा है।

भोला में, जहाँ अत्यंत जघन्य किस्म के अत्याचार किए गए एक अन्वेषी दल भेजने के लिए मैं दि डेली स्टार का बहुत-बहुत धन्यवाद करता हूँ। हम हमेशा से

एक भीख माँगने वाला देश रहे हैं, जिसकी छवि खराब है। अब समय आ गया है जबकि सरकार को यह अच्छी तरह से समझ लेना चाहिए कि देश के लिए क्या अच्छा है और इन पशुओं को रोकने के लिए, जिन्होंने हमारे अल्पसंख्यक भाइयों और बहिनों पर ऐसे अमानवीय अत्याचार किए, क्या कुछ करने की जरूरत है।

याद रखो, यदि ऐसी संवदेनशील स्थिति की गंभीरता को पूरी तरह से जान लेने के बाद भी आपने इससे निपटने के लिए आवश्यक कार्रवाई करने में ज्यादा देरी कर दी तो आप को जल्द ही इसकी भारी कीमत चुकानी पड़ सकती है। उन पदाधिकारीयों को सजा दीजिए जिन्होंने ऐसी त्रासदीपूर्ण घटनाओं की शिद्दत को कम करने का खेल खेला और उन जानवरों से जवाबतलबी कीजिए जिनका इन घटनाओं के पीछे हाथ था और उन्हें उखाड़ फेंकिए। अगर ज़रूरत पड़े तो उन्हें फाँसी पर लटका दीजिए।

—शाह मुश्ताक अहमद

लेक सर्कस, ढाका, ई-मेल पर

दि डेली स्टार, 12 नवंबर, 2001

अल्पसंख्यकों की रक्षा

महोदय,

यह बड़े दुःख की बात है कि अल्पसंख्यकों और सुरक्षित जीवन व्यतीत करने के उनके मूल अधिकारी की रक्षा करने के लिए समय रहते उपयुक्त उपाय नहीं किए गए। कुछ दलों के बारे में जो आँखें मूँदे ही अपेक्षाएँ की जा रही थी, उनके मद्देनज़र, कुछ तत्त्व चुनावों के परिणाम घोषित होते ही, उनका नाजायज़ फ़ायदा उठाने की कोशिश करेंगे यह बात पहले ही समझ ली जानी चाहिए थी। वस्तुतः नवनिर्वाचित सरकार इस कदर-ना-तैयार थी कि पहले पहल समाचार-पत्रों में छपे विवरण और बहुत से राजनयिक मिशनों द्वारा अल्पसंख्यकों पर किए जा रहे अत्याचारों को रोकने के लिए की गई अपील नक्कारखाने में तूती की आवाज साबित हुई।

बलात्कार, उत्पीड़न, लूट और क्रूर हत्याओं जैसे अपराधों ने अल्पसंख्यकों को बांग्लादेश छोड़कर पश्चिम बंगाल, त्रिपुरा और असम के पड़ोसी ज़िलों में जाकर शरण लेने के लिए मजबूर कर दिया। यह हम पर कलंक है।

ये जघन्य घटनाएँ और अव्यवस्था हमारे सभ्य समाज को प्रभावित कर रही रुग्णता की सूचक हैं। केवल भर्त्सना करना ही काफी नहीं है। अपराधियों के खिलाफ न्यायिक कार्रवाई की जानी चाहिए।

—इंडिग्नेंट, ई-मेल पर

दि इंडिपेंडेंट, 13 नवंबर, 2001

ओह बांग्लादेश, मेरे लिए आँसू बहाओ

दि डेली स्टार का एक नियमित पाठक होने के नाते और एक ऐसा व्यक्ति होने के नाते जो इस समाचार-पत्र को एक समाचार-पत्र ही नहीं बल्कि अपने देश का आइना मानता है, मैं आपको अल्पसंख्यकों की दुर्दशा को उजागर करने और आतंकवाद पर लिखे गए कुछ उत्कृष्ट संपादकीयों के लिए साधुवाद देता हूँ। हमारे देश के बदले हुए राजनीतिक दृश्य और उसके अवांछनीय प्रतिघात के मद्‌देनजर आपके जैसे समाचार-पत्र की भूमिका बहुत महत्त्वपूर्ण हो गई है।

लेकिन उसके साथ-साथ हमारा राष्ट्रीय लोकाचार जो रूप लेता चला जा रहा है उसको देखकर मैं उत्तरोत्तर कुंठित और असहाय महसूस करने लगा हूँ।

ओसामा बिन लादिन और उसके कट्टरवादी गिरोह के समर्थन में उठने वाली हमारी 'इस्लामी' बिरादरी की सामूहिक आवाजों के बारे में पढ़कर मैं व्याकुल हो उठता हूँ। हमारे आधुनिक काल के सबसे बड़े कुख्यात आतंकवादी के समर्थन में जो विरोध रैलियाँ निकाली जाती हैं उन्हें देखकर मुझे विश्वास नहीं होता। जब उसका इस्लाम के सर्वश्रेष्ठ मुजाहिद के रूप में अभिवादन किया जाता है तो उस दृश्य को देखकर मैं दहल जाता हूँ। वैसे देखा जाए, तो उसने हमारे लिए किया क्या है? वह हमारे लाखों लोगों के जीवन में, जिन्हें आधे पेट भूखे रहकर सोना पड़ता है, कौन सा परिवर्तन लाया है?

इसके अलावा हमने अपने विश्वास में इस कदर अपंग और अपने धर्म में इतना अंधा होना कहाँ से सीखा? मेरे देशवासियों को क्या हो गया है जो कि अपने छोटे से इतिहास के अधिकतर हिस्से में आतंक को सहते रहे हैं।

शिया और अहमदी भी उसी तरह से हमारे भाई हैं जिस तरह से सुन्नी। उसी तरह से ईसाई और हिन्दू भी हमारे भाई हैं। यदि इस छोटे से विचार को हमारे 'मुल्लाह' अपनी बुद्धि में नहीं बैठा सकते तो उन्हें लड़ाई में साथ देने के लिए तालिबान के पास भेज देना चाहिए। हमारे देश के पास निपटने को और कई महत्त्वपूर्ण मुद्‌दे हैं।

इसके अलावा 'हमारा मज़हब शांतिप्रिय, सहिष्णु और संवदेनशील है' के मात्र नारों से काम नहीं चलने वाला। क्योंकि जब हम खड़े होकर सब एक आवाज़ में हिंसा के हर ऐसे काम की निंदा नहीं करते जो कि हमारे मज़हब के नाम पर किया जाता है, तब ऐसे नारे ढोंग से लगते हैं। तब दुनिया भी हमें व्यंग्य और संदेह भरी दृष्टि से देखने लगती है और उसके पीछे कोई कारण होता है। हमें निंदा करने और असहमत होने का अधिकार है, लेकिन किसी को भी किसी के नाम से फतवा जारी करने की इजाज़त नहीं दी जानी चाहिए। इस बात से किसी संदेह की गुंजाइश नहीं होनी चाहिए।

हमारे देश के संस्थापकों ने जिस बांग्लादेश का स्वप्न देखा था उसका क्या

हुआ? ऐसा क्यों है, कि जो कुछ मुझे दिखाई देता है वह धर्मांधों की कभी खत्म न होने वाली एक कतार है जिनके पास नफ़रत भरे मुद्दे हैं जिनमें से असहिष्णुता की बू आती है।

और सबसे ज्यादा भयानक और घृणास्पद है हमारे देश से अल्पसंख्यकों के जातीय सफाये की खबर। ऐसा क्यों है कि अफगानिस्तान जैसे दूरदराज देश में रहने वाले उन लोगों के प्रति जिनका हमसे कोई संबंध नहीं, अधिक सहानुभूति है बनिस्बत अपने भाइयों के जिन्होंने स्वतंत्रता संग्राम में हमारा साथ दिया और जिनकी भाषा, संस्कृति, परंपरा और मूल्य वही हैं, जो कि हमारे हैं और हमारे साथ-साथ दुःखी और शोक संतप्त हुए और जब हमें ज़रूरत पड़ी तो उन्होंने हमें ढांढस बँधाया? कब और क्यों हमने उन्हें खुद से अलग करने और उनके अस्तित्व को मिटाने की कोशिश की?

हमारे नैतिक और राष्ट्रीय लोकाचार में कोई गंभीर खराबी पैदा हो गई है।

ओह बांग्लादेश, मेरी लिए आँसू बहाओ।

—अहमद जमाल, सी.ए., अमरीका

दि डेली स्टार, 14 नवंबर, 2001

भोला में हुए अत्याचार

स्टार की अन्वेषी रिपोर्ट 'बदचलनी की हृदय-विदारक कहानियाँ' शृंखला की पहली कड़ी (9 नवंबर) ने हमें हक्का-बक्का कर दिया है। इसमें भोला ज़िला के कुछ गाँवों में हिन्दुओं पर किए गए कई तरह के अत्याचारों का सजीव वर्णन किया गया है।

यह एक अत्यंत नृशंसतापूर्ण अपराध है कि बांग्लादेश के नागरिकों के एक वर्ग को चुनाव जीतने वाली पार्टी के कार्यकर्ताओं द्वारा इसलिए अत्याचारों का शिकार बनाया गया कि उनका संबंध एक दूसरे धर्म से है। यह एक दर्दनाक और शर्मनाक बात है कि मानव अधिकारों का इस कदर खुलेआम उल्लंघन सरकारी तंत्र की नाक के नीचे हुआ। जिला भोला के इलाकों पर इस एक रिपोर्ट से ही यह आभास हो जाता है कि देश के दूसरे हिस्सों में भी इस तरह की घटनाएँ घट रही होंगी। पिछले सी.टी.जी. के मुख्य सलाहकार और सी.ई.सी. ने हिन्दुओं को आवश्यक सुरक्षा प्रदान क्यों नहीं की।

बी.एन.पी. के कार्यभार सँभालने के बाद भी अत्याचार और खतरा पहले की तरह बने रहे और कुछ मामलों में तो वे और भी बहुत ज्यादा बढ़ गए। लेकिन विडंबना की बात यह है कि उन्होंने उनकी अनदेखी कर दी।

—मुहम्मद अब्दुल्लाह

आज़िमपुर सरकारी कालोनी, ढाका

दि डेली स्टार, 14 नवंबर, 2001

भोला में हिन्दुओं को भुलाया नहीं जाएगा

दि डेली स्टार के बांग्लादेशी पाठकों को उनके अपने देश में घट रही घटनाओं के बारे में ज्यादा चिंतित होना चाहिए। भोला में हिन्दू महिलाओं का बलात्कार कोई ऐसी बात नहीं है जिसे मुझ जैसा बांग्लादेशी हिन्दू आसानी से भुला सके। माना कि अफगानिस्तान अपने आप में महत्त्वपूर्ण है, लेकिन अपने देशवासी हिन्दुओं को ढांढस बँधाने की शालीनता दिखाना इस प्रकार के अत्याचारों के सामने झुकना नहीं होगा। हम अवामी लीग या बी.एन.पी. के साथ मिलकर बैठने नहीं जा रहे हैं। हम बराबर अधिकारों की माँग करते हैं और उन अपराधियों पर मुकदमा चलाने और प्रभावित लोगों के पुनर्वास की माँग करते हैं। हमें अभी न्याय चाहिए।

—अनूप देब
अलिंगटन, टेक्सास, अमरीका
दि डेली स्टार, 14 नवंबर, 2001

हिन्दुओं पर अत्याचार

हम आपके पत्र के इंटरनेट संस्करण के नियमित पाठक हैं। बांग्लादेश के मामले में समाचार का स्तर और प्रामाणिकता बनाए रखने के लिए धन्यवाद, वरना देखा यह गया है कि बांग्लादेश के अधिकतर समाचार-पत्रों में समाचारों की विश्वसनीयता और प्रामाणिकता की कमी पाई जाती है।

आस्ट्रेलिया में रह रहे हम बांग्लोदेशी हिन्दू समुदाय के लोग बांग्लादेश में हिन्दू आबादी पर किए जा रहे अत्याचारों के बारे में पढ़कर बहुत चिंतित हैं। इन अत्याचारों के समाचार बांग्लादेश में सरकारी अधिकारियों और विश्व भर में फैले हुए आपके लाखों पाठकों तक पहुँचाने के लिए आपका धन्यवाद।

हाल में हमने सिडनी, आस्ट्रेलिया में बांग्लादेश में हिन्दू आबादी पर किए जा रहे अत्याचारों के विरोध में एक रैली की थी। मीडिया को समाचार मुहैया करने के लिए हमने एक आरजी वेबसाइट भी खोला था।

—आस्ट्रेलिया में बांग्लादेशी हिन्दू समुदाय की ओर से
प्रबीर मैत्रा
दि डेली स्टार, 14 नवंबर, 2001

पाकिस्तानी मनोवृत्ति?

बांग्लादेश में हिन्दुओं की स्थिति बहुत नाजुक हो गई है। जो कुछ देश में घट रहा है केवल वही कुछ चिंता का विषय नहीं है। उससे भी बड़ी चिंता का विषय है, बहुसंख्यकों में अल्पसंख्यकों के प्रति सरोकार का प्रत्यक्ष अभाव। दूरदराज़ अफ़गानिस्तान और अन्य देशों में रह रहे मुसलमानों के प्रति तो सहानुभूति के भरपूर उद्‌गार प्रकट किए जाते हैं लेकिन एक ही देश में रह रहे हिन्दू सहनागरिकों के लिए ऐसे उद्‌गारों का नितांत अभाव देखने को मिलता है। क्या यह बात किसी को सूझी है कि इसके कारण एक बड़ा संघर्ष उत्पन्न हो सकता है?

मैं यह समझता हूँ कि असली समस्या यह है कि बांग्लादेश का प्रशासन अब भी 1971 की पाकिस्तानी मनोवृत्ति से चलाया जा रहा है।

—सलीम हुसैन, ढाका

दि डेली स्टार, 14 नवंबर, 2001

हृदय-विदारक कहानियाँ

'बदचलनी की हृदय-विदारक कहानियाँ' शीर्षक के अंतर्गत छपी रिपोर्ट (11 नवंबर) पढ़ कर मुझे सदमा पहुँचा।

एक तरफ तो सत्तारूढ़ पार्टी यह कहती है कि वे हिन्दुओं को अल्पसंख्यक नहीं बल्कि देश के नागरिक मानकर उनके साथ व्यवहार करते हैं। जैसा कि हमेशा दावा किया जाता रहा है, अपने नागरिकों के लिए सुरक्षा उपाय करना सरकार का परम कर्तव्य है। हमने बांग्लादेश में हाल में हुई दुर्गापूजा के दौरान देखा है कि सरकार की ओर से बार-बार आश्वासन दिए जाने के बावजूद हिन्दू समुदाय को धर्माचरण संबंधी अपने अधिकारों का प्रयोग करने में काफी कष्ट उठाने पड़े।

गृहमंत्री की ओर से आश्वासन के बावजूद अत्याचार जारी रहे। क्या अल्पसंख्यकों को वास्तव में बराबर अधिकार प्राप्त हैं? किसी भी प्रकार के दुर्व्यवहार या शोषण से देश के नागरिकों की रक्षा करने के लिए कौन जिम्मेदार है, फिर चाहे उनका कोई मजहब, कोई भी रंग, कोई भी जातीय मूल और कोई भी लिंग क्यों न हो?

मैं सरकार से आग्रह करता हूँ कि वह पीड़ितों का साथ देकर अपराधियों के विरुद्ध न्यायिक कार्रवाई करे। कुछ दिन पहले बीबीसी ने यह सूचित किया था कि कुछ हिन्दू अल्पसंख्यक बांग्लादेश छोड़कर भारत चले गए हैं। इस प्रकार की घटना से एक बार फिर ये जाहिर होता है कि वे खुद को कितना ज्यादा असुरक्षित महसूस करते हैं।

—शहिद अली

वैनकूवर, केनाडा

दि डेली स्टार, 14 नवंबर, 2001

अल्पसंख्यकों का दमन

अत्याचार पीड़ित चाहे किसी और धर्म के हों या उन्होंने बी.एन.पी. के खिलाफ भी वोट क्यों न डाले हों, इसकी मुझे परवाह नहीं है। मेरे लिए वे बांग्लादेश के किन्हीं भी और नागरिकों की तरह हैं। और नागरिक होने के नाते वे निश्चित रूप से इस बात के हकदार हैं कि उनके साथ आदर और मान मर्यादा के साथ पेश आया जाए।

सभी अपराधियों के खिलाफ न्यायिक कार्रवाई की जानी चाहिए और उन्होंने जो काम किए हैं उनके लिए उन्हें मृत्युदंड दिया जाना चाहिए। आप लोगों का, जो कि प्रशासन में हैं, क्या यही रवैया है कि आप वादा तो कुछ करते हैं और अमल करते हैं ठीक उसके उलट?

—ए.अहमद, ई-मेल पर

दि डेली स्टार, 14 नवंबर, 2001

कृप्या अल्पसंख्यकों की रक्षा करें

एक मित्र के अनुरोध पर मैं और मेरा परिवार लास ऐंजलेस, अमरीका में 'दुर्गापूजा' उत्सव में भाग लेने के लिए गए। केलीफोर्निया के दक्षिणी बंगाली संगठन ने इस शानदार उत्सव का आयोजन किया था।

दूसरे दिन का मुख्य आकर्षण था प्रसिद्ध गायिका 'आरती मुखर्जी' का संगीत कार्यक्रम। जैसे ही हम संगीत द्वारा इस उत्सव के शानदार समापन की प्रतीक्षा कर रहे थे, अचानक ह्यूमन राइट्स काँग्रेस फार बांग्लादेश माइनोरिटीज़ (बांग्लादेश अल्पसंख्यक मानव अधिकार काँग्रेस) (ए.आर.सी.बी.एम.) के डॉ. चंचल चैटर्जी ने माइक्रोफोन पर एक अपील की। उन्होंने एक प्रेस विज्ञप्ति पढ़ कर सुनाई जिसमें यह उल्लेख था कि बांग्लादेश में लगभग दो लाख हिन्दू तथा अन्य धार्मिक अल्पसंख्यकों को बांग्लादेश सरकार और रूढ़िवादियों द्वारा आतंकित किया जा रहा है।

डॉ. चैटर्जी ने उत्सव में मौजूद सभी लोगों से उस अपील पर हस्ताक्षर करने का अनुरोध किया जो कि संयुक्त राष्ट्र संघ के महासचिव को भेजी जानी थी। मैंने देखा कि श्रोताओं ने बहुत बड़ी संख्या में उस दस्तावेज पर हस्ताक्षर किए। यद्यपि मैं संगीत कार्यक्रम के संपन्न होने तक वहीं रहा लेकिन बांग्लादेशी होने के नाते मेरा मन बिल्कुल बुझ गया।

कहना न होगा कि हमारे प्यारे बांग्लादेश की छवि विदेशों में अच्छी नहीं है। इसे एक भ्रष्ट, गरीबी से आक्रांत और प्राकृतिक आपदाओं आदि से ग्रस्त देश के रूप में जाना जाता है।

मेरा प्रधानमंत्री और गृहमंत्री से अनुरोध है कि वे अपराधियों के विरुद्ध तुरंत कार्रवाई करें और एक 'शांतिप्रिय तथा सांप्रदायिक सामंजस्य बनाए रखने वाले' बांग्लादेश की छवि को पुनःप्रतिष्ठित करें।

—ख़्वाजा ए. उमर फारूक
सान्न दियांस, केलीफोर्निया, अमरीका
दि डेली स्टार, 19 नवंबर, 2001

वे अल्पसंख्यक नहीं बल्कि नागरिक हैं

यह एक दिमाग को चकराने वाली बात है कि जबकि अपने देशवासी एक नारकीय दौर में गुजर रहे हैं और हम हैं कि अफगानिस्तान के भाग्य और उसके नागरिकों पर दूसरे लोगों द्वारा किए जा रहे कथित अन्याय की बहस में उलझे हुए हैं। जबकि दूसरा मामला अपने आप में विवादास्पद है, बांग्लादेश में अल्पसंख्यकों पर किए जा रहे अत्याचारों को किसी भी तरह से उचित नहीं ठहराया जा सकता।

यह अत्यंत दुःख का विषय है कि टेक्सास से श्री अनूप देब को एक क्रोध भरा लेकिन दुःखद पत्र लिखने पर मजबूर होना पड़ा। कारण? जैसा कि जानने में आया है, उनके कुछ संबंधी और मित्र भोला में घटी घटनाओं से प्रभावित हुए हैं। हर बांग्लादेशी नागरिक को उनके क्रोध और दुःख में भागीदार बनना चाहिए। निर्दोष नागरिकों की सुरक्षा और मूल मानव अधिकारों को भंग करने के बारे में किसी के पास ऐसा कोई तर्क नहीं हो सकता जो बहस करने लायक हो। ऐसी खेदजनक कारगुजारियों को उचित ठहराने या माफ करने के लिए न तो संविधान का और न धर्म का प्रयोग किया जा सकता है।

हर सरकार से अपने सभी नागरिकों की सुरक्षा सुनिश्चित करने की अपेक्षा की जाती है। ऐसे मामलों में तुरंत सुधारात्मक कार्रवाइयाँ न कर पाने के लिए कोई भी सरकार मान्य बहाना पेश नहीं कर सकती। यदि कोई समाज अपने सदस्यों के इन बुनियादी अधिकारों की खुले तौर पर अनदेखी करता है तो वह सच्चे मायनों में सभ्य होने का दावा नहीं कर सकता। यदि हम दुनिया पर निगाह डालें तो यह तथ्य स्पष्ट रूप से हमारे सामने आ जाएगा।

—दीदारुल इस्लाम, माउंट प्लेजेंट
मिचीगान, अमरीका
दि डेली स्टार, 16 नवंबर, 2001

उत्पीड़ित अल्पसंख्यक

मैं 'अपने देस में परदेसी' शीर्षक के अंतर्गत प्रकट किए गए मत (19 अक्तूबर) के लिए श्रीपी. चौधरी का धन्यवाद करता हूँ। मैं समझता हूँ कि उनका मत वास्तव में प्रशंसनीय और साहसपूर्ण है। उन्होंने बांग्लादेशी हिन्दू समुदाय की वास्तविक स्थिति का वर्णन किया है। मैं दि डेली स्टार का भी धन्यवाद करता हूँ जो अक्तूबर के चुनाव के बाद नियमित रूप से अल्पसंख्यकों के उत्पीड़न की खबरें छापता रहा है।

—एस.राय, ढाका

दि डेली स्टार, 16 नवंबर, 2001

बदचलनी की हृदय-विदारक कहानियाँ

श्री अशफ़ाक ए.चौधरी जी! (जिन्होंने दिनांक 14.11.2001 का पत्र 'बदचलनी की हृदय-विदारक कहानियाँ' लिखा था।)

मुझे आपसे एक बात पूछनी है। यदि आपके किसी प्रियजन के 'नाकफूल' का हरण कर लिया गया होता तो क्या तब भी आप ऐसा पत्र लिखते? लोगों के साथ समानुभूति करना सीखिए—उससे जीवन में आपको सफलता मिलेगी।

जहाँ तक 'विरोधी पक्ष के हाथ बारूद' का संबंध है, जब तक समाज के एक भी आदमी/औरत को उसके अधिकारों से वंचित रखा जाता है, तब तक किसी को भी शांति से रहने का अधिकार नहीं है।

यदि आप लोगों के मुख्य वर्ग की बेहतरी के लिए यथास्थिति बनाए रखने की बात कर रहे हैं और इस प्रकार ऐसे समाज में रह रहे हैं, जहाँ भैंस उसी की है जिसकी लाठी है, और बेचारे कमज़ोर तबाह हो रहे हैं, तो फिर जान लीजिए, कि ऐसा इस देश में होने वाला नहीं है। आप जैसे लोग जो बुराइयों पर पर्दा डालते रहते हैं उनके पास वह 'जिगर...नहीं होता' जो इस इस दुनिया में टिके रहने के लिए ज़रूरी होता है। ऐसे लोगों के लिए बहादुरी से जीना तो बहुत दूर की बात होती है।

ऐसा 'जिगर...रखने के लिए दि डेली स्टार को साधुवाद देता हूँ।'

—अली भुइयाँ, ई-मेल पर

दि डेली स्टार, 16 नवंबर, 2001

'बदचलनी की हृदय-विदारक कहानियाँ'

मैं उन लोगों का धन्यवाद करता हूँ, जिन्होंने सत्य को उद्घाटित करने के लिए दि डेली स्टार के घुमक्कड़ दल का उनके साहसपूर्ण कार्य के लिए धन्यवाद किया है। जो लोग इस प्रकार के जघन्य अपराध कर रहे हैं वे निष्ठुर हैं और इसी शब्द का प्रयोग मैं उन लोगों के लिए भी करना चाहूँगा जो तथ्यों को नकार रहे हैं।

नवनियुक्त विदेश मंत्री ने हाल में यह टिप्पणी की है कि उन्हें चिटागांग में कोई अत्याचार दिखाई नहीं दिए हैं। सूचना प्रौद्योगिकी के युग में विदेश मंत्री या गृहमंत्री बाकी दुनिया से हकीकत को नहीं छिपा सकते चाहे वे खुद अल्पसंख्यकों पर हुए अत्याचारों से आँखें मूँद भी क्यों न लें। बांग्लादेश के अल्पसंख्यकों को भी उसी तरह के विशेषाधिकार प्राप्त हैं, जिस तरह से बहुसंख्यकों को। राष्ट्र के प्रति उनका योगदान भी उतना ही महत्त्वपूर्ण है जितना कि बाकी आबादी का। अपराधियों के खिलाफ कार्रवाई करने की सरकार की अनिच्छा अल्पसंख्यकों को और भी अलग-थलग कर देगी और एक अर्थशास्त्री होने के नाते मुझे यह पहले से दिखाई दे रहा है कि इसका मेरी मातृभूमि पर नकारात्मक प्रभाव पड़ेगा। अल्पसंख्यकों को बेबस हालत में छोड़कर हम 'सोनार बांग्ला' के निर्माण की अपेक्षा कैसे कर सकते हैं?

मैं केवल आशा ही कर सकता हूँ कि सरकार अपराधियों का पता लगा कर उनके खिलाफ न्यायिक कार्रवाही करेगी। अल्पसंख्यकों में आत्मविश्वास लौटाने का यही एकमात्र तरीका है।

—प्रदीप साहा

डलस, टेक्सास, अमरीका

दि डेली स्टार, 21 नवंबर, 2001

गृहमंत्री के प्रति

माननीय गृहमंत्री महोदय, आप 1 अक्तूबर को हुए चुनाव से लेकर अब तक इस बात से इनकार करते रहे हैं कि अल्पसंख्यक समुदाय पर कोई अत्याचार हुए हैं। चिटागांग में प्रिंसिपल मुहूरी की हत्या के बाद इसके बारे में आपकी क्या राय है? अल्पसंख्यकों भी इस देश के नागरिक हैं और उनके भी समान अधिकार हैं। लेकिन इस समुदाय का जिस तरह से उत्पीड़न किया गया है उससे ऐसा दिखाई नहीं देता।

जब तक नागरिकों से बराबरी का व्यवहार नहीं किया जाता और उनकी एक समान रक्षा नहीं की जाती, तब तक इस समुदाय से मताधिकार वापस ले लेना बेहतर होगा। यदि उन्हें इस आजाद देश के नागरिक नहीं समझा जाता तो मतदान करने का फायदा ही क्या है?

—रतन कुमार

फुकूओका, जापान

दि डेली स्टार, 21 नवंबर, 2001

गृहमंत्री महोदय; आप सो कैसे पाते हैं?

संभवतः आप इतने व्यस्त हैं कि आपके पास मेरे पत्र को पढ़ने की फुरसत भी नहीं है। कुछ भी हो, मुझे आप पर अफसोस होता है। आप रात को सो कैसे पाते हैं? क्या आप वाकई सो पाते हैं? आपकी अपनी पार्टी के कार्यकर्ताओं ने जमात की पार्टी के कार्यकर्ताओं के साथ मिलकर देश में आतंक का प्रभुत्व कायम कर रखा है। हर आए दिन हम उनके द्वारा या किन्हीं 'अनजाने' गुंडों द्वारा किए गए बलात्कार, हत्या, आगज़नी, अत्याचार या लूट की भयंकर खबरें सुनते रहते हैं और आप हैं कि उनके खिलाफ अभी तक आपने कोई कठोर कार्रवाई ही नहीं की। यह कहते हुए मुझे अफसोस होता है कि कभी-कभी आप इस हकीकत को नज़रअंदाज़ करने की कोशिश करते हैं कि कानून और व्यवस्था की स्थिति बिगड़ती चली जा रही है।

कुछ ही दिन पहले आप कत्ल किए गए प्रो. गोपालकृष्ण मुहूरी (एक स्वतंत्रता सेनानी और धर्म से हिन्दू) के घर गए। लेकिन विरोध प्रकट कर रही जनता के कारण जल्द ही और पुलिस की रक्षा में आपको वहाँ से रवाना होना पड़ा। गृहमंत्री के प्रति ये लोग अनादर भाव कैसे प्रकट कर सकते थे।

मुझे आप पर अफ़सोस होता है। हालाँकि आपका और मेरा कोई मुकाबला नहीं। आप ठहरे गृहमंत्री और मैं मात्र एक प्रवासी नागरिक। लेकिन कम से कम मुझे रात को नींद अच्छी आती है। कम से कम सुबह सवेरे टेलीफोन करके मुझे यह बताने वाला कोई नहीं है कि एक और हत्या हुई है, एक और बलात्कार हुआ है और लूट की एक और वारदात हुई है।

—सय्यद एन. वदूद
उत्तरी केरोलीना, अमरीका
दि डेली स्टार, 21 नवंबर, 2001

अल्पसंख्यकों को बचा लो

बांग्लादेश में जो कुछ घट रहा है, दि डेली स्टार में प्रकाशित की गई 'बदचलनी की हृदय-विदारक कहानियाँ' उसका एक अंश मात्र हैं। ऐसे हज़ारों मामले लिखित रूप में सामने लाए जा सकते हैं। लेकिन प्रशासन खामोश है। कोई एक भी कार्रवाई नहीं की गई। वर्तमान प्रधानमंत्री जोकि स्वयं एक महिला हैं, प्रभावित इलाकों का दौरा करने और पीड़ितों से मिलने का समय नहीं निकाल पाईं। सत्तारूढ़ पार्टी के कार्यकर्ता हिन्दुओं को धमकी दे रहे हैं कि वे या तो मुसलमान बन जाएँ या फिर देश छोड़कर चले जाएँ (आबिद ख़ान, प्रथम आलो, 12 नवंबर, 2001।) दो करोड़ की यह आबादी कहाँ जाएगी? 1941 की जनगणना और 1991 की जनगणना के बीच तत्कालीन पूर्वी बंगाल (वर्तमान बांग्लादेश) के हिन्दुओं के आनुपातिक वितरण का मैं यहाँ उल्लेख कर रहा हूँ। तत्कालीन पूर्वी बंगाल में हिन्दू, कुल आबादी का 41 प्रतिशत

थे। 1991 में यह आँकड़ा बहुत ज्यादा घट कर कुल आबादी का मात्र 13 प्रतिशत रह गया है।

हिन्दुओं को जीवन के हर पहलू में अपने अधिकारों से वंचित होने के बावजूद उनमें से बहुत कम लोग सरकारी नौकरियों में हैं। वर्तमान सरकार में जो हिन्दू मंत्री है उसकी कोई पूछ नहीं है। उसी प्रकार हिन्दुओं को कोई राजदूतीय/या कोई और महत्त्वपूर्ण पद नहीं दिया जाता। यह मुद्‌दा इस सदी की एक और मानवीय समस्या बनने जा रहा है। मेरी यह अपील है : बांग्लादेश में हिन्दुओं को बचा लो, बच्चों को बचा लो, औरतों को बचा लो, मानव अधिकारों को बचा लो।

—शाहीन अख़्तर
नंदन कानन लेन, चिटागांग
दि डेली स्टार, 21 नवंबर, 2001

अल्पसंख्यकों पर अत्याचार

पिछले कुछ दिनों से दि डेली स्टार उन अत्याचारों की भयानक कहानियों से भरा रहता है जो कि बांग्लादेश के अल्पसंख्यक समुदायों ने चुनाव के बाद झेले हैं। लेकिन इससे मुझे कोई हैरानी नहीं हुई। मैं कुल मिलाकर मुसलमानों को दोष नहीं देता। वे भी उतने ही भले या बुरे हैं, जितने कि और लोग। मेरे अधिकतर मित्र मुसलमान हैं। इस धार्मिक निरंकुशता का मुख्य कारण है मदरसा शिक्षा। प्रसिद्ध पाकिस्तानी स्तंभकार अर्देसिर कोवासजी के शब्दों में, "सभी मुसलमान देशों द्वारा कुल मिलाकर एक वर्ष में दी जाने वाली डाक्टरेट की डिग्रियों की संख्या 1 हजार है, लेकिन अकेले भारत में दी जाने वाली इन डिग्रियों की संख्या 5 हजार है।"

अब समय आ गया है जबकि सभी समझदार लोगों को आगे बढ़ कर बांग्लादेश, भारत या विश्व में कहीं पर भी अल्पसंख्यकों पर होने वाले अत्याचारों को रोकना चाहिए। व्यक्ति को मानव जाति के सभी प्रकार के लोगों के साथ मिलजुल कर रहना सीखना चाहिए।

लेकिन यह बात किसी से छिपी नहीं है कि 11 सितंबर के बाद अधिकतर सामान्य लोग इस्लाम और मुसलमानों को मानवता का आम दुश्मन मानने लगे हैं। मुलसमान मुल्लाओं ने ही बुद्ध की सुंदर और प्रसिद्ध मूर्तियों को तोड़ा। वही बोसनिया से लेकर इंडोनेशिया तक में मुस्लिम जनता को भड़काते हैं। ज्यादातर वही इस परिवर्तन के लिए जिम्मेदार हैं।

वे यह नहीं समझते कि सब मुसलमान देशों का कुल मिलाकर सकल घरेलू उत्पाद जापान के सकल घरेलू उत्पाद से काफी कम है।

—एम.के. बरुआ, ई-मेल पर
दि डेली स्टार, 21 नवंबर, 2001